Suhrkamp BasisBibliothek 77

Diese Ausgabe der »Suhrkamp BasisBibliothek – Arbeitstexte für Schule und Studium« bietet nicht nur Peter Weiss' autobiographisch geprägte Erzählung *Abschied von den Eltern*, sondern auch einen Kommentar, der alle für das Verständnis des Buches erforderlichen Informationen und Materialien enthält: die Text- und Entstehungsgeschichte, die Deutungsansätze im Feuilleton und in der Forschung, Literaturhinweise sowie ausführliche Wort- und Sacherläuterungen. Die Schreibweise des Kommentars entspricht den neuen Rechtschreibregeln.
Zu ausgesuchten Texten der Suhrkamp BasisBibliothek erscheinen im Cornelsen Verlag Hörbücher und CD-ROMs. Weitere Informationen erhalten Sie unter www.cornelsen.de.
Axel Schmolke, geb. 1955, Dr. phil., Germanist, Literatur- und Musikwissenschaftler, tätig als Lehrbeauftragter, Übersetzer, wissenschaftl. Berater und freier Publizist, ist Mitglied der Internationalen Peter-Weiss-Gesellschaft.

Peter Weiss
Abschied von den Eltern

Erzählung

Mit einem Kommentar
von Axel Schmolke

Suhrkamp

Der vorliegende Text folgt der Ausgabe: Peter Weiss: *Werke in sechs Bänden*. Herausgegeben vom Suhrkamp Verlag in Zusammenarbeit mit Gunilla Palmstierna-Weiss. Zweiter Band: *Prosa 2. Der Schatten des Körpers des Kutschers. Abschied von den Eltern. Fluchtpunkt. Das Gespräch der drei Gehenden. Rekonvaleszenz*. Frankfurt am Main: Suhrkamp Verlag 1991, S. 57–141.

Der Text wurde vom Herausgeber des vorliegenden Bands unter Berücksichtigung der Umbruchkorrekturen und der Erstausgabe neu durchgesehen und korrigiert.

Originalausgabe
Suhrkamp BasisBibliothek 77
Erste Auflage 2007

Satz: pagina GmbH, Tübingen
Druck: Ebner & Spiegel, Ulm
Umschlagfoto: Lutfi Özkök
Umschlaggestaltung: Regina Göllner und Hermann Michels
Printed in Germany

ISBN 978-3-518-18877-4

3 4 5 6 7 – 14 13 12 11 10

Inhalt

Peter Weiss, Abschied von den Eltern.
Erzählung 7

Kommentar

Zeittafel 125

Text- und Entstehungsgeschichte 129
Das »Abschied«-Projekt 129
»Abschied« und die früheren Fassungen 130
Freimachung der Gegensätze in Blockform 133
Umarbeitungen 135
Entstehungszusammenhänge 137

Deutungsansätze in Feuilleton und Forschung –
Wirkung 145

Literaturhinweise 156

Wort- und Sacherläuterungen 161

Abschied von den Eltern

Erzählung

Ich habe oft versucht, mich mit der Gestalt meiner Mutter und der Gestalt meines Vaters auseinanderzusetzen, peilend zwischen Aufruhr und Unterwerfung. Nie habe ich das Wesen dieser beiden Portalfiguren meines Lebens fassen und deuten können. Bei ihrem fast gleichzeitigen Tod sah ich, wie tief entfremdet ich ihnen war. Die Trauer, die mich überkam, galt nicht ihnen, denn sie kannte ich kaum, die Trauer galt dem Versäumten, das meine Kindheit und Jugend mit gähnender Leere umgeben hatte. Die Trauer galt der Erkenntnis eines gänzlich mißglückten Versuchs von Zusammenleben, in dem die Mitglieder einer Familie ein paar Jahrzehnte lang beieinander ausgeharrt hatten. Die Trauer galt dem Zuspät, das uns Geschwister am Grab überlagerte und das uns dann wieder auseinandertrieb, ein jedes in sein eigenes Dasein. Nach dem Tod meiner Mutter versuchte mein Vater, dessen ganzes Leben unter dem Zeichen unermüdlicher Arbeit gestanden hatte, noch einmal den Anschein eines Neubeginnens zu wecken. Er begab sich auf eine Reise nach Belgien, um dort, wie er sagte, Geschäftsbeziehungen anzuknüpfen, im Grunde aber, um wie ein verwundetes Tier im Versteck zu sterben. Er reiste als Gebrochener, konnte sich nur mit Hilfe zweier Stöcke mühsam bewegen. Als ich, nach der Mitteilung von seinem Tod in Gent, auf dem Brüsseler Flugplatz gelandet war, durchlebte ich beklommen den langen Weg, den mein Vater, mit seinen von Blutstockungen erschlafften Beinen, treppauf, treppab, durch Hallen und Korridore, hatte zurücklegen müssen. Es war Anfang März, ein klarer Himmel, ein scharfes Sonnenlicht, ein kalter Wind über Gent. Ich ging die Straße am Bahndamm entlang, auf das Hospital zu, in dessen Kapelle mein Vater aufgebahrt lag. Auf den Geleisen, hinter den kahlen, gestutzten Bäumen, rangierten die Güterzüge. Die Wagen rollten und klirrten oben auf dem Bahndamm, als ich vor der Kapelle stand, die einer Garage glich, und deren Türflügel mir eine Schwester öffnete. Darinnen lag, neben einem mit Blumen und Kränzen bedeckten Sarg, mein Vater auf einem tuchverhangenen Gestell, gekleidet in seinen schwarzen Anzug, der ihm zu weit geworden war, in schwarzen Socken, die Hände auf der Brust gefaltet, und im Arm das eingerahmte Foto meiner Mutter. Sein gemagertes Gesicht war entspannt, das kaum ergraute, dünne Haar lag in einer weichen Locke um seine Stirn, etwas Stolzes, Kühnes, das ich früher nie an ihm wahrgenommen hatte, prägte seine Züge. Vollendet waren seine Hände, mit den ebenmäßigen, bläulich schimmernden Muscheln der Fingernägel. Ich strich über die kalte, gelbliche, straffe Haut der Hand, während einige Schritte hinter mir die Schwester draußen in der Sonne wartete. Ich erinnerte mich an meinen Vater, so wie ich ihn zuletzt gesehen hatte, unter einer Decke auf dem Sofa im Wohnzimmer liegend, nach der Beerdigung meiner Mutter, sein Gesicht grau und undeutlich, von Tränen verwischt, sein Mund den Namen der Verstorbenen stammelnd und flüsternd. Ich stand gefroren, spürte den kalten Wind, hörte Pfiffe und Dampfstöße vom Bahndamm her, und vor mir war ein Leben völlig abgeschlossen, ein ungeheurer Aufwand von Energien zu Nichts zerflossen, vor mir lag der Leichnam eines Mannes in der Fremde, nicht mehr erreichbar, in einem Schuppen am Eisenbahndamm, und im Leben dieses Mannes hat es Kontorräume* und Fabriken, viele Reisen und Hotelzimmer gegeben, im Leben dieses Mannes hatte es immer große Wohnungen, große Häuser gegeben, mit vielen Zimmern voller Möbel, es hat im Leben dieses Mannes immer die Frau gegeben, die ihn erwartete im gemeinsamen Heim, und es hat die Kinder im Leben dieses Mannes gegeben, die Kinder, denen er immer aus-

Büroräume

wich, und mit denen er nie sprechen konnte, aber wenn er außer Hauses war konnte er vielleicht Zärtlichkeit für seine Kinder spüren, und Verlangen nach ihnen, und immer trug er ihre Bilder bei sich, und sicher betrachtete er diese abgegriffenen, zerknitterten Bilder abends im Hotelzimmer wenn er auf Reisen war, und sicher glaubte er, daß er bei seiner Rückkehr Vertrauen finden würde, doch wenn er zurückkam gab es immer nur Enttäuschung und die Unmöglichkeit gegenseitigen Verstehens. Es hat im Leben dieses Mannes ein unablässiges Mühen um die Erhaltung von Heim und Familie gegeben, unter Sorgen und Krankheiten hat er, gemeinsam mit seiner Frau, sich am Besitz des Heims festgeklammert, ohne je ein Glück unter diesem Besitz zu erfahren. Dieser Mann, der jetzt verloren vor mir lag, hatte nie davon abgelassen, an das Ideal des bestehenden Heims zu glauben, doch seinen Tod hatte er fern von diesem Heim, allein in einem Krankenzimmer, erlitten, und als er die Hand im letzten Atemzug zur Klingel ausstreckte war es vielleicht, um irgend etwas herbeizurufen, irgendeine Hilfe, irgendeine Erleichterung, angesichts der plötzlich aufsteigenden Kälte und Leere. Ich blickte in das Gesicht meines Vaters, ich lebte noch und bewahrte in mir das Wissen um die Existenz meines Vaters, sein Gesicht im Schatten wurde jetzt fremd, mit dem Ausdruck von Zufriedenheit lag er in seiner Entrücktheit, und irgendwo stand noch sein letztes großes Haus, über und über mit Teppichen, Möbeln, Topfgewächsen und Bildern gefüllt, ein Heim das nicht mehr atmete, ein Heim das er durch die Jahre der Emigration hindurch, durch ständige Übersiedelungen, Anpassungsschwierigkeiten und den Krieg* hindurch, gerettet hatte. Später an diesem Tag wurde mein Vater in einen einfachen braunen Sarg, den ich bei der Begräbnisfirma gekauft hatte, gelegt, und die Schwester sorgte dafür, daß das Bild seiner Frau in seinem Arm stekken blieb, und zwei Dienstmänner trugen den Sarg, nach-

* 2. Weltkrieg (1939–45)

dem der Deckel festgeschraubt worden war, unterm unaufhörlichen Rollen und Scheppern der Güterzüge, zum Leichenwagen, dem ich in einem gemieteten Auto nachfuhr. Hier und da am Rand der Landstraße nach Brüssel zogen Bauern und Arbeiter, beleuchtet von der Nachmittagssonne, ihre Mütze vor dem schwarzen Wagen, in dem mein Vater zum letzten Mal durch ein fremdes Land reiste. Der Friedhof mit dem Krematorium* lag auf einer Anhöhe außerhalb der Stadt, und die Grabsteine und kahlen Bäume waren von kaltem Wind umfahren. Im kreisrunden Saal der Andachtsstätte wurde der Sarg auf einen Sockel gestellt, ich stand daneben und wartete, und am Harmonium in einer Nische saß ein älterer Mann, mit dem Gesicht eines Trinkers, und spielte eine Psalmmelodie, und dann öffnete sich plötzlich im Mittelteil der Wand eine Schiebetür, und unmerklich hatte sich der Sockel mit dem Sarg in Bewegung gesetzt und glitt langsam, auf kaum sichtbaren, in den Boden eingelassenen Schienenstreifen, in die viereckige, kahle Kammer hinter der Tür, die sich wieder lautlos schloß. Zwei Stunden später holte ich die Urne mit der Asche vom Leib meines Vaters ab. Ich trug den mit einem Kreuz gekrönten, nach oben zu sich erweiternden Kasten, in dem die Urne klapperte, an den befremdeten Blicken von Personal und Gästen vorüber, in mein Hotelzimmer, wo ich ihn zuerst auf den Tisch stellte, dann auf das Fensterbrett, dann auf den Fußboden, dann in den Schrank und schließlich in die Garderobe. Ich ging hinab in die Stadt, um mir in einem Warenhaus Papier und Schnur zu kaufen, verpackte dann den Kasten und verbrachte die Nacht im Hotel, mit den Überresten meines Vaters in der Garderobe versteckt. Am nächsten Tag traf ich ⌜im Elternhaus⌝ ein, wo mich meine ⌜Stiefbrüder und deren Frauen, mein Bruder und seine Frau, meine Schwester und ihr Mann⌝ zur Beerdigung, Testamentsvollstreckung und Verteilung des Inventars* erwarteten. In den folgenden Tagen vollzog sich

Anlage für Feuerbestattungen

Gesamtheit der Einrichtungsgegenstände und Vermögenswerte eines Hauses

die endgültige Auflösung der Familie. Eine Schändung und Zerstampfung fand statt, voll von Untertönen des Neids und der Habgier, obgleich wir nach außen hin einen freundlich überlegenen Ton besten Einvernehmens zu wahren suchten. Auch für uns, obgleich wir uns längst davon entfernt hatten, besaßen alle diese angesammelten Dinge ihren Wert, und plötzlich war mit jedem Ding eine Fülle von Erinnerungen verbunden. Die ⌜Standuhr mit dem Sonnengesicht hatte in meine frühsten Träume hinein getickt⌝, im Spiegel des riesigen Wäscheschranks hatte ich mich bei meinen nächtlichen Streifzügen im Mondlicht erblickt, in den Querleisten des Eßzimmertischs hatte ich Höhlen und Unterstände* gebaut, hinter den mürben Samtgardinen hatte ich mich vor dem Fischer im Dunkeln verkrochen, und viele der Bücher in den breiten, hohen Regalen enthielten heimliche, verbotene Lektüre. Wir zogen und schoben an den Stühlen, Sofas und Tischen herum, gewaltsam brachen wir die Ordnung auseinander, die immer unangreifbar gewesen war, und bald glich das Haus einem Möbellager, und die Gegenstände, von der Hand unsrer Mutter ein Leben lang gehütet und gepflegt, lagen in verschiedenen Zimmern zu fünf großen Haufen geschichtet, teils um übernommen, teils um verkauft zu werden. Die Teppiche waren zusammengerollt, die Bilder von den Wänden gehoben, die Gardinen von den Fenstern gerissen, die Schränke von Geschirr und Wäsche geleert, und die Frauen liefen auf und ab zwischen Dachboden und Keller, ergatterten hier noch eine Schürze, dort noch einen Kochlöffel, hier noch eine Schachtel mit zerschlissenen, verstaubten Schuhen, dort noch einen Kohleneimer, eine Gartenharke. Die Urnen von Vater und Mutter standen nebeneinander in der schwarzen, feuchten Erde des Friedhofs, und wir Geschwister hockten zwischen den Bruchstücken des zerstörten Heims, wir tranken die Flaschen aus dem Weinschrank des Vaters leer und brachen die Schreibtische auf, um Brief-

Räume unter der Erdoberfläche zum Schutz gegen Beschuss

schaften und Dokumente zu sichten. Berge von Papieren wurden, auf Grund des testamentarischen Wunsches, zum Verbrennen aufgeschichtet, heimlich nahm ich einige vergilbte Blätter mit der Handschrift meines Vaters an mich, und ein paar Tagebücher mit den Notizen meiner Mutter. Die nackten Glühbirnen strahlten scharf in allen Zimmern und spiegelten sich in den schwarzen Fensterscheiben. Da war mir, als öffnete sich die Tür und meine Mutter erschiene, fassungslos in das geisterhafte Treiben ihrer Kinder starrend. In jedem von uns starb etwas in diesen Tagen, jetzt, nach der Plünderung, sahen wir, daß dieses Heim, aus dem wir ausgestoßen worden waren, doch eine Sicherheit für uns verkörpert hatte, und daß mit seinem Aufhören das letzte Symbol unserer Zusammengehörigkeit verschwand. In den tiefsten Schichten der Wandlungen, die dieses Heim durchlaufen hatte, lagen Räumlichkeiten, in denen ich aus mythologischem* Dunkel zum ersten Bewußtsein erwachte. Ich stand im unteren Flur des Hauses und blickte ⌜abwechselnd durch eine der roten und eine der blauen Scheiben der Glastür in den Garten⌝, wobei das Gesträuch, der Birnbaum, der Kiesweg, der Rasenplatz und die Laube einmal in feuriger Glut erschienen und dann wieder in unterseeischer Gedämpftheit. Ich war bei diesem Ausblick in meinen Grundzügen schon fertiggeformt, und nur wenn das Beobachtende und Kontrollierende in mir ermüdet und mein Bewußtsein den Halt verliert, steigen die Impulse aus der frühsten Epoche meines Lebens in mir auf, im Halbschlaf, im Traum, in Perioden des Niedergangs, erlebe ich wieder die Hilflosigkeit, das Ausgeliefertsein und die blinde Auflehnung aus jener Zeit, in der fremde Hände mich bändigten, kneteten und vergewaltigten. Als meine Mutter mir einmal erzählte, meine ersten Worte seien gewesen, was hab ich für ⌜ein schönes Leben⌝, was hab ich für ein schönes Leben, hörte ich daraus den Klang von etwas Eingelerntem, Papageienhaftem, mit dem ich meine Um-

Hier im Sinne von ›vorzeitlich‹ in der persönlichen Geschichte: vor der Bildung des Ich-Bewusstseins

welt unterhalten oder verhöhnen wollte. Wie ein böser Geist war ich in dieses Heim gekommen, in einer Blechbüchse liegend, von meiner Mutter getragen, empfangen von ⌜wilden Kesselschlägen⌝, vom beschwörenden Geschrei meiner Stiefbrüder. ⌜Am Rand eines Teichs⌝ hatte meine Mutter mich gefunden, zwischen Schilf und Störchen. Das erste Haus weist große, blinde Flecken auf, ich kann den Weg durch dieses Haus nicht finden, ahne nur Stufen einer Treppe, ahne den Winkel eines Fußbodens, auf dem ich fettig abgegriffene, rotbraune Holzhäuschen aufbaue und grüne Schanzen*, ahne einen kleinen Lastwagen, mit Modellkisten gefüllt, und der Gedanke an diese Kisten verursacht ein dickes, schweres Gefühl im Gaumen, ahne Briefmarken, die ich vor mir ausbreite, rosa und hellgrüne Briefmarken mit dem Gesicht eines Königs mit gezwirbeltem Schnurrbart, und meine älteren Brüder stürzen herbei und schreien, und die Mutter kommt und schreit und fegt die Briefmarken zusammen und wirft sie ins Ofenfeuer. Und da ist die Kante eines Kachelofens und die Lehne eines Sofas, und ich sitze auf der Lehne des Sofas und einer meiner Brüder kitzelt mich und ich falle rücklings an die Kante des Kachelofens und schlage mir ein Loch in den Kopf, und aus einer Flasche schüttet man eine Flüssigkeit in das Loch in meinem Kopf, und mein Kopf schäumt, und alle Weisheit rinnt aus meinem Kopf. Ich ahne einen Raum, der ist grün, der Fußboden grün, die Tapeten grün, die Gardinen grün, und ich sitze auf einem erhöhten ⌜Porzellangefäß von der Form einer Gitarre, und meine Mutter steht hinter mir und drückt ihren Zeigefinger tief in meinen Steiß oberhalb des Afters, und ich drücke, und sie drückt⌝, und alles ist grün, und die Straße draußen ist grün, und die Straße heißt Grünenstraße*. Die Straße im grünen Abendlicht war voll vom Rollen der hoch mit Fässern beladenen Wagen, die Hufe der schweren, zottigen Pferde schlugen Funken aus den Pflastersteinen, die Kutscher schnalzten mit der

Erdwälle

Grünenstraße 23 in Bremen, Wohnsitz 1919/20–22/23. Das Haus wurde 1944 zerstört.

Gebäude, in denen Waren lagern, gepackt oder (zwecks Verzollung) ausgepackt werden

Zunge, und ließen die Peitsche knallen, und von den Brauereien her schwelten die Wogen eines schweren, süßen Geruchs. Schmal und eingeklemmt zwischen Packhäusern* und der Mauer eines Fabrikhofs lag unser hochgiebliges Haus, auf dessen Dachfirst ich mit dem Mond um die Wette ritt, und von dessen Schornstein ich mit einem Satz in den Himmel sprang. Einmal kam ⌜ein Mann über unser Dach geklettert, es waren Unruhen in den Straßen, und Schüsse krachten, und meine Brüder stürmten durch das Haus und riefen, jemand sei auf unser Dach geflohen, und von der Straße her warfen sich Männer in unser Haus, und die Männer hielten Gewehre in den Händen, und alle liefen in den Garten und ließen Taschenlampen aufflammen und schossen hinauf zum Dach, und vom Dach fiel der Getroffene zu den Männern im Garten hinab⌝. Das Haus bleibt mir fremd, in seinem Innern finde ich mich nicht zurecht, doch den Garten nehme ich an mich, ich liege auf der Erde ausgestreckt unter den Büschen, fühle die trockene Erde unter den Händen, nehme die Erde in den Mund, lasse die Erde zwischen den Zähnen knirschen, befühle die weißen, runden Kieselsteine, nehme die Kieselsteine in den Mund, fühle ihre Rundheit und Sonnenwärme an der Zunge. Im Haus herrschte das Dumpfe, das Eingeschlossene, und meine Sinne waren gefangen. Hier draußen öffneten sich meine Sinne, und als ich in die Laube trat, trat ich ein in ein Reich das nur mir gehörte, mein selbstgewähltes Exil. Im schmalen Sonnenstreifen, der schräg durch das hochgelegene, von Efeu umspielte Fenster fiel, lenkte ich, zwischen aufgestapelten Gartenstühlen, Körben und Geräten mein Fahrzeug, den Leiterwagen, an der hochgestellten Deichsel, ich fuhr damit, schwamm damit, flog damit, vor mich hinsummend, vor mich hinmurmelnd. Dies ist wie ein Bild aus einem alten Märchenbuch, etwas Versunkenes steigt aus dem Bild auf, und etwas Erwartungsvolles. Das Abgeschiedene und Geheimnisvolle, das Verstecktsein mit mir selbst, mit meinen Spielen, das ist noch vorhanden und regt sich in dieser Stunde, es ist zu verspüren jedesmal wenn ich in meine Arbeit eindringe. Ich war mein eigener Herr, ich schuf mir selbst die Welt. Doch irgendwo lag die Vorahnung des Rufs, des Rufs der gleich erklingen, der über den Garten hin auf mich zurollen würde. Irgendwo lag immer die Erwartung dieses Rufs, bis in den heutigen Tag dringt die Erwartung des Rufs vor, bis in den heutigen Tag dringt die Furcht, daß alles gleich zuende sein könne. Wenn es zum ersten Mal nach mir rief stellte ich mich taub, ich hielt den Ruf von mir ab, in meinem Alleinsein hatte ich meinen Namen vergessen, ich tat, als gälte der Ruf nicht mir. Doch dann wurde der Name wieder und wieder in mich hineingeworfen, bis er mich ganz ausfüllte, bis ich fast von ihm zerplatzte, und ich mußte antworten, mußte bekennen, daß der Name mich gefunden hatte. Ich versuchte oft, mich anders zu nennen, doch wenn der Ruf meines einzigen Namens auf mich zuflog, schreckte ich zusammen, wie eine Harpune schlug er in mich ein, ich konnte ihm nicht entgehen. Flüsternd rufe ich mich an mit meinem eigenen Namen, und erschrecke mich damit, es ist als käme der Name weit von außen her auf mich zu, aus der Zeit in der ich noch formlos war. Und dann fühle ich die rasende, ohnmächtige Wut, das Antoben gegen etwas Unangreifbares, gegen etwas unendlich Überlegenes, und dann wird mein Gestammel von einer unsichtbaren Hand erstickt. Da ist das Gesicht meiner Mutter. Ich flog zu diesem Gesicht empor, gehoben von ihren Armen, die alle Räume durchmessen konnten. Das Gesicht nahm mich auf und stieß mich von sich. Aus der großen, warmen Masse des Gesichts, mit den dunklen Augen, wurde plötzlich eine Wolfsfratze mit drohenden Zähnen. Aus den heißen, weißen Brüsten züngelten, wo eben noch tropfende Milchdrüsen waren, Schlangenköpfchen hervor. Früher als das Gesicht waren die Hände da. Sie packten mich, rissen mich in die Höhe, schüttelten mich, sprangen mir an die Ohren und ins Haar. Alles dröhnte und wogte um die Gestalt meiner Mutter. Ich versuchte, ihrer Gewalt zu entgehen, indem ich die Augen schloß und die Lippen über meiner Stimme zusammenpreßte. Doch dann konnte ich es nicht länger ertragen, mußte die Augen aufreißen, mußte nach dem Gesicht der Mutter schreien, mußte bestätigt sehen, daß es noch da war. Um die Mutter war alles unbeständig, kochend, wirbelnd. Doch neben ihr stand ⌜Auguste⌝, fest umrissen, mild und bleibend. Auguste war von Anfang an alt, uralt. In ihrem schwarzen, eng geschnürten Kleid, ihren von Spülwasser aufgeweichten, rötlich verschwollenen Händen, stand Auguste deutlich im Raum, und alle Dinge in ihrer Nähe gewannen an Leuchtkraft. In der Mutter herrschte das Wilde und Unbändige, in Auguste das Duldende, Demütige. Wenn die ⌜Mutter auf sie einschrie⌝ beugte Auguste sich tief über die weiße Kartoffelschüssel mit dem blauen Rand, und die Kartoffelschalen ringelten sich über ihre Hände. Wenn die Mutter genug gewütet hatte, schlug Auguste sich selbst zur Strafe ins Gesicht, oder hieb mit einem Kleiderbügel auf ihren eigenen Kopf ein. Die Mutter verschwand, aber Auguste blieb da, mit Tränen in den Augen blickte sie mich an, sie streichelte meine Hände, als sei ich es, der getröstet werden müsse, und aus der Schublade des Küchentischs nahm sie einen Teller der Nachspeise, den sie von der Mahlzeit her für mich aufbewahrt hatte. An Augustes Hand ging ich hinaus auf die Straße. Die Entdekkung der Stadt ist verbunden mit dem Druck von Augustes Hand. Vor mir steigen die Straßen auf, mit ihren knirschenden, eisenbeschlagenen Rädern, mit ihrem Dunst von Teer und Malz und feuchtem Staub, mit ihren Packhäusern, an deren Fassaden die Ketten der Hebebäume* rasseln, und in deren Lasträumen zwischen Kisten und Säcken Gestalten sich im ungewissen Licht bewegen. Immer tiefer drangen wir ein in die Gassen, Arkaden* und verborgenen

Stangen zum Lasten-Anheben unter Ausnutzung der Hebelwirkung

Bögen auf zwei Säulen oder Pfeilern

Plätze, vorbei an rußgeschwärzten, zerschorften, bekritzelten Mauerwänden, bis wir durch Torgewölbe und hinab über ausgetretene Treppen an die Deichanlagen und in den Hafen gerieten, wo die Maste der Schiffe vor dem rauchigen Himmel standen, wo die Wasserreflexe auf den Bordwänden flimmerten, wo schwarze und gelbe Gesichter sich aus den runden Luken streckten und fremdartige Worte riefen, wo die Wimpel an den straffen Takelagen* flatterten und die Lastkräne kreischend ihre langen Hälse drehten. In meinen Träumen tauchen zuweilen Bilder aus diesen Wanderungen auf, erstmalige Eindrücke, die ihre gläserne Durchsichtigkeit und Schärfe bewahrt haben, sie zeigen Standorte, oft ohne erkennbares Ereignis, reglos und verschwiegen, an denen ich plötzlich meine eigene Existenz empfunden hatte. Da ist eine breite, sandige Allee, die Häuser zu den Seiten liegen weit zurückgeschoben, mit steilen Stufen die zu den Türen emporführen, und im Sand sind Spuren von Rädern, vielleicht ist eben ein Wagen vorbeigefahren, jetzt aber liegt die Allee still und leer, und brütet in der Mittagswärme, und ist erfüllt vom Bedeutungsvollen und Einzigartigen meines Daseins. Da ist eine Straße, die sich von einer Anhöhe herabsenkt, es ist gegen Abend, die Farben leuchten aus der rosaschimmernden Dämmerung hervor, ich schwebe die Straße hinab, mit hohen, weiten Sprüngen, und die Schaufenster der Läden gleiten vorüber, ihr Halbdunkel mit Schätzen angefüllt. Hinter den rötlich glänzenden Scheiben erkenne ich geschnitzte Göttergestalten und kunstvolle Schiffsmodelle, Schreine* mit ziselierten*, silbernen Schlössern, Kästchen mit Muscheln und Perlen besetzt, seidene Tücher mit feuerspeienden Drachen, lackierte Fächer, goldrote Vogelfedern und tiefblaue Schmetterlinge, gewellte Dolche mit Elfenbeingriffen, rostige Seeräubergewehre, nagelbeschlagene Gurte und Schaftstiefel mit Sporen, einen weißen Schwan mit hochaufgerecktem Hals, einen Pferdekopf mit wehender

Die Segel tragenden Vorrichtungen (Masten, Taue u. a.)

Kasten- oder schrankartige Holzbehälter mit Deckel bzw. Tür

Mit eingeritzten Verzierungen versehen

Mähne, einen nackten schwarzen Frauenleib, Perlenketten, Armreifen, Sägefische, Alligatoren und Affen, und in der Tiefe einer Werkstatt, zwischen seinem Lederzeug, Meister Stahlhut am ⌜Amboß⌝, Nägel im Mund, mit dem Hammer auf die Schuhsohle schlagend, sein warziges Gesicht beleuchtet vom Schein der ⌜Kristallkugel⌝. Ich stand mit Auguste am Ufer des Flusses, ein Schleppzug fuhr vorüber, flatternde Wäsche auf einem der Kähne, und ein kleiner, weißer, bellender Hund, und aus ihrer Handtasche, aus brüchigem schwarzem Leder, nahm Auguste ein Stück Schokolade und steckte es mir in den Mund, es schmeckte seifig nach dem Innern der Tasche. In einem Tunnel standen wir, und über uns rollte die Eisenbahn, und an der feuchten Wölbung der Wand klebten vergilbte, von Blasen aufgetriebene Anschläge, die Auguste murmelnd entzifferte. Von allen Seiten betrachteten wir den steinernen Riesen* auf dem Marktplatz und fragten uns nach der Bedeutung des Zwerges, dessen Kopf und Arme zertreten zwischen den Füßen des Riesen lagen. Die Mutter wußte alles, konnte alles, bestimmte alles, Auguste wußte nie mehr als ich, alles sahen wir mit dem gleichen Erstaunen. Wir versuchten, einander die wasserspeienden Schlangen an den Dachrinnen zu erklären, die Gestalten der Heiligen an der Domfassade, die Inschriften in den Portalen* und die Könige und Ritter auf ihren grünfleckigen Pferden, wir suchten und tasteten uns durch die Passagen und klobig überbauten Höfe, wir sahen die Tauben um die Türme fliegen und folgten den marschierenden Soldaten zum Takt der blitzenden, schmetternden Instrumente. Einmal gerieten wir in eine Menschenmenge, die sich auf einem Platz angesammelt hatte. Alle Menschen blickten zu einem großen Haus empor, an dessen Mauer hoch oben ein Mann kletterte. Jemand äußerte das Wort, Fassadenkletterer. Ich fragte Auguste, was das sei, Fassadenkletterer. Sie wußte es nicht. Mir aber schien es eine Art von Beruf zu sein, eine

Der Bremer Roland

Außentüren von Gebäuden

seltene und überaus schwierige Aufgabe, der man sein ganzes Leben widmen mußte. Ich fühlte, wie mir der Schweiß in den Handflächen ausbrach, ich fühlte Schwäche im Magen und in den Kniekehlen, und einen Kitzel in den Fußsohlen, und ich wußte, daß dies alles dazugehörte, ich verstand, daß die Furcht der eigentliche Anlaß zu dieser Leistung war, daß man mit der Anspannung des Kletterns die Furcht überwinden wollte. Die Begegnung mit dem Fassadenkletterer weckte in mir die Vorahnung einer Berufung, es war als blickte ich in meine eigene Zukunft hinein als ich atemlos, mit verkrampften Fingern und Zehen, den Bewegungen des Mannes an der Mauer folgte. In diesem Augenblick, unter dem klaren blauen Himmel, aus dem es hell und blechern von einem Flugzeug surrte, wurde der Grund gelegt zur Sehnsucht nach einer selbständigen Leistung. Und da war ich schon verstrickt ins Dasein, war schon mitten drinnen in der Masse des Lebens und trieb auf das Dudeln und Brausen ⌜des Jahrmarkts⌝ zu, in wachsendem Gedränge, der Boden war weich von Konfetti und Papierschlangen, in Buden wurden heiße Würstchen, Brezeln und gesponnener Honig ausgeboten, Trompetenstöße, Schüsse und Orgelläufe wurden immer greller, Ellbogen stießen mich, Füße streiften mich, und dann war alles eine einzige kreiselnde Bewegung von Leibern, ein einziges Johlen und Brodeln von Stimmen, und ich gehörte dazu, trieb umher zwischen den Gesichtern, Hüten und Armen, zwischen den schwankenden Trauben bunter Ballons, zwischen den großen, knatternden Fahnen, zwischen den wunderbar bemalten schnurrenden Karussellen, und auf die heisere Frage aus dem Kaspertheater, Seid ihr alle da, antwortete ich Ja im Chor unzähliger Stimmen, und als Kasper mit seiner Keule auf den Polizisten einhieb, schrie ich mit im kollektiven Gelächter, und ich sah die Schlangenbeschwörerin auf der Estrade, in ihrem Trikot aus schwarzen schillernden Schuppen, und den größten Mann der Welt, und den Zauberkünstler, dem Tauben aus dem Frack flogen, und alles war flüchtig, und alles kam wieder in veränderter Form, und die Zeltbahnen wogten und flüsterten geheimnisvoll im Wind, und die Masken in den Schießbuden rissen die Mäuler auf, und auf schwarzen Samtkissen lagen goldene Orden, und über dem rotierenden Karussell hingen klappernde Ringe, die man während der Fahrt zu durchstechen suchte, und in einem Miniaturbergwerk hackten ruckhaft kleine Gestalten gegen Stollenwände, und Karren, von steifbeinigen Pferden gezogen, rückten auf Schienen heran, und Schaufeln hoben sich über die Karren, und weiter rückten die Karren, und Körbe senkten sich durch Schächte hinab, und Karren neigten sich über die Körbe, und auf stiegen die Körbe und schwenkten sich über vorrückende Züge, und alles rüttelte und ruckte, bis das Werk plötzlich verstummte, und alles hielt inne mitten in einer Bewegung, Arme verharrten in der Luft mit hocherhobener Hacke, Pferde erstarrten, Körbe blieben hängen im Schacht, bis mit einem Ruck alles weiterging, alles weiterruckte, alles weiterzuckte, alles weiterhoppelte, alles weiterzottelte, alles weiterhackte, alles weiterknackte. Und auf einem Feldstuhl daneben saß ein Alter mit weißem Bart und breitrandigem Schlapphut, starr und versunken lehnte er an seinem mechanischen Kasten, taub für alle Fragen die man an ihn richtete. Im Gewirr von Balkengerüsten stieg ich in einem kleinen Wagen auf, und die bunte Brandung des Lebens schlug hinter mir zurück, immer mehr entfernte ich mich von dem Gedröhne und Getriebe, bis nur noch das Rollen der kleinen, stämmigen Räder auf den Schienen zu hören war, und höher und höher geriet ich, bis die Kuppel erreicht war, von der aus ich den ganzen Jahrmarkt und die Stadt weithin überblicken konnte. Nur einen kurzen Augenblick hielt sich der Wagen in der Schwebe, ehe er in die Tiefe kippte, doch dieser Augenblick genügte, um mich ein ekstatisches* Ge-

Außer sich, rauschhaft

fühl von Freiheit erleben zu lassen. Da lag das Meer der Dächer mit den rauchenden Schornsteinen, da lag das glitzernde Wasser des Flusses, da lagen die Schiffe im Hafen, die Frachtboote und die großen Passagierdampfer, da lagen die Docks* und die Werften, da wölbten sich die Brükken mit den dampfenden Zügen, und auf den Türmen leuchtete das hellgrüne Kupfer und blitzten die goldenen Wetterfahnen. Dann kam der Sturz, durch immer neue Gefälle, durch atemraubende Kurven, bis zur letzten Kluft mit dem Becken, dessen Wasser um den hineinschießenden Wagen aufsprühte. Wenn es Abend wurde trieb ich im Festzug durch die Straßen mit, schwamm langsam mit im Strom der Menge die Allee hinab, sah über mir das Laubwerk der Bäume herbstgelb zurückgleiten, fühlte den Wind auf der schweißfeuchten Stirn, hielt vor mir in der erhobenen Hand den Stab mit dem Lampion in dem die Kerze brannte, und sang das Lied mit, das immer wieder in Wogen vor mir und hinter mir aufstieg, Laterne Laterne Sonne Mond und Sterne. Und unter der Circuskuppel, von Trapez zu Trapez schleuderte sich ein Luftwesen, überschlug sich, stieß schrille, tollkühne Rufe aus, kam aus der Höhe auf mich herabgeflogen, mit ausgebreiteten Armen, steil wehendem schwarzen Schopf, nah vor mir fing sie sich wieder auf und riß sich empor, ein Windzug, erfüllt von eigentümlich betäubendem Duft, sauste über mich hin. Ihr verzücktes Lächeln in ihrem gelbbraunen, schrägäugigen Gesicht, ihr geller Vogelschrei brannte sich für immer in mich ein. Bald, bald würde ich ihr nachreisen, würde mit ihr kreuz und quer die Circuskuppel durchfliegen, bald, bald, nur noch kurze Zeit, ich gehöre dir, muß nur erst lesen und schreiben lernen, muß nur schnell durch die Schuljahre hindurch, bald, bald bin ich bei dir, und sehe dein verzücktes Lächeln wieder, und höre deinen wilden Ruf. Und Schreiben lernte ich mit ⌜Berthold Merz⌝, im Schuppen nebenan, auf dem Hof der Schieferfabrik, wir

Hafenbecken; auch Anlagen in Werften zur Wartung von Schiffen

kratzten unsre ersten Buchstaben in die schwarzen Platten auf dem Abfallhaufen, und in den Plankenritzen flimmerte die Sonne. Bertholds Gestalt ist fließend und vergehend, wie Traumgestalten morgens, kurz vor dem Aufwachen, nur seine Hand, mit den kurzen, breiten Fingern und den abgebissenen Fingernägeln, ist deutlich. Diese Hand liegt um den Bogen und schießt den Pfeil ab, den Pfeil mit dem federgeschmückten Kiel, und der Pfeil steigt hoch in den Himmel, so hoch, daß er unsern Blicken entschwindet, und nie kehrt der Pfeil zurück. Und Berthold Merz verschwand, und Friederle trat an seine Stelle. ⌜Vor einigen Jahren konfrontierte ich mich mit dem Haus⌝ das wir, zur Zeit meines Eintritts in die Schule, bezogen hatten. Seit Jahrzehnten hatte ich die Allee nicht mehr gesehen, und als ich sie nun wiedersah fühlte ich meine Kindheit wie ein dumpf schmerzendes Geschwür in mir. Die Stämme der Bäume zu den Seiten des Fahrdamms waren stark und hoch geworden, ihre Äste langten weit aus und schlossen ihr Blattwerk zu einem dichten Dach zusammen. Wie ein Verzauberter in einem bösen Märchen ging ich auf den Park zu, in den die Allee mündete, und in dem unser Haus noch verborgen lag. Im Teich, am Rand der Allee, schwammen ein paar weiße Schwäne, wie früher, und in der Hecke mit den dornigen Blättern blühten, wie früher, die weißen Wicken. Vom Bach aus, der den Park von der Allee abgrenzte, konnte ich das Haus* hellrot zwischen den Bäumen schimmern sehen, es war unversehrt, und im Nachbargarten lag die gelbe Villa in der Friederle gewohnt hatte. Es herrschte tiefe Stille, alles war versunken in seine lange Vergangenheit. Im lehmigen Wasser des Baches blitzten die Schwärme der Stichlinge auf, Kaulquappen ruderten mit ihren Schwänzen um die Algen, ein Frosch saß mit großen Augen am Uferhang, eine blaue Libelle schwirrte vorüber. Ich ging den Parkweg hinab und blieb an den weißen Pfosten des Gartentors vor unserm Haus stehen. Der Garten, mit sei-

Marcusallee 45 in Bremen-Horn, Whg. 1923–27

nem Tannendickicht, seiner breiten Blutbuche und dem hohen verwilderten Gras erstreckte sich bis zum Holundergebüsch am Rand der Felder. Am Gartenweg lag das grüne Hühnerhaus, niedrig und eingeschrumpft, und einmal waren wir von der schwindelnden Höhe seiner Dachluke herabgesprungen. Das umgitterte Gehöft* lag leer, doch ein paar weiße Federn leuchteten noch aus dem Staub. Eine Frau, die aus dem Haus trat, fragte ich, ob sie etwas von den Nachbarn wisse. Sie berichtete, daß von der großen Familie nur noch ein einziger Sohn am Leben sei, Friedrich, er sei ein hervorragender Offizier gewesen, mit den höchsten Orden ausgezeichnet. Er wohnte noch in der Stadt, und sie gab mir seine Adresse. Aber ich suchte ihn nicht auf, ich wußte wie er war. Da stand Friederle am Zaun zum Nachbargarten, es war am Tag unseres Einzugs, er hielt die Arme verschränkt und fragte mich herrisch nach meinem Namen. Wirst du hier wohnen, fragte er, und ich nickte und folgte mit meinem Blick den Männern die unsere Möbel aus dem Möbelwagen in das Haus hineintrugen. Das Haus gehört meinem Vater, sagte Friederle, ihr mietet es nur. Mein Vater ist Präsident, sagte er, was ist dein Vater. Ich wußte es nicht. Was, du weißt nicht mal, was dein Vater ist, sagte er. Ich suchte nach einer Antwort, die ihn überwältigen könnte, oder mit der ich seine Gunst gewinnen könnte, doch ich fand keine Antwort. Da fragte er schon wieder, was steht denn da auf deiner Mütze. Ich nahm die Mütze ab, es war eine Matrosenmütze, mit goldenen Buchstaben auf dem Stirnband. Was steht da, fragte er noch einmal. Ich wußte es nicht. Kannst du nicht mal lesen, was auf deiner eigenen Mütze steht, sagte er, da steht, ich bin dumm. Und damit nahm er mir die Mütze aus der Hand und warf sie hoch in einen Baum, die Mütze blieb in den Zweigen hängen, die langen blauen Bänder flatterten im Wind. Meine Mutter trat auf die Terrasse des Hauses und sah uns beieinander stehen. Hast du schon einen

Landwirtschaftliches Grundstück mit Wohn- und Wirtschaftsgebäuden

neuen Freund gefunden, rief sie, spielt ihr schön. Und ich rief zurück, ja wir spielen sehr schön. Friederle zog mich mit sich in die Tiefe des Gartens, vorbei am Hühnerstall, in dem es scharrte und gurrte, vorbei an der Pumpe und den Erdbeerbeeten, durch das Gras das uns bis an die Schultern wuchs, durch das Gebüsch zum Graben, der in weitem Bogen vom Parkrand aus unsere Grundstücke umlief. Da lagen die Felder vor uns, die riesige Ebene, über der die Sonne kochte, der Wind sauste uns aus der Offenheit entgegen und überschüttete uns mit seinem trächtigen Geruch von Korn und Klee und Kuhdünger. Wie dünner Nebel zerstäubten die Bilder meiner alten Welt, und alles lag in blendender Helle, Friederle setzte mit einem Stab über den Graben und winkte ungeduldig nach mir, ich warf mich über die Böschung, rutschte aus im Lehm, zerrte mich am saftigen, dampfenden Gras empor, taumelte hinein in die Wucht des flimmernden Luftmeers in dem die Kiebitze vorüberpfiffen. Und alles gehörte Friederle, er zeigte mir die fleckigen Vogeleier im trockenen, zersprungenen Sand, das Wiesenschaumkraut mit der Kuckucksspucke, die Maulwurfshügel, die Gänge der Feldmäuse, die Fuchslöcher, und dort den Hasen, siehst du ihn, dort, dort, und ich sah sein weißes Hinterlicht in rasenden Zickzacksprüngen verschwinden. Immer weiter zog er mich hinein in sein Reich, bis zum Moor, wo der Boden unter unseren Füßen schwappte und wo wir an den giftigen Stengeln der Sumpfdotterblumen saugten. Ich ging auf der Allee zurück, im weißen Staub des Fahrdamms, die Kindheit lag Jahrzehnte hinter mir, ich kann sie jetzt mit durchdachten Worten schildern, ich kann sie zergliedern und vor mir ausbreiten, doch als ich sie erlebte, da gab es kein Durchdenken und kein Zergliedern, da gab es keine überblickende Vernunft. Ich ging die Allee hinab, und meine schwarzen Schnürstiefel färbten sich weiß im Staub der Allee, und Friederle ging neben mir, und die weißen Schwäne schwammen im Teich, und in einem Garten tänzelte ein Pfau und öffnete seinen schillernden Federfächer, und es war der erste Schultag*. Wir trugen jeder eine Tüte, voll von süßen, klebrigen Himbeerbonbons, zum ersten Schultag gehörte solch eine Tüte, von überall her strömten Kinder der Schule zu, und jedes trug eine Tüte zum Trost, und die Furcht vor der Schule ist klebrig und süß vom Geschmack der Himbeerbonbons. Doch vorm Schultor floh ich zurück, ich lief zurück über die schwarze, hartgestampfte Schlacke* des Schulhofs, ich lief auf der weißen, staubigen Allee zurück, am Pfau und an den Schwänen vorüber, über den ⌜Steg⌝ der von der Allee aus über den Bach in den Park führte, hinein in die verwilderte Tiefe des Parks, bis an den Rand der Felder, ich kann es jetzt schildern, ich kann es jetzt überblicken, es war der erste Schultag, es war der Anfang, es war der Anfang der Panik, ich wollte mich nicht fangen lassen, ich floh keuchend, ich rang nach Atem, es brannte wie Feuer in meiner Kehle und in meiner Brust, und so stehe ich am Rand der Felder, und allmählich beruhigte sich mein Atem und ich fühle mich sicher, und eine Weile bin ich frei und losgelöst von allen Bedrohungen, vor mir wächst ein wilder Rosenbusch auf, und in den Dornen des Busches zittert die wollige Flocke vom Fell eines Hasen. Später an diesem Tag aber wurde ich von meiner Mutter zur Schule zurückgeleitet, später an diesem Tag stand ich mit meiner Mutter vor der Klassentür im Korridor, und meine Mutter klopfte an die Klassentür, und der Lehrer öffnete die Tür von innen, und drinnen wandten alle Gesichter sich mir entgegen, drinnen waren alle zur Gemeinschaft zusammengeschlossen und ich war der Zuspätgekommene. Und jeden Tag ging ich mit Friederle die Allee hinab, und Friederle drängte sich an mich, drückte seinen Ellbogen in meine Seite, knuffte mich an die Kante des Gehsteigs heran. Ich wich ihm aus und ging auf dem Fahrdamm. Warum gehst du nicht hier neben mir, fragte Friederle, und machte mir

Damals zur Osterzeit

Rückstand beim Erzschmelzen oder Verfeuern fester Brennstoffe (z. B. Kohle)

Griffel: Schreibstift für Schiefertafeln

Platz. Kaum ging ich wieder neben ihm drängte sich sein Ellbogen aufs neue in meine Rippen. Ich begann zu laufen, doch er hielt mich am Ranzen zurück. Wir kamen an den Platz, an dem die Straße zur Schule abbog, und Friederle schlug sein Bein zwischen meine Beine und ich stürzte, der Ranzen ging auf, die Bücher flatterten hinaus, die Schiefertafel und der Griffelkasten* klapperten hinaus, die Schwammdose rollte weit über das Pflaster, bis vor die Schaffner hin, die hier, an der Endstation, auf den Stufen der Straßenbahn saßen und ihr Frühstück verzehrten, und lachend und an ihren Broten kauend warfen mir die Schaffner die Dose zu, es war eine Dose aus schwarzlackiertem Holz, darauf gemalt eine rote Rose. Hier an diesem Platz, an dem die Straße zur Schule abbog, begann eine in sich geschlossene, verhexte Welt, dicht ineinandergeschoben lag das Gemäuer festungsähnlicher Gebäude, mit Einblikken in Höfe und Ställe, ein aus groben Steinen erbauter Kirchturm stieg aus den Schindeldächern empor, in einem Rad auf der Spitze des Kirchturms hatten Störche ihr Nest errichtet und schlugen mit ihren langen spitzen Schnäbeln aufeinander ein. Hinter den bleigefaßten Scheiben eines Fensters saß ein uralter Mann in einem Schaukelstuhl und aus einem Torgang kamen zwei Männer mit Messern, die Haut ihrer Gesichter war rötlich straff und seidig glänzend, wie die dünne Haut über heilenden Wunden, und hinter ihnen, auf einem Reisighaufen, lag ein Schwein, die vier Beine zusammengebunden, und auf einer roten Ziegelwand zitterte ein Schmetterling, mit ausgebreiteten, schwarz und gelb gezeichneten Flügeln, und eine Hand, die eine Nadel vorgestreckt in den Fingern hielt, näherte sich dem Schmetterling, und die Nadel durchbohrte ihn. Auf dem Schulhof erhob sich ein kleines steinernes Gebäude mit gewölbtem, abgeschabtem Tor, und wenn man die Augen nah an die Fensterscheibe preßte und sie seitlich mit den Händen beschirmte, konnte man drinnen im Halbdunkel den Wagen mit den hohen, gedrechselten Pfosten und dem schwarzen Baldachin* sehen, und manchmal ereignete es sich, daß der Kutscher kam, in einem langen Gehrock, mit seinem großen, schwarzen Pferd, bedächtig öffnete er das Tor, spannte das Pferd in die Deichseln und lenkte den knarrenden Wagen hinaus. Die gellende Klingel rief uns in die Klasse. Hier surrte und staubte es um die splittrigen, nach Tinte und Angstschweiß riechenden Pulte. Ich packte die Schiefertafel und die zerbrochenen Griffel aus. Friederle wandte sich von seinem Platz aus nach mir um und drohte mir mit der Faust. Der Lehrer rief mich auf. Ich hatte seine Frage nicht verstanden, ich vestand nie seine Fragen. Sein gedunsenes Gesicht schaukelte nah vor mir, seine Augen quollen mir entgegen, seine dicken Lippen öffneten sich. Nun, was habe ich gefragt, fragte er, und rieb mein Ohr mit den Knöcheln seiner geballten Hand, und zwischen seinen geöffneten Lippen vibrierten weiße Speichelfäden. Ringsum aus den Bänken kicherte es. Auch das Gesicht des Lehrers war zu einem Grinsen verzogen. Daß alle über mich lachten bewies, daß ich komisch war, und so grinste ich auch, und dies, daß ich andere erheitern konnte, war eine gute Gabe. Doch der Lehrer schrie, wie, lachst du noch, und sein Grinsen war nur ein Zähneblecken gewesen, und das Gelächter ringsum versickerte in den Bänken. Am Ohr wurde ich hinauf auf das Podium vor die Wandtafel gezogen, und was ich dem Lehrer und der Klasse jetzt vormachen mußte war, wie man die geöffnete Hand unter den gehobenen Rohrstock hielt. Es war eine schwierige Übung, denn die Hand wollte nicht stillhalten unter dem Rohrstock, immer wieder zuckte sie zurück. Die Klasse war eine einzige, dicke, blutdürstige Stille. Der Lehrer zielte und ließ den Rohrstock herabsausen, und die Hand zuckte zurück, und der Streich pfiff durch die Luft. Und der Lehrer schrie, wie, willst du deiner Strafe entgehen, und riß meine Hand wieder empor, und ließ erneut den Stock her-

Von vier Pfosten getragene Überdachung aus Stoff

absausen, und wieder zuckte meine Hand zurück, und wieder wurde sie emporgerissen, und wieder fuhr der Stock herab, und wieder zuckte die Hand zurück, und wieder wurde sie emporgerissen, und wieder pfiff der Stock herab, bis er endlich die Hand traf, und der brennende Striemen sich über die Handfläche hinzog. Blind unter aufschießenden Tränen, das Gelenk der schmerzenden Hand mit der andern Hand umfassend, stolperte ich in meine Bank zurück. Dies war es, was ich in der Schule lernte, wie man die Hand unter den Rohrstock des Lehrers hielt. Und nach der Schule versuchte ich, Friederle zu entkommen, doch mit seinem Rudel von Verbündeten stöberte er mich überall auf. Wenn ich lief, liefen sie neben mir. Wenn ich langsam ging, gingen sie langsam neben mir. Wenn ich jäh ausbrach zur andern Straßenseite hinüber, warfen sie Steine nach mir. Diese kleinen pfeifenden Steine, und die höhnenden Stimmen da drüben, wie gut sie erkannt hatten, daß ich ein Flüchtling war, und daß ich in ihrer Gewalt war. Und meine kleinen Listen, plötzlich krümmte ich mich zusammen und schlug meine Hand an die Stirn, aufschreiend, als sei ich getroffen worden. Das erschreckte meine Verfolger, und feige stahlen sie sich davon, ich aber war noch feiger, ich wußte, wenn sie sich schuldig fühlten würden sie mich später nur noch mehr strafen, so rief ich ihnen nach, ihr meintet ja nicht mich, es war ein Irrtum, ihr meintet einen andern. Nach Tisch, zwischen Zwei und Drei, als ich auf dem Bett lag um zu ruhen, kam die Verlorenheit über mich. Ich lag reglos und hielt den Atem an. Lag ich nur lange genug ohne zu atmen, so konnte ich das Atmen vergessen. Dann versank ich, wie ein Stein im Wasser, und weiche schwarze Ringe erweiterten sich über mir. Doch plötzlich stieß ich auf den Grund, und, erschüttert vom Stoß, wurde ich hinauf zur Oberfläche geschleudert. Jetzt wurde alles in mir groß und schwellend und aufgebläht. Ich wurde zu einem Riesen, zu einem übermächtigen Wesen, ausgestreckt auf der gelben Wüste der Bettdecke spielte ich mit kleinen farbigen Zuckerkörnchen, die ich von einem Schokoladestück abgekratzt hatte. Die Körnchen rieselten unter meinen Händen umher, Körnchen wie Menschenhaufen, aus großer Entfernung gesehen, ich blies in die bunten Menschenhaufen hinein, sie stoben auseinander in wilder Flucht. Der Riese kommt, der Riese kommt, schrie es unten in der Wüste, und die Erde dröhnte unter den Schritten des Riesen, am Horizont tauchte der Riese auf, der kunstvoll erbaute Riese, der Riese aus tausend Stockwerken, bevölkert von Tausenden von Arbeitern, die in seinem Innern die Heizungen und Maschinen, die Leitungssysteme und Schaltwerke bedienten, gesteuert von Technikern und Offizieren in der Zentrale der Kopfkugel, in den Augenkammern, den Gehirnsälen, den Riechkanälen, den Gehörstrommeln. Ich selbst war der höchste Befehlshaber über dieses metallene Gebilde in Menschenform, ich erteilte meine Kommandos durch Schalltrichter, und mir oblag die Verantwortung, daß alle Gelenke und Glieder sich berechnungsgemäß bewegten und daß das Gleichgewicht in der ungeheuren Geschwindigkeit des Sichvorwärtsschleuderns gehalten wurde. Urwälder zerknitterten wie Spreu unter den Füßen des Roboters, die breitesten Ströme, die höchsten Gebirge übersprang er mit einem einzigen Satz, die Ozeane waren Pfützen für ihn, sein Kopf verschwand in den Wolken. Da hörte ich Tarmina draußen im Garten nach meinen Schwestern rufen. Ich lief zum Fenster, sah Tarmina, mit emporgewandtem Gesicht, zwischen den Rhododendronbüschen, Tarmina Nebeltau, in ihrem rosafarbenen Kleid, mit der seidenen Schleife im Haar. Ich lief hinunter, auch Margit* und Irene kamen, wir flatterten im Garten umher, zur Schaukel, zur Sandkiste, zum Graben, wir drückten das hohe Gras der Wiese zu Laufgängen nieder, versteckten uns voreinander, suchten einander. Dann in den Wald, zu den Hexen, den Irrlichtern. Liefen

Margit Beatrice Weiss (16.2.1922–3.9.1934)

über den weichen, federnden Nadelteppich, blickten in den hohlen Stamm in dem die Eule wohnte, stöberten die Kaninchen im Moos auf, jagten den Libellen am Teich nach, hörten aus den Bäumen den Kuckuck rufen, wieviel Jahre wir noch zu leben hatten. Fand im Gras die blauweiße Feder des Hähers, gab sie Tarmina, sie strich sich damit über die geschlossenen Augenlider. Auf einer Lichtung sah ich Tarmina mit Margit tanzen, Irene rief nach ihnen und sie eilten ihr nach, die Zweige, die sie im Lauf gestreift hatten, schaukelten noch, ihre Schritte entfernten sich im raschelnden Laub. Diese Lichtung, die man auf einem Graspfad erreicht, liegt da in schimmernder Eindringlichkeit, ein milchig blaues Licht schwebt über dem grünen grünen Gras, das von den Füßen der Tanzenden niedergetreten ist. Dann zurück in den Garten. Friederle, mit erhitztem Gesicht, rief mich zur Blutbuche, in deren Gipfel er einen Auslug gebaut hatte. Wir kletterten hinauf und sahen fern am Horizont eine Fabrik in Brand und Qualm stehen, dann ließen wir uns rücklings hinabfallen, flach ausgestreckt, federnd von Zweig zu Zweig. Friedetle, meine Schwestern, verschwanden im hohen Gras. Allein mit Tarmina bei der Schaukel. Tarmina vor mir auf dem Brett der Schaukel, leicht von mir fort, mir entgegen schwebend, die Luft schwer vom Geruch des Flieders. Da beugt sie sich plötzlich, beim Herankommen, vor, und ⌜küßt mich⌝ auf den Mund. Schon wieder gleitet sie zurück, springt ab von der Schaukel, läuft fort. Der Kuß auf meinen Lippen. Die leere Schaukel, hin und her schwingend. Tarmina, eben noch nah, jetzt bei den andern, wandte sich nicht mehr um nach mir. Mit Friederle verschwand sie im hohen Gras. Anstatt ihr nach, anstatt sie mir zu erobern, schlich ich mich ins Haus. Die Küche leer, alle Zimmer leer. Nur Auguste war oben in ihrer Dachkammer. Ich trat zu Augustes Kommode und nahm den runden, weißen, vom Meer glatt geschliffenen Stein, den sie dort aufbewahrte, in die Hand, umschloß ihn mit der Hand, hielt ihn so, fühlte das Innere der Hand ganz erfüllt von ihm, und bat Auguste, daß sie eine Platte auf die Spieldose legen möge. Auguste zog das Werk mit dem Schlüssel auf. Während aus der durchlöcherten, mit Zacken versehenen Blechplatte die spröde, brüchige Melodie klimperte saß Auguste, die geäderten Hände gefaltet, in ihrem violetten Unterrock auf dem Bettrand, und durch das offene Fenster hörte ich von fern her das Rollen der Eisenbahn und die Stimmen der Spielenden im Garten. Von Augustes Zimmer waren es nur ein paar Schritte zum Dachboden, einem großen, von Holzpfeilern getragenen Raum, in dem die Wärme dumpf und reglos lastete, und unter dessen runden Giebelfenstern der Fußboden voll lag von toten Wespen. Mein Exil, das ich in der Gartenlaube gefunden hatte, setzte sich auf diesem Dachboden fort. In der Wollust einer geheimen Suche öffnete ich Koffer und Truhen, in denen Dinge aus der Vergangenheit meiner Eltern aufbewahrt waren. Ich hob eine hellgraue Uniform heraus, die hatte mein Vater während des Krieges* getragen, ich breitete die Uniform auf dem Fußboden aus, legte den Säbel daneben, den Säbel mit den silbernen Quasten* am Knauf, und das Fernrohr, das er bei dem Gefecht, in dem er verwundet worden war, getragen hatte, und von dem es hieß, daß es ihm das Leben gerettet hatte. Die Einstellschraube war plattgeschlagen und hatte den Stoß der Kugel, die in seinen Leib drang, gedämpft. In dem ledernen Etui waren die schwarz umrandeten Löcher, die das Geschoß gerissen hatte, zu sehen. Neben die Uniform meines Vaters legte ich ein kostbares Kleid meiner Mutter, einen Fächer aus Straußenfedern, einen perlenbesetzten Kopfschmuck. Dies war die Rekonstruktion eines vorgeschichtlichen Augenblicks. Voll Unruhe und Spannung versuchte ich, etwas über meine Herkunft zu erfahren. Von meinem Vater wußte ich nichts. Der stärkste Eindruck seines Wesens war seine Abwesenheit. Nur wenige Worte hatte ich

1. Weltkrieg (1914–18)

Größere Anzahl einfacher oder zusammengedrehter (Gold-)Fäden, die am oberen Ende an einer Schnur hängen

über seine Vergangenheit vernommen. ⌜Mein Großvater hatte einen langen weißen Bart⌝, konnte er einmal sagen. Oder, ich trat schon ⌜in jungen Jahren ins Geschäftsleben⌝ ein und ernährte meine Familie. In den seltenen Stunden des Einvernehmens, an einem Sonntag, oder einem Weihnachtsabend, konnte er erzählen, wie er mich früher, als ich noch klein war, auf seinem Knie habe reiten lassen und wie ich immer wieder die Geschichte habe hören wollen, die er mir dabei erzählte, und jetzt, mit seinem Säbel auf dem Dachboden spielend, sang ich diese Geschichte vor mich hin, es war einmal ein kleiner Junge, der kletterte auf einen Apfelbaum, da kam der Mann mit dem großen Säbel, und der Mann rief, wirst du wohl runter vom Apfelbaum, und da fiel der Junge runter vom Apfelbaum. Es war noch die Erinnerung da, wie das Knie in der dunklen Vorzeit zur Seite wich, und wie ich in die Tiefe glitt, von den Händen des Vaters gehalten. Von meiner Mutter wußte ich, daß sie, vor ihrer Ehe mit meinem Vater, ⌜Schauspielerin⌝ gewesen war. Die Gewänder in den Koffern stammten aus jener Zeit, und Kästchen waren angefüllt mit Fotografien, auf denen sie als ägyptische Prinzessin, als Äbtissin*, Zigeunerin und griechische Priesterin zu sehen war. Ein anderes Bild zeigte sie mit meinen Stiefbrüdern und ihrem ersten Mann, der einen großen, gesträubten Schnurrbart trug. Auf Grund ungewisser Andeutungen, die ich über ihn vernommen hatte, stellte ich ihn mir als Gewalttäter und Mädchenschänder vor. Er glich dem Vater meiner Mutter, der auf einem andern Bild zu sehen war. Dieser Vater pflegte bei Tisch eine ⌜Hundepeitsche neben sich liegen zu haben, mit der er seinen sechs Töchtern, die bei der Mahlzeit Zeitungen unter den Armen halten mußten, um eine perfekte Haltung zu lernen, Hiebe über den Kopf versetzte⌝. Ich bin ihm dankbar für diese strenge Erziehung, sagte meine Mutter, sie hat mich stark gemacht. Aus den Bruchstücken, die ich auf dem Dachboden fand, fügte ich

Vorsteherin eines Klosters

mir eine Familiengeschichte zusammen. Da waren Fotos meines Vaters, bei der Äquatortaufe* an Bord eines Schiffes, auf der Reise nach Südamerika, da war das Verlobungsbild, mit meinem Vater in der Uniform, Arm in Arm mit der Mutter, er war schmal, zart gebaut, die Mutter groß und stattlich, in einem bis zum Boden reichenden Kleid. Die Geschichte ihrer ersten Begegnung erzählte uns die Mutter gern, es war die Romanze* vom kleinen Leutnant*, der die gefeierte Schauspielerin umwarb, mit Blumen überschüttete und schließlich gewann. Es war eine undurchsichtige Erzählung, ebenso undurchsichtig wie heute, da ich über den vor der Zerstörung geretteten Schriftstücken der Eltern sitze. Warum gab meine Mutter das Theater auf. Lag nicht der Grund ihrer späteren Unausgeglichenheit darin, daß sie sich ihrem eigentlichen Wirkungsgebiet entzogen hatte. Ihr gefiel die Theaterwelt nicht mehr, sagte sie, es war ihr dort zu locker, das Leben dort zu provisorisch. Das Glänzende und Erhöhte schuf sie sich in ihrem Heim, die großen Gesellschaften, der Überfluß, die teueren Toiletten, dies alles wurde ihr zum Ersatz für die verlorenen Rollen auf der Bühne. Zu meinen Untersuchungen auf dem Dachboden fügt sich heute ⌜ein Brief, den mein Vater an meine Mutter schrieb⌝, vor dem Gefecht, in dem er den Bauchschuß erhielt. Der Inhalt des Briefes lautet, Zaklikow, den 5. Juli 1915. Für den Fall, daß ich im Felde mein Leben lasse, bitte ich denjenigen Menschen, der mich findet, den inliegenden Brief Frau XX auf dem raschesten Weg zukommen zu lassen, ferner, dieselbe telegrafisch von meinem Tod zu verständigen. Den Ring an meinem Finger bitte ich, an dieselbe Frau XX zu senden, ebenso alle meine Papiere. Alle andern Gegenstände, wie Wäsche, Kleider, Ausrüstungsstücke, können an Kameraden, die ihrer bedürfen, vergeben werden. Vorhandenes Bargeld ist ebenfalls (nach Abzug der Auslagen für Porto und Depesche*) an Kameraden zu verteilen. Falls

Äquatortaufe: Seemannsbrauch, nach dem jeder, der zum ersten Mal den Äquator passiert, unter Wasser getaucht wird

Romanze: Hier im Sinne von romanhafter Liebesgeschichte

Leutnant: Unterster Offiziersdienstgrad

Depesche: Telegramm

möglich, die angegebene Person auch benachrichtigen, wo ich begraben bin. Ich danke vielmals für die Mühe, die ich betreffs der Ausführung meiner Angelegenheiten verursacht habe. Hierauf das Schreiben an meine Mutter. Mein sehnlichster Wunsch war, noch einmal aus diesem Krieg nachhause zu kommen, nachhause zu dir, mein Geliebtes. Wenn es mir nicht vergönnt ist, dich noch einmal zu sehen, dann sollen dich diese Zeilen, die ich schreibe, ehe ich ins Gefecht komme, zum letzten Male grüßen. Es wird mir schwer, den Gedanken zu fassen, daß ich nun nicht mehr deine lieben Augen, deinen Mund sehen und fühlen soll, deine Arme werden mich nicht mehr umschlingen. Wäre ich noch, dann hätte dein Leben erst begonnen, ich hätte es dir so schön bereitet, wie du dirs nicht träumen könntest, auch meines hätte erst beginnen sollen. Das Testament, von dem du eine Abschrift hast, hinterliegt bei Rechtsanwalt T. Sieh auch bitte darauf, daß Bilanzüberprüfung* bei M. veranlaßt wird, und dann wollte ich dir noch sagen, daß mein, bzw. meiner Erben Gewinnanteil im Geschäft noch ein Jahr weiterläuft. Die Sachen in meiner Wohnung sind alle zu deiner Verfügung. Und der Ring von dir, den ich am Finger habe, ich hoffe, du erhältst ihn wieder. Gib ihn nie weiter. Nun leb wohl, mein Geliebtes, ich küsse dich bis zum letzten Atemzug. Beim Lesen dieses Briefes steigt das Lauschen aus den Nächten der Kindheit auf, da ich wach lag, und mein Ohr an die Wand preßte, um etwas von den fernen, murmelnden Stimmen meiner Eltern zu erfassen. Dieses Lauschen, dieses Tasten und Suchen, dieses Verborgensein oben auf dem dumpfen Dachboden. Das Schlachtfeld. Die Schüsse des Maschinengewehrs. Mein Vater in einem Erdloch. Mein Vater mit blutendem Leib, jammernd zwischen andern Verwundeten im Lazarett. Und dann die Erscheinung meiner Mutter. Sie findet ihn in diesem Lazarett, in diesem überfüllten, stinkenden Saal, in dem er verblutend liegt. Sie trägt ihn fort, um ihn selbst zu pflegen.

Übersicht über Ausgaben und Einnahmen

Sie hält ihn in ihren Armen, in der Bilderwelt meiner ⌜Mythologie⌝, sie trägt ihn einen aufgeweichten, zerfahrenen Feldweg entlang, über ihr niedrig flatternde, zerrissene Wolken. Kolonnen von Soldaten, Kanonen kommen ihr entgegen, durch die Zweige der Weidenbäume saust der Wind. Dieses Nachsinnen und Fantasieren, dieses erwartungsvolle Lauschen, diese Spannung ging den heimlichen Spielen voraus, die das eigentliche Ziel meines Aufenthalts auf dem Dachboden waren. Erfüllt von der Gewißheit, völlig abgeschieden und von allen vergessen zu sein, schlich ich mich zu meiner Landschaft, die ich auf einem Brett aus Lehm und Sand und Steinen und Moos und kleinen Zweigen erbaut hatte. Wenn ich mein Gesicht zum Rand der Landschaft hinabsenkte, war es als befände ich mich selbst als Beobachter in dieser Landschaft, und meinem spähenden Blick zeigten sich Hügel, Waldungen, Gräben und Schluchten, und Schützengräben voller Soldaten, und aufgefahrene Kanonen, und die Generalstäbe im Kriegsrat, und alles hielt den Atem an, alles wartete auf die Entladung. Mit kalter Leidenschaft umstrich ich die Landschaft, ordnete die Positionen der Truppen, baute an den Befestigungen, ließ eine Schlucht noch steiler werden, errichtete noch ein Dickicht, und erst wenn ich mit jeder Einzelheit fertig war und der Gesamteindruck des Werks mich befriedigte, ging ich zur Auseinandersetzung über. Die Schlacht brach los. Die Soldaten stürmten aus den Gräben vor, die Kanonen eröffneten ihr Bombardement. Nach jedem Orkan von Vernichtung, den ich über die Landschaft ergehen ließ, betrachtete ich eingehend von allen Seiten die entstandenen Situationen, in Nahbildern sah ich in den Granattrichtern und aufgewühlten Wäldern Tote und Verwundete halb vergraben, sah gefallene Pferde und zerschmetterte Kanonen in den Ruinen des Kastells*, sah Soldaten in grausamem Ringkampf übereinanderliegen, sah die lauernden Truppen im Hinterhalt. Wieder brachen

* Burg, Schloss

neue Wogen des Angriffs los, gekrönt vom alles verzehrenden Feuer. Das Gehölz*, die Zäune, die Brücken, die Unterstände verkohlten, schmelzend sackten die Soldaten zusammen, die Farben rannen wie Blut und Lehm an ihnen herab, und ich trank die Visionen meiner vergehenden Welt, atmete den Geruch des geschmolzenen Zinns und des verbrannten Holzes, bis es nichts mehr gab als eine einzige, schwelende Verödung. Nach den großen Schlachten, als die verstümmelten Leichen begraben und die Verwundeten in die Lazarette* eingeliefert worden waren, führte ich kleinere Expeditionen aus, an denen nur ein paar bevorzugte Figuren teilnahmen, diese Expeditionen standen unter dem Zeichen einer Erleichterung und Entdeckungslust. Mit diesen Figuren durchstrich ich das weite Gelände des Dachbodens, geriet mit ihnen an fremde Küsten, auf unerhörte Berggipfel, auf ferne Planeten. Doch immer wieder mußte ich zurückkehren zu meiner Kampfstätte auf dem Brett, mußte meine Landschaft neu errichten und mit Truppen bevölkern. Hoch oben über unserm Heim breitete ich Tod und Zerstörung um mich aus. Etwas Unfaßbares hatte sich in mir angebahnt. Ich suchte nach Befreiung. ⌜Doch abends⌝ kam das Unfaßbare und lähmte mich. Grausiges kam und blies mich an. Ich verbarg meine Hände unter der Bettdecke. Da aber konnte meine Mutter kommen und ⌜meine Hände wieder hervorheben⌝. Gebieterisch drückte sie meine Hände auf die Decke nieder. Die Hände mußten draußen im Kalten liegen, gespenstischen Angriffen ausgesetzt. Erstarrt vor Furcht lag ich, preisgegeben den Erscheinungen von Riesen und großen Tieren. Ich starrte in die Dämmerung des Zimmers, die immer tintiger wurde, bis sich die Gegenstände darinnen zu schwarzen, schwimmenden Flecken auflösten, ich strengte meine Augen bis aufs äußerste an, um noch Erkennbares zu finden, und es regte sich schon überall in den Schatten, in den Schatten hockten und lauerten schon die Figuren, hinter den Gar-

Baumgruppe auf Feldern oder Wiesen

Krankenanstalten für verwundete Soldaten

dinen krochen sie hervor, vom Boden stiegen sie auf, mit leisem Knacken und Pfeifen. Der Schweiß strömte über mich hin. Die Angriffe hatten noch kaum begonnen, und ich war schon vernichtet. Ich rührte mich nicht, um nicht die Aufmerksamkeit der Geister zu wecken. Ich hielt den Atem an, nur mein Herz hämmerte, und jetzt kam es auf mich zu, von allen Seiten, ich stellte mich tot, wenn nur das Herz nicht so dröhnen würde, ich lag mitten zwischen den kauernden Unwesen, die meine Ermordung planten. Schreien konnte ich nicht, krampfhaft versuchte ich, einen Laut hervorzupressen, doch es gelang nicht, es war als wisse meine Stimme nicht mehr, wie sie nach außen dringen könne, erst aus der völligen Ermattung würgte sich ein Ton hervor, der blieb dann im Zimmer hängen und ballte sich zusammen, um sich wieder auf mich zu stürzen. Jede Nacht starb ich, erwürgt, erdrückt. Doch manchmal gelang es, daß ich, nach dem Erreichen der Bewußtlosigkeit, hinter die Furcht vorstieß, daß ich das Grauen, nachdem es seine äußerste Gewalt erreicht hatte, durchbrach, da erhob ich mich aus dem Bett, das Grauen hatte sich zu einer wollüstigen Schwerelosigkeit verwandelt, auf den Zehenspitzen glitt ich durch das Zimmer, öffnete die Tür, sprang über den großen gelben Löwen der vor meiner Tür lag, und bewegte mich mit schwebenden und doch wie von einem zähen, schleimigen Widerstand zurückgehaltenen Schritten den Korridor entlang, auf die Tür zum Schlafzimmer meiner Eltern zu. Es war ein unendlich langer Flur, hinter mir ragte die Treppe zum Dachgeschoß empor und neben mir erstreckte sich das Geländer, unter dem der dunkle Treppenschacht zur Halle lag, vor mir, in der Nische neben dem Schlafzimmer meiner Eltern, standen, leise knackend und knarrend, ein paar Korbstühle, die weißen Teile des geblumten Musters der Kissen traten scharf aus dem Dunkel hervor. Von unten kam das langsame, schwere Ticken der Standuhr, langsame, schwere Schritte schleppten sich die Treppe hinauf, es war der ⌜Sandmann⌝ der da kam, mit seinem Sack. Hinter dem Fenster lag der Garten, in tiefes Violett getaucht, das Fenster stand offen, der Garten dehnte sich und atmete, vom Graben her tönten die halb erstorbenen ⌜Schreie eines ertrinkenden Kindes⌝. Die Tür zum Schlafzimmer meiner Eltern stand angelehnt, ich schob sie vorsichtig auf und trat ein. In ihrem großen Bett, das von der Wand abstand und sich mitten ins Zimmer hinein erstreckte, lagen meine Eltern, links mein Vater, leise schnarchend, rechts meine Mutter, ihr Gesicht von der Dunkelheit des Haares umrahmt. Beide lagen auf dem Rücken und über ihnen, an der Wand am Kopfende des Bettes, hingen drei Bilder, links ein Gemälde vom Gesicht meines Vaters, der Kopf wie abgeschnitten im Oval des Kartons, rechts der Kunstdruck vom Bild eines ⌜nackten Jünglings, der, im Profil gesehen, die Arme um die Knie und das Gesicht auf die Knie gelegt, hoch über einer einsamen Berglandschaft⌝ saß, und in der Mitte das Bild von der ⌜nackten Göttin, die, von Schaumflocken umflogen, steif vorgeneigt, ohne je das Gleichgewicht zu verlieren, mit der einen Hand die Brust bedeckend, mit der andern Hand eine Strähne des langen gewellten Haars vor den Schoß haltend, auf dem Rand einer großen Muschel⌝ stand. Auf den Stühlen neben den Nachttischen zur Seite meines Vaters und zur Seite meiner Mutter lagen die Kleidungsstücke sorgfältig übereinandergelegt, und unter den Stühlen verharrten die Schuhe dicht nebeneinander wie geduldige Tiere. Im Spiegel des großen Wäscheschranks, an der Wand gegenüber dem Bett, sah ich mich selbst, sah mich im violetten Mondlicht in der Tiefe des verstellten Zimmers. Meine Eltern versuchten, auf Anraten des Hausarztes, meinen nächtlichen Wanderungen ein Ende zu bereiten, sie umringten mein Bett mit großen Wasserschüsseln, die mich, beim Hineintreten mit dem Fuß, aus dem somnambulen* Zustand wecken sollten. Diese Behandlungsme-

schlafwandlerischen

thode hatte zum Ergebnis, daß ich ⌜das Fliegen lernte⌝. Das Grausen und Gruseln steigerte ich mit künstlich erzeugten Kälteschauern, die die Eigenschaft hatten, mich schwerelos zu machen, und unter denen ich, steif ausgestreckt, aus dem Bett emporschwebte, um dann, mit den Füßen voran, rücklings liegend, quer durchs Zimmer und durch das offene Fenster über den Garten zu fliegen. Ich steuerte mich mit leichten Regungen der Hände und Fußspitzen, in triumfierendem Glücksgefühl, mich senkend und hebend unter abgestuften Kälteschauern, so dicht glitt ich über den Gipfel der Blutbuche, daß ihre warmen, weichen Blätter mich streiften. Diese nächtlichen Ausflüge waren die Vorstufen zu schweren Fieberanfällen, die mich auf lange Zeit hin, in Abständen von etwa zwei Wochen, jeweils einige Tage überkamen. Ein Kollegium* von Professoren umstand mein Bett, rückte die glitzernden Kneifer zurecht, griff sich bedächtig in den Bart, befühlte prüfend meinen Puls, drückte behaarte Mittelfinger in meinen Bauch, klopfte mit gebogenem Zeigefinger an meiner Brust an, telefonierte mit meinem Herzen, schlug mit kleinen, silbernen Hämmern an mein Knie und konnte nichts finden, was das Krankheitsbild erklärte. Schließlich stellte man die Theorie auf, daß eine Fliege Bazillen aus den ⌜Malariakulturen⌝ eines in der Nähe gelegenen Irrenhauses auf mich übertragen habe. Die Gedankenverbindung, daß meine Krankheit ihren Ursprung in einem Irrenhaus hatte, ließ mich glauben, daß ich dem Irrsinn nahe sei, ich studierte mein Gesicht im Spiegel, schnitt Grimassen, lallte, und ließ meinen Speichel aus dem Mund tröpfeln, wie ich es zuweilen bei den Geistesgestörten, auf ihren Spaziergängen im Park, gesehen hatte. So lernte ich zu leben, ich weiß, etwas fehlt, ich tappe herum und suche, ich wimmere und schreie, und ich finde es nicht, ich wachse, ich reife, und die Bewegungsfreiheit wird mir immer mehr eingeengt, ich wage kaum mehr zu suchen, stoße mich überall an den

*Kollegium: Gruppe von Personen mit demselben Beruf

Begrenzungen und verkrieche mich. Ich lerne Fliegen und ich lerne Fiebern. Ich mache es mir heimisch in dem großen Mangel, in der Krankheit der Enttäuschung, der Machtlosigkeit und des Mißtrauens. Und in der Tiefe leben die ungestillten Wünsche weiter fort. Wenn meine Mutter, herbeigerufen durch meinen Schrei, an mein Bett kam und mich aufrichtete und mich in die Arme schloß, verging das Unheimliche, zu dessen Erscheinen sie selbst beigetragen hatte. War sie meine Bedroherin, so war sie gleichzeitig meine Retterin, sie entzog mit der einen Hand und gab mit der anderen, und hielt mich dadurch in ständiger Spannung, fast war es als ersehnte ich das Unheimliche, als fand ich einen gewissen Genuß an seinen Qualen, da ich hinterher die Erleichterung auskosten konnte. Ein einziges Mal in meiner Kindheit erlebte ich eine Ahnung von körperlicher Freiheit. Ich war mit meinen Eltern und Geschwistern zu Besuch bei einer befreundeten Familie. ⌜Fritz W⌝, der Hausherr, war in allem ein Gegensatz meines Vaters, er war kraftvoll, lebhaft, seine Sprache witzig und drastisch, er war kameradschaftlich im Umgang mit seinen Kindern und intim* und vital* in seiner Annäherung an meine Mutter, die in seiner Gegenwart aufblühte. Ich erfaßte deutlich die Rivalität* die zwischen ihm und meinem Vater entstand, bei Fritz war sie überlegen und selbstsicher, bei meinem Vater äußerte sie sich in angestrengter Beherrschtheit. Fritz' Kinder sprangen nackt im Garten umher, zwei Mädchen und ein Junge, gleichaltrig mit mir und meinen jüngeren Schwestern. Wir waren in unseren Sonntagskleidern und sahen verlegen den nackten, sonngebräunten Körpern bei ihrem Spiel zu. Meine Schwestern trugen weiße Kleidchen mit gestärkten Kragen, weiße Kniestrümpfe und Schnallenschuhe, ich hatte meinen dunkelblauen Matrosenanzug an, mit dem dickgeknoteten Schlips, auch weiße Kniestrümpfe, und schwarze Schnürstiefel. Es war Hochsommer. Da kam Fritz plötzlich auf uns zugesprungen und

eng vertraut, sehr nahe

voller Lebenskraft

Konkurrenz, Kampf um den Vorrang

riß mit wenigen Griffen meinen Schwestern die Kleider herunter, ich selbst verkroch mich unter den niedrigen Zweigen einer Tanne, doch er zog mich hervor, streifte auch mir Hose und Bluse ab und schob mich, zusammen mit meinen Schwestern, in den Kreis seiner Kinder. Bestürzt nestelten wir uns selbst den Rest unserer Kleidungsstücke vom Leib und fühlten an der ganzen Haut die warme Luft. Meine Eltern hatten sich aus ihren Gartenstühlen erhoben und sahen dem Geschehnis, völlig überwältigt, zu. Und wir erlebten nun, was wir jeden Sommertag hätten erleben können, aber was nie wiederkam, wie wir in unserer Nacktheit lebendig wurden. Gras, Blätter, Erde und Gestein fühlten wir jetzt mit all unseren Poren und Nerven, balgend und jubelnd verloren wir uns in einem kurzen Traum ungeahnter Möglichkeiten. Noch ein anderes Mal hat Fritz W in mein Leben eingegriffen. Es war Jahre später. Ich kam mit dem Schulzeugnis nachhause, in dem ein schrecklicher Satz zu lesen war, ein Satz, vor dem mein ganzes Dasein zerbrechen wollte. Ich ging mit diesem Satz große Umwege, wagte mich nicht mit ihm nachhause, sah immer wieder nach, ob er nicht plötzlich verschwunden war, doch er stand immer da, klar und deutlich. Als ich schließlich doch nachhause kam, weil ich nicht die Kühnheit hatte, mich als Schiffsjunge nach Amerika anheuern zu lassen, saß bei meinen Eltern Fritz W. Was machst du denn für ein betrübtes Gesicht, rief er mir zu. Ist es ein schlechtes Zeugnis, fragte meine Mutter besorgt, und mein Vater blickte mich an, als sehe er alles Unheil der Welt hinter mir aufgetürmt. Ich reichte das Zeugnis meiner Mutter hin, aber Fritz riß es mir aus der Hand und las es schon, und brach in schallendes Gelächter aus. Nicht versetzt, rief er, und schlug sich mit seiner kräftigen Hand auf die Schenkel. Nicht versetzt, rief er noch einmal, während meine Eltern abwechselnd ihn und mich verstört anstarrten, und zog mich zu sich heran, und schlug mir auf die Schultern. Nicht versetzt, genau wie ich, rief, ich bin viermal sitzen geblieben, alle begabten Männer sind in der Schule sitzen geblieben. Damit war die Todesangst zerstäubt, alle Gefahr war vergangen. Aus den verwirrten Gesichtern meiner Eltern konnte sich keine Wut mehr hervorarbeiten, sie konnten mir nichts mehr vorwerfen, da ja Fritz W, dieser tüchtige und erfolgreiche Mann, alle Schuld von mir genommen hatte, und mich dazu noch besonderer Ehrung für würdig hielt. Diese beiden Begegnungen mit Fritz W waren die Glanzstunden meiner Kindheit, sie zeigen mir, wie anders mein Leben, unter anderen Bedingungen, hätte verlaufen können, und sie zeigen mir den Schatz von unverbrauchter Freude, der in mir war, und der immer noch in mir liegt, unter Geschwüren und Verfilzungen. ⌜Als meine Pubertät begann⌝, zwang mich meine Mutter wieder über die weiße, gitarrenförmige Opferschale, auf der ich schon in der Grünenstraße gesessen hatte. Dieses Mal galt es der Säuberung meines Glieds. Mit Seife, warmem Wasser und Watte versuchte meine Mutter, die Vorhaut meines Glieds zurückzustreifen, ihre eine Hand hielt das Glied, ihre andere Hand schob und drängte an der allzu engen Haut. Ich war halb ohnmächtig vor Schmerz und Erniedrigung als endlich die Spitze des Glieds bloßgelegt worden war und meine Mutter den Schleim wegwusch, der sich unter der Vorhaut angesammelt hatte. Später fragte ich sie, was das sei, dieser weiße Schleim, der nachts manchmal aus mir herausrann, ich wußte es wohl, doch ich wollte sie herausfordern, indem ich mich dumm stellte, verhöhnte ich sie, und sie antwortete mir, das ist Schmutz, du mußt dich sauber halten, unbedingt sauber halten, der Schmutz kommt von den vielen kranken Gedanken die du hast. Lange noch konnte ich die Empfindung von der Umklammerung ihrer Hand an meinem Glied nicht loswerden. Abends im Bett zuckte mein Glied und bäumte sich auf, es pochte in ihm, es schwoll an und brannte. Ein rasender Haß auf dieses Glied ergriff mich, ich hätte es abhacken wollen, doch die Wollust, die sich in die schmerzhaften Regungen mischte, nahm überhand, und ich gab ihr nach, selbst wenn ⌜als Resultat⌝ dieses Nachgebens mir die Haare ausgehen, und Geschwüre mein Gesicht bedecken, und die Zähne mir herausfallen würden. Die Zusammengesetztheit aus Schmerz und Lust prägte die Fantasien meiner Ausschweifungen. Ich stellte mir vor, in die Gefangenschaft barbarischer, gewalttätiger Frauen zu geraten, die mich banden und mit grausamen Liebkosungen überschütteten. Du mußt an die frische Luft, sagte man, als man meine Hohläugigkeit bemerkte, du mußt Bewegung haben und Umgang mit Kameraden. Und so gab man mir eine Uniform, ein Halstuch, ein Hemd mit dem Emblem* einer Lilie auf der Brusttasche, einen spitzen Hut mit breitem Rand, einen Tornister* und einen Dolch und schickte mich mit marschierenden Gruppen* hinaus aufs Land. Abi, der Führer, kroch abends in der Herberge zu mir unter die Decke und fragte mich, ob ich sein Adjutant* werden wollte. Er umschlang mich mit seinen haarigen Armen und Beinen, sein borstiges Kinn fuhr über mein Gesicht und seine dicken roten Lippen versuchten, meinen Mund zu küssen. Ich entwand mich ihm, doch der wollüstige, ekeldurchflutete Traum ging weiter. Nackt kletterten wir in die Bäume, nicht in freier, tierischer Nacktheit, sondern in gehetzter, fiebriger Nacktheit, in die rauhe Rinde der Bäume entleerten wir unseren Samen, wir peitschten einander mit Zweigen und rangen in brennender Geilheit miteinander in der feuchtwarmen Erde. Wir wühlten uns durch die Wälder, bauten Unterstände, nächtigten in Kasernen, wo wir lernten, mit Maschinengewehren umzugehen, und in der Verwirklichung meiner alten Kriegsspiele nahm ich teil am Überfall auf das Feldlager einer feindlichen Gruppe, aus dem Hinterhalt stürzten wir uns über die Zelte, plünderten, brandschatzten* sie, verschwanden wieder blitzschnell im Dickicht. Nah vor mir

Sinnbild, Wahrzeichen, Abzeichen

Rucksack

Pfadfinder

Helfer des Kommandeurs

Ausrauben unter der Androhung, Feuer zu legen

sehe ich noch das aufgescheuchte Gesicht eines Jungen, dem ich trotz seines Flehens einen geschnitzten Stab aus den Händen winde, besessen vom Siegestaumel jage ich mit meiner Beute davon. Wie eine Mahnung stieg dieses weinende, angstverzerrte Gesicht vor mir auf, irgendwo fühlte ich, daß ich Gewalt an mir selbst beging, doch ich erfaßte es nicht, ich war von einem saugenden Wirbel ergriffen. Alles war schwülstig und schwelend. So wie ich umworben wurde, so umwarb ich einen anderen, launisch ließ er sich von mir küssen und betrog mich dann, sah aus seiner Umarmung lächelnd zu mir hinüber, warf den Kopf mit dem langen, seidig schwarzen Haar zurück und schloß die Augen. Alles war erfüllt von heimlichen Verlockungen, von Annäherungsversuchen, Eifersüchten und Verleumdungen. Günstlinge wurden gegeneinander ausgespielt, raffinierte Strafen für Prügelknaben* ersonnen. Alle Zerstörungslust und Herrschsucht in uns durfte sich entfalten. Ich wurde zu Friederle. Ich war mit dabei, als man einen Schwachen zum Ofen schleppte und ihn zwang, das heiße Eisen zu küssen, ich war dabei, als man einen Gefangenen auf einem Floß in ein überschwemmtes Grundstück hinausstieß und ihn mit Lehmklumpen bewarf, ich war von kurzem Glück erfüllt, daß ich zu den Starken gehören durfte, obgleich ich wußte, daß ich zu den Schwachen gehörte. So wie das Falschspielerische und Unheimliche in uns anwuchs, so machte es sich auch auf den Straßen breit, Brände* flammten auf, Schaufenster wurden zertrümmert, Passanten wurden niedergeschlagen und Fahnen wurden unter den schneidenden Rufen, Mützen ab, vorübergetragen, zusammengerissen zum Ehrfurchtskrampf sangen wir die Nationalhymne, weh dem, der nicht seinen Kopf entblößte. Abends, in den blühenden Alleen, strich ich auf dem Fahrrad den Mädchen nach. Doch es schien unmöglich, diese zurückweichenden Gestalten, mit ihren dunkel kichernden Stimmen, je zu berühren. Unerreichbar sah ich

Knaben, die für die Verfehlungen anderer verprügelt werden

Die beginnenden Übergriffe auf jüd. Mitbürger als Vorboten der so genannten »Reichskristallnacht« (9./10.11. 1938)

die Helligkeiten der Kleider in der Tiefe der umlaubten Straßen verschwimmen, benommen vom schweren Blütenduft hörte ich weiche Schritte neben mir, hörte das Flüstern einer zärtlichen Stimme an meinem Ohr, und immer tiefer halluzinierte* ich mich in die Nacht hinein, bis ein Traumwesen neben mir entstand, bis ich ein Gesicht neben mir sah, ein Gesicht ohne Züge, ein Gesicht, das eine Zusammenballung meiner eigenen Gefühle war, und ich liebkoste dieses Gesicht, dieses Gesicht der Eigenliebe, es gab kein anderes Gesicht, darum mußte ich es mir erfinden, ich küßte dieses Gesicht, ich küßte die Luft, ich küßte mich selbst, taumelnd unter dem Bedürfnis nach Liebe, und alles sank von mir ab, der Druck der Schule, die Drohungen und Ermahnungen, und nur wie eine ferne, ewige Brandung vernahm ich noch die Forderungen der Welt. Und auch diese Brandung verwandelte ich mir. Abends, allein in meinem Zimmer, umgab ein wildes Meer die Insel auf der ich mit meiner Gefährtin lebte, hier hatten uns die Wellen an den Strand geworfen, und hier hausten wir zwischen den Klippen in einer verfallenen Hütte, unserer wahnsinnigen Liebe hingegeben. Es war die vollkommene Liebe, die hermafroditische* Liebe, geschlossen in sich selbst, sich selbst verbrennend. Die Geliebte war Teil von mir, sie war das Weibliche in mir, jede ihrer Regungen kannte ich, jede meiner Regungen beantwortete sie. Wenn ich sie umarmte umarmte ich mich, ich streckte mich mir selbst entgegen, drang ein in mich selbst. Und dann, nach dem verspritzten Glück, nahm das Zimmer Gestalt an, das furchtbar alltägliche Zimmer, und vernichtete meine Einbildungen. Wie Asche zerstob der Traum und ich lag und lauschte auf das Ticken der Uhr im Flur. Dieses wache Alleinsein gehörte zu unseren Begegnungen, dies war der Preis, daß ich jetzt lange schlaflos liegen mußte, mit schmerzenden Augen, in einem langsamen Sterben, in einer langsamen inneren Verwesung. Doch am nächsten Morgen regte sich schon wie-

halluzinierte: bildete mir ein, phantasierte

hermafroditische: zweigeschlechtige, zwittrige

Völlig teilnahmslos, stumpf u. träge

Sinnspruch auf einem Wappen

der die Sehnsucht nach einer neuen Begegnung, und ungeduldig wartete ich auf den Abend. In der lethargischen* Stunde zwischen Zwei und Drei lag ich auf dem Sofa im Wohnzimmer, die Hände unterm Kopf verschränkt, hinüberstarrend auf den Farbdruck an der Wand, der ⌜Hannibals Grab⌝ darstellte. Unter einem graubraunen, wuchtigen, weitverzweigten Baum erhob sich ein Steinhaufen, und daneben stand ein alter Schäfer, sinnend auf seinen Stab gestützt, und vor ihm, im wilden, trockenen Gras, weidete die Herde der Schafe. Das Fenster zur Straße stand offen, draußen staubte weißes Sonnenlicht, vom Tennisplatz an der gegenüberliegenden Straßenseite tönten träge, dumpfe Ballschläge. Zuweilen summte dicht unterm Fenster ein Auto vorbei, oder eine Radglocke klingelte. Der Gedanke an ⌜die Stadt draußen⌝ belebte mich, ich sah die langen breiten Straßenzüge vor mir, die riesigen, von gebeugten, steinernen Sklaven getragenen Häuser, die Schlösser, Museen, Monumente und Türme, die Hochbahnen auf ihren Brücken und die unterirdischen Bahnen, mit ihrem Gedränge und ihren klappernden Reklameschildern. Schon wollte ich aufstehen, da stand meine Mutter vor mir, nie merkte ich, wie sie ins Zimmer kam, immer erschien sie plötzlich mitten im Zimmer, wie aus dem Boden emporgewachsen, den Raum mit ihrer Allmacht beherrschend. Hast du deine Aufgaben gemacht, fragte sie, und ich sank zurück in meine Müdigkeit. Noch einmal fragte sie, bist du schon fertig mit deinen Aufgaben. Aus meiner dumpfen Lage heraus antwortete ich, ich mache sie später. Sie aber rief, du machst sie jetzt. Ich mache sie nachher, sagte ich, in einem schwachen Versuch des Widerspruchs. Da hob sie, wie in einem Wappenschild, die Faust, und rief ihren Wappenspruch*, Ich dulde keinen Widerspruch. Dicht trat sie an mich heran und ihre Worte fielen wie Steine auf mich herab, du mußt büffeln und wieder büffeln, du hast noch ein paar Jahre, dann wirst du ins

Leben hinaustreten und dazu mußt du etwas können, sonst gehst du zugrunde. Sie zog mich an meinen Schreibtisch zu den Schulbüchern. Du darfst mir keine Schande machen, sagte sie. Ich leide schlaflose Nächte deinetwegen, ich bin verantwortlich für dich, wenn du nichts kannst, dann fällt das auf mich zurück, leben heißt arbeiten, arbeiten und arbeiten und immer wieder arbeiten. Dann ließ sie mich allein. Neben mir auf einem Brett stand das Modell einer Stadt, das ich mir aus Papier und Zellofan*, aus Drähten und Stäbchen erbaut hatte. Nach meinen zerstörerischen Spielen war dies der erste konstruktive Versuch. Es war eine Zukunftsstadt, ⌜eine utopische Metropole⌝, doch sie war unvollendet, skeletthaft, ich wußte plötzlich, daß ich nicht daran weiterbauen würde, ich sah nur noch zerknittertes, leimdurchbröckeltes Papier, und alles war verbogen und zerbrechlich, man konnte es mit einem Atemzug umblasen. Ich mußte nach andern Mitteln des Ausdrucks suchen. Während ich über meinem Tagebuch brütete, öffnete sich die Tür und mein Vater trat ein. Er sah mich am Schreibtisch hocken, bei irgendwelchen Beschäftigungen an denen er nie teilhaben durfte, er sah, wie hastig etwas in der Schublade verschwand. Was treibst du denn da, fragte er. Ich mache meine Schulaufgaben, sagte ich. Ja, darüber wollte ich gern mit dir sprechen, sagte er. Eine peinliche Spannung trat ein, wie immer bei solchen Gesprächen. Du bist jetzt alt genug, sagte er, daß ich einmal mit dir über Berufsfragen sprechen muß. Wie denkst du dir eigentlich deine Zukunft. Ich konnte auf diese quälende Frage nichts antworten. Mit einer Stimme, die verständnisvoll sein wollte, und die etwas von einem Gespräch von Mann zu Mann hatte, sagte er, ich schlage vor, daß du ⌜in die Handelsschule⌝ eintrittst und dann in mein Kontor kommst. Ich murmelte etwas davon, daß ich erst noch die Schule absolvieren* wolle, damit konnte ich immerhin Zeit gewinnen. Mein Vater sagte, jetzt mit wachsender Ungeduld,

Durchsichtige Folie

abschließen

dazu scheinst du doch kaum zu taugen, ich glaube nicht, daß du begabt genug dazu bist, und zum Studieren fehlt dir jede Ausdauer, du gehörst ins praktische Berufsleben. Sein Gesicht war grau und vergrämt. Wenn man vom Leben sprach, mußte man grau und vergrämt sein. Leben war Ernst, Mühe, Verantwortung. Mein Gesicht, das Gesicht eines Nichtskönners und Tagediebs, verzog sich zu einem verlegenen, stereotypen* Grinsen. Gekränkt sagte mein Vater, du brauchst gar nicht zu lachen, das Leben ist kein Spaß, es wird Zeit, daß du einmal wirklich arbeiten lernst. Vielleicht spürte er eine Regung von Zärtlichkeit für mich, doch als er meinen schiefen, feindlichen Blick sah, mußte er sich hart machen und seinen festen Willen zeigen. Mit der flachen Hand schlug er auf den Tisch und rief, wenn dieses Schuljahr zuende ist, dann ist es Schluß mit den Träumereien, dann wirst du dich endlich der Realität des Daseins widmen. Die Realität des Daseins. Im Mund meines Vaters wurde diese Realität zum Begriff alles Sterilen und Versteinerten, ein Jahrzehnt hatte ich bereits in dieser Realität vertan, im Bereich der Schule, wo während unendlicher Stunden meine Sinne abgestumpft worden waren. Die Drohung, hinaus ins Leben treten zu müssen, war nur eine Fortsetzung der langen Wanderung durch Klassenräume und hallende Korridore, dort wurden wir ja vorbereitet, zu Tüchtigkeit und Verantwortung, wie es hieß, von Lehrern, deren Geist erloschen war. Diese langen, steinernen Gänge, in denen die Reihen der tierisch riechenden Mäntel hingen, und in denen ich oft, zur Strafe ausgeschlossen, stand, während ich von drinnen hinter den Türen die Litaneien* der Schüler hörte, aus denen zuweilen eine einzelne Stimme sich mit hohem, hellen Klang hervorhob, diese steinernen Gänge, durchschritten vom alles überwachenden Rektor, unter dessen vernichtendem Blick ich in die Knie sank, diese steinernen Gänge, deren Quadern durchsetzt waren mit Fossilien*, Millionen Jahre alt, in der Form von

stereotypen: sich gleichförmig wiederholenden

Litaneien: Hier: langsames eintöniges Aufsagen (urspr. zwischen Vorbeter und Gemeinde wechselnde Bittgebete)

Fossilien: Versteinerungen

Kometen. Von hier aus sollte ich weiter in die Korridore der Kontore, zu den Aktenschränken, den klappernden Schreibmaschinen, in die Räume, in denen die Geschäfte dieser Welt geleitet wurden. Doch ich hatte andere Dinge auf der Suche nach Nahrung für meine angewachsenen Bedürfnisse gefunden, Dinge, die mir Antwort gaben auf meine Fragen, gedichtete Worte, die plötzlich meine Unruhe stillten, Bilder, die mich in sich aufnahmen, Musik, in der mein Inneres mitklang. In den Büchern trat mir das Leben entgegen, das die Schule vor mir verborgen hatte. In den Büchern zeigte sich mir eine andere Realität des Lebens als die, in die meine Eltern und Lehrer mich pressen wollten. Die Stimmen der Bücher forderten mein Mittun, die Stimmen der Bücher forderten, daß ich mich öffnete und auf mich selbst besann. Ich stöberte in der Bibliothek meiner Eltern. Das Lesen dieser Bücher war mir verboten, ich mußte die Bücher heimlich entwenden und die Lücken sorgsam ausgleichen, meine Lektüre fand unter der Bettdecke statt, beim Schein der Taschenlampe, oder im Klosett, oder unter der Tarnung von Schulbüchern. Das Chaos in mir von unausgegorenen Sehnsüchten, von romantischen Verstiegenheiten, von Ängsten und wilden Abenteuerträumen wurde aus unzähligen Spiegeln auf mich zurückgeworfen, ich bevorzugte das Anrüchige, Zweideutige, Düstere, suchte nach Schilderungen des Geschlechtlichen, verschlang die Geschichten von Kurtisanen* und Hellsehern, von Vampiren, Verbrechern und Wüstlingen, und wie ein Medium* fand ich zu den Verführern und Fantasten und lauschte ihnen in meiner Zerrissenheit und Melancholie. Doch je mehr ich meiner selbst bewußt wurde, und je weniger ich vor mir selbst zurückschreckte, desto stärker wurde meine Forderung, daß die Stimme des Buches unverstellt zu mir spräche und nichts vor mir verbarg. Bald zeigten mir schon die ersten Worte eines Buches die Wesensart des Sprechenden. Ich wollte

Geliebte von Adligen

Hier: Jmd., der zu einer Verbindung mit übersinnlichen Mächten befähigt ist

gleich von ihm angerührt werden, wollte gleich seine Glut und innere Überzeugung erfahren. Lange Umschreibungen machten mich ungeduldig. Ich wollte gleich mitten in das Erlebnis hineingerissen werden, wollte gleich wissen, um was es ging. Nur selten befaßte ich mich mit Gedichten, hier war mir alles zu sehr bearbeitet, zu sehr einem Gerüst von Formen unterworfen. Ich mißtraute dem Abgerundeten und Vollendeten und es fiel mir schwer, unter dem Kunstvollen und Geschliffenen nach dem verborgenen Sinn zu forschen. Oft ließ mich das Durchdachte kalt, während das Rohe, Ungestaltete mich ergriff. Mein logisches Denken war unentwickelt. Wenn ich versuchte, diesem Mangel mit dem Lesen von naturwissenschaftlichen oder filosofischen Werken entgegenzuwirken, so zerflossen mir die Buchstaben vor den Augen, ich konnte sie nicht zu lebenden Worten zusammenfügen, ich spürte keinen Atem in ihnen. Was ich behielt lag weniger auf dem Gebiet der allgemeinen Bildung als auf dem Gebiet der Empfindungen, mein Wissen setzte sich zusammen aus bildmäßigen Erfahrungen, aus Erinnerungen an Laute, Stimmen, Geräusche, Bewegungen, Gesten, Rhythmen, aus Abgetastetem und Gerochenem, aus Einblicken in Räume, Straßen, Höfe, Gärten, Häfen, Arbeitsplätze, aus Schwingungen in der Luft, aus Spielen des Lichts und des Schattens, aus Regungen von Augen, Mündern und Händen. Ich lernte, daß es unter der Logik eine andere Folgerichtigkeit gab, eine Folgerichtigkeit von undurchschaubaren Impulsen, hier fand ich mein eigenes Wesen, hier im scheinbar Unorganisierten, in einer Welt, die den Gesetzen der äußeren Ordnung nicht entsprach. Mein Denken ließ kein bestimmtes Ziel zu, trieb mich von einem zum andern, duldete keine auferlegten Richtlinien, warf mich oft in Fallgruben und Abgründe, aus denen keine Erklärungen, sondern nur heimliche, unerwartet gefundene Pfade mich herausführen konnten. Im Lauf der Jahre wurde die Zwiesprache, die ich in den Büchern suchte, immer bestimmter und eindringlicher, richtete sich immer tiefer ins Persönliche, und so wurde sie auch immer seltener, denn nur wenige konnten etwas von den Dingen ausdrücken, in denen die Wurzeln des Daseins angerührt wurden. ⌜Alle Stadien meiner Entwicklung⌝ hatten ihre Bücher. In der Grünenstraße gab es einen großen gelben Pappband mit zerfledderten Kanten, und darinnen wurde von den Abenteuern des kleinen ⌜Mucki⌝ berichtet. Der Mucki ist ein großer Held, so hieß es, er köpft die Disteln auf dern Feld. Ich sehe ihn vor mir, den Mucki, in seinen ausgebuchteten Cowboyhosen mit Lederfransen, mit dem breitrandigen Sombrero* und dem Lasso, von Kakteen und Klapperschlangen umstellt. Mucki war mein frühstes Abbild, in seinem bösartigen Gesichtsausdruck zeigte sich, was in meiner eigenen Erscheinung so wohlgebändigt war, in ihm tobte sich meine erstickte Angriffswut aus, Mucki der Abenteurer und Gewalttäter, das war ich viel mehr, als der sorgfältig gekämmte Knabe in der Spitzenbluse beim Sonntagsspaziergang. Der ⌜Struwwelpeter⌝, mit seinem buschigen Haarwald und den langen Fingernägeln, führte mir, zusammen mit seinen Genossen, alle meine eigenen Gebrechen, Schrecken und Gelüste vor. Die naiven, farbstarken Bilder waren wie Szenerien aus meinen eigenen Träumen, da waren die abgeschnittenen, blutigen Daumen und die riesige aufklaffende Schere, die noch anderes abschneiden wollte, da war der Suppenkasper mit dem strengen, hageren Vater und der rundlichen Mutter, und seine Worte, meine Suppe eß ich nicht, nein meine Suppe eß ich nicht, waren meine eigenen Worte, ich selbst war es, der auf dem Stuhl hin und herschaukelte und beim Sturz das Tischtuch mit den Tellern und Gerichten in die Tiefe riß. Das war die Rache. Da hatten sie es für all ihr Zetern und Mahnen. Und dann das Wunschbild des Sterbens. Das Hungern war meine Vergeltung, mit dem Hungern strafte ich sie, den hageren Mann, die dicke Frau, süß

Hoher breitkrempiger Strohhut in Mittel- und Südamerika

war die Rache, in der ich selbst mit drauf ging. Dies alles im Bild zu sehen erleichterte mich, ein Teil des inneren Druk-kes war nach außen gezaubert worden. Und auch andere konnten durch die Luft fliegen, sieh nur den Jungen unterm Schirm. Meine Kindheit ist eingeätzt in die gläserne Klarheit dieses Bildes, hoch in der Luft der Fliegende am kleinen roten Schirm, fortgeweht über die Bäume und das grüne Feld und die weiße Kirche, und hinter ihm die schwarze Wolke mit dem schräg hervorbrechenden Regenguß. Der Struwwelpeter, und dann die bösen, traurigen Märchen, das waren Bestandteile der Welt in der ich aufwuchs, in ihnen war eine bedrängende, erstickende Wahrheit ausgedrückt. Besser als die Ungewißheit waren diese klar vorgezeigten Schrecklichkeiten und Grausamkeiten. Es war besser, ganz nah vor der Gefahr zu stehen und ihr in die Augen zu blicken, es war besser, zu sehen, daß es sie wirklich gab, als qualvoll allein im Dunkeln zu liegen und sie nur zu ahnen. Auch die Empfindung der Verlassenheit milderte sich, als ich sah, daß andere ähnlichen Erlebnissen unterworfen waren, so war ich nicht mehr ganz so verloren, ich gehörte zu einer Gemeinschaft von Verzauberten, denen alles wunderlich und gespenstisch war, ich gehörte zu einer Gruppe von Wanderern, die in das Land des Gruselns gezogen waren. Das Grauenhafte war mein Bereich. Das Umhegte und Versöhnliche stieß mich ab, mir war beklommen zumute, wenn ich von den Lieben Kindern hörte, von den Gütigen Eltern, den Reichen Belohnungen. Schilderungen von Beschütztheit, von Wärme und Zufriedenheit weckten einen bohrenden Schmerz in mir. Vielleicht gab es irgendwo diese Geborgenheit, diese Zimmer, in denen es nach frischgebackenen Brezeln roch und in denen eine freundliche Großmutter im Schaukelstuhl saß und eine Katze mit dem Garnknäuel spielte, doch für mich war die Muhme Lenelies da, drinnen in den wogenden, betäubend duftenden Feldern, die Kornmuhme, die plötzlich zum

Wegrand vorschnellte und das Kind mit sich riß⌝, für mich gab es das Verirrtsein im Wald, den Morast* mit den Irrlichtern, die Hexenhäuschen. Ich wußte wie es war, im Käfig* zu hocken und der Hexe den Knochen anstelle des Fingers durch das Gitter zu strecken, ich kannte die furchtbare Spannung, als sie dicht vor mir den Knochen befühlte, und als ich sie meckern hörte, daß sie hübsche, fette Kinderchen haben wollte, hübsche Leckerhappen zum Schlachten. Der Parkwald* um unser Haus nahm alle Märchen in sich auf, er war verwunschen, in seinen Moosen, seinem dichten Gebüsch, seinem knorpligen Wurzelwerk lebten die sprechenden Tiere, die Gnomen*, die Räuber und Feen. Hier sah ich Rumpelstilzchen tanzen, den rotbärtigen Zwerg, sah, wie er sich selbst mitten entzwei riß, und hier, in einem verfallenen Gehöft am Waldrand war der Kopf des Pferdes ⌜Falada⌝ an die Wand genagelt, und ich hörte, wie es mit hohler Stimme aus ihm rief, wenn das deine Mutter wüßte, wenn das deine Mutter wüßte, das Herz im Leib würde ihr zerspringen. In irgendeinem Buch gab es ein Bild, auf dem zwei Kinder zu sehen waren, ein Knabe und ein Mädchen, die hoch oben im Geäst eines großen Baumes saßen. Sie hatten sich im Wald verlaufen und waren auf den Baum geklettert, um Ausschau zu halten. Doch ringsum war nichts anderes zu sehen gewesen als die grüne Undurchdringlichkeit, und so waren sie eingeschlafen, dicht aneinandergeschmiegt. Das Bild drückte aus, daß es keinen Weg zurück mehr gab, die Verlorenheit der beiden Kinder war so endgültig, daß sich auf eine sonderliche Weise aller Schrecken daraus verlor. Ihre Kleider waren von der langen Wanderung zerrissen, ihre Gesichter waren von Entbehrungen gezeichnet, doch jetzt waren sie ganz dem Schlaf hingegeben, völlig der Welt entrückt. In diesem Bild fand ich etwas, das jenseits von Hexen, Geistern und Untieren lag, eine vollkommene Stille und Einsamkeit, einen Trost und eine Stärke. Ich erinnere mich an ein anderes

Sumpf(gelände)

Aus Grimms Märchen *Hänsel und Gretel*

Die Zeit in der Marcusallee 45 (1923–27)

Zwerge, Kobolde

S. 2. Mose 2, 3–10

Buch, in einem biegsamen, graugrünen Einband, eine Kinderbibel, versehen mit ⌜Illustrationen in altmeisterlicher Manier⌝. Ich sehe ein Bild vor mir, auf dem geschildert wird, wie die Prinzessin am Strand des Nils das Kästchen findet, in dem Moses* liegt. Die Prinzessin ist in Schleier gekleidet, unter deren Durchsichtigkeit die Formen ihres Körpers zu ahnen sind, eine Sklavin hält einen beschirmenden Fächer aus Palmwedeln über sie. In meinem Block zeichnete ich die Prinzessin ab, anfangs in ihrer ganzen Gestalt, mit stark hervorgehobenen Geschlechtsmerkmalen, später nur noch ihr Gesicht, ein Gesicht das immer mächtiger wurde, bis es das ganze Blatt mit seinem dunklen Profil und dem riesenhaft spähenden Auge ausfüllte. Neben dem ersten Blatt, aus dem hervorgeht, daß ich mich eingehend mit dem Bau des weiblichen Körpers beschäftigt hatte, war ⌜eine Schere⌝ zu sehen, weit zum Schnitt aufgeklappt, und wie um die Furcht vor der Bedrohung zu mildern, hatte ich der Schere einen Hampelmannkopf zwischen die aufgereckten Arme gemalt, und den gespreizten Schenkeln Stiefel angezogen. Es war, als schreckte ich vor meinem eigenen Wissen zurück, und da begann das Gesicht der Prinzessin meiner Mutter zu ähneln, das herrschsüchtige dunkle Auge, das war das Auge meiner Mutter, das Auge das alles sah. Auf einem anderen Blatt der Bibel war der Bau einer Pyramide abgebildet. Unter den Peitschenschlägen der Wächter schleppten Sklaven riesenhafte Steine die schrägen Laufgänge empor, hier und da brach einer zusammen und verreckte im Staub. Die Ausstrahlung dieses Bildes gab meinen Spielen Nahrung, ich lebte unter Wärtern, deren Riemen mich zuschanden schlugen, ich kostete alle Leiden der Erniedrigung aus, und später, als ich ⌜Ben Hur⌝ fand, erlebte ich als festgeketteter Galeerensklave das Lustgefühl tiefster Not. Da war der gefangene Krieger, der, nackt auf den Rücken eines Hirsches gebunden, in das Dornendickicht gejagt wurde, da waren die

Gladiatoren, die in der Arena mit den Löwen rangen, da war der ⌜Fremdenlegionär⌝, der verwundet im Wüstensand lag, von Hyänen* umstrichen. Die Bilder die ich in der Bibel fand, alle diese Bilder von Verfolgungen und Torturen*, von Ausbeutungen, Brandschatzungen und Morden, von Verleumdungen und Bußen, bildeten die Vorbereitungen zu neuen Visionen, die sich mit meinen zerstörerischen Spielen vermengten. Ich las von stählernen Kriegsschiffen, die von Granaten zerfetzt wurden, von Torpedos, die aus dem Unterseeboot, in dem die Mannschaft atemlos lauschte, auf die feindliche Bordwand zusteuerten, einen verräterischen Schaumstreifen auf der Wasseroberfläche hinterlassend, ich las von den blutigen Leibern der Verwundeten, von Kameraden, die einander aus den Flammen retteten, von heldenmütigen Kapitänen, die auf der Kommandobrücke ihres sinkenden Schiffes verharrten und sich mit dem Wrack in die Tiefe des Ozeans reißen ließen, ich las von abenteuerlichen Kaperfahrten*, bei denen man an fernen Küsten anlegte, ich las von Gefechten im Schneesturm auf hohen Felsengipfeln, von Truppen, die bei nächtlichen Regengüssen aus den Schützengräben hervorstürmten, um einander beim Nahkampf im Schlamm zu zerfleischen, ich sah das Bild von den Ulanen*, die bei fahl leuchtendem Morgenrot dahinritten, ⌜Morgenrot, Morgenrot⌝, und in kurzem Zweifeln fragte ich mich, wohin denn diese Ulanen ritten, und warum sie da ritten, in ihren frühen Tod, und ich ahnte den Wahn, ich fühlte etwas von dem unfaßbaren Grauen, das als Ziel hinter all dieser Lektüre lag, als ich das Bild der indischen Gefangenen sah, von Soldaten zur Hinrichtung vor Kanonenmündungen gebunden, und den Text darunter las, der besagte, daß bei diesem Tod nicht nur der Körper, sondern auch die Seele vernichtet würde. Es gibt Szenen in Büchern, von denen ich kaum weiß, wie sie heißen, und wer sie geschrieben hat, Szenen die mir ebenso unvergeßlich sind wie Szenen aus ⌜Rot und

Hyänen: Wolfartige, v. a. von Aas lebende Raubtiere in Afrika und Asien

Torturen: Folterungen

Kaperfahrten: Seeräuberfahrten

Ulanen: Lanzenreiter

Schwarz, aus Hunger, Pan und dem Idioten⌝. Da ist ein Strom in einem Urwald, und an einem weit über den Strom hinauslangenden Ast hängt ein Indianer*, bereit, sich auf das herannahende Kanu zu werfen, ein Augenblick äußerster Spannung. Da ist ein Zimmer in einem kleinstädtischen Haus, ich weiß nicht, was sich in diesem Zimmer ereignet oder wer sich in diesem Zimmer befindet, da ist nur dieses Zimmer, mit einem Schrank, einem Bett, und verschlossenen Fensterläden, vielleicht ist es Sonntag, und alle im Hause schlafen, und einer lauscht hier in diesem vermummten Zimmer, und plant etwas, und ist voller Erwartung. Da ist die Insel, auf die sich die ⌜Schiffbrüchigen des Pacific⌝ gerettet haben, zwischen den hohen, schlanken Palmenstämmen erheben sich, säuberlich gezeichnet, ihre Schilfhütten, der Gedanke an die Flucht ins Weite hat sich in diesem Bild verdichtet. Das Eigentümliche war, daß angesichts der entlegensten Plätze und seltsamsten Erscheinungsformen etwas wie ein Wiedererkennen in mir entstand, nichts war so überraschend und fremdartig, als daß nicht etwas in mir verständnisvoll mitklang. Ich wußte beim Lesen von keiner Wahl. Ich ließ mich nur anziehen und verwarf nach dunklen Gesetzen. Unzählige Bücher berührte ich nur flüchtig, durchblätterte ich kaum und wußte, daß sie nichts für mich waren, viele die später wertvoll für mich wurden gingen noch nichtssagend durch meine Hände. Andere fesselten mich mit einem einzigen Wort. ⌜Die Dämonen, Die Erniedrigten und Beleidigten, Aus einem Totenhaus, Die Elixiere des Teufels, Schwarze Fahnen, Inferno⌝, waren Titel die plötzlich vor mir aufflammten und etwas in mir beleuchteten. Es war etwas Magisches in diesen Titeln, sie trafen mich ins Herz. Beim Lesen war das Tasten und Suchen, das ich vor der Tür mit den roten und den blauen Fensterscheiben, und oben auf dem Dachboden, empfunden hatte, herangereift. Mein ganzes Leben war ein Tasten und Suchen. Ich drang ein in

Szene aus einem der *Lederstrumpf*-Romane von James Fenimore Cooper (1789–1851)

die Musik, in die Architekturen der Fugen, in die verschlungenen Labyrinthe der Symfonien, in die harten Gefüge des Jazz, in die orientalischen Glockenspiele, nichts war mir fremd, ich verstand das Jammern der chinesischen Flöten und die Getragenheit der mittelalterlichen Lieder, bis zum Bersten war ich mit Musik gefüllt, wenn ich mich bewegte war es als klirrten Klangschleier in mir, meine Schritte riefen pochende Trommeltöne hervor, innere Instrumente spielten unaufhörlich. Zuhause lebte ich wie ein Belagerter. Mein Zimmer glich einer Festung. Die Wände hatte ich angefüllt mit Bildern von Masken und Dämonen, und mit meinen eigenen Zeichnungen, die mit schreienden Figuren den Eintretenden zurückschreckten. Ich fühlte die Sprengkraft, die in mir lag, und ich wußte, daß ich mein Leben dem Ausdruck dieser Sprengkraft widmen mußte, zuhause aber sah man meine Versuche als Verwirrungen an, mit denen man nicht ernsthaft zu rechnen brauchte. Herausfordernd verließ ich nachts mein Zimmer, nackt, in einer namenlosen Erregung. Ich hörte das Knarren von der Matratze unter den Leibern meiner Eltern, hörte ihre schweren Atemzüge, vielleicht lagen sie schlaflos und dachten an mein Elend. Ich aber schlich mich, nackt, in das Zimmer in dem Margit, meine Schwester, lag. Sie sah mich eintreten, richtete sich in ihrem Bett auf, eine Straßenlaterne projizierte das gebrochene Abbild des Fensters, und das Filigranwerk* vom Muster der Gardine, quer über die Wand und die Zimmerdecke. Lautlos kam ich an Margits Bett, setzte mich zu ihr, und lautlos betasteten wir einander, mit stockendem Atem, und auch Margit streifte ihr Hemd ab, und meine Hände glitten über die kleinen Ansätze ihrer Brüste, strichen über ihre weichen, langsam hart werdenden Brustwarzen, strichen über ihren Bauch und ihr kindlich glattes Geschlecht, und dann legten wir uns aneinander, drückten uns eng aneinander, und mein Glied wurde steif und drängte sich an die warme Spalte ihres

Feines Geflecht von Gold- oder Silberdrähten

Schoßes, und so lagen wir, Mund an Mund, während unsere Eltern in ihrem Schlafzimmer atmeten und stöhnten. An anderen Abenden, wenn die Eltern ausgegangen waren, näherte ich mich Elfriede, die von den Eltern angestellt worden war, um für das Wohlergehen der Kinder zu sorgen. In meinem Zimmer betrieben wir etwas, das wir Gymnastische Übungen nannten. Gymnastik ist nützlich und ertüchtigt die Muskeln, Gymnastik erfrischt den Geist, niemand kann etwas dagegen einwenden, wenn wir uns Seite an Seite stellen und uns vor und zurückneigen, oder wenn wir uns Rücken an Rücken lehnen, die Arme ineinanderhaken und uns gegenseitig in die Höhe heben. Dies ist Sport. Daß ich dabei nur ein Handtuch um die Hüften trage, ist auf den Grund zurückzuführen, daß so der Körper freier atmen kann. Und ihr Kleid zieht sich Elfriede nur deshalb aus, daß es bei den anstrengenden Leistungen nicht zerknüllt werde. Wenn wir einander die Hände auf den Bauch und die Schenkel legen, so geschieht dies des Stützens wegen, und wenn Elfriede sich noch den Unterrock abstreift und die Strümpfe herabrollt, so tut sie dies der größeren Bewegungsfreiheit wegen. Anständig ist sie immer noch gekleidet, in Büstenhalter und Schlüpfer. Küssen kommt nicht in Frage, an die Brüste darf ich sie auch nicht greifen, sie aber befühlt meine Brust, um die Schläge meines Herzens zu prüfen. Als ich mich einmal, in die Brücke gehend, zurückbeugte, löste sich mein Lendenschurz, und Elfriede sprang mit einem Aufschrei davon, ich lief ihr nach durch den dunklen Korridor, das Handtuch über dem aufragenden Phallus* hängend, verfolgte sie bis in ihr Zimmer, das neben der Vorhalle zur Wohnungstür lag, doch als ich eben die Schwelle ihres Zimmers übersprungen hatte, ertönte das Geräusch des Schlüssels in der Wohnungstür und ich warf mich herum, floh zurück durch den Korridor, zurück in mein Zimmer, streifte einen Bademantel über, jagte in plötzlicher Eingebung ins Wohnzimmer, drehte das Ra-

Das steife männliche Glied, oft als Sinnbild der Zeugungskraft und Fruchtbarkeit

dio an, saß dort, mühsam mein Keuchen unterdrückend, als meine Mutter eintrat, im knisternden Abendkleid, im glitzernden Schmuck. Mir war, als müsse meine Flucht noch draußen im Flur zu sehen sein, der Abdruck eines einzigen großen Sprunges, zu Zeitlosigkeit erstarrt. Diese Phase des Daseins, voll aufgestauten Unheils, scheint unendlich weit zurückzuliegen, weiter zurück als die frühsten Tage der Kindheit. Wie aus einem anderen Leben blicke ich in diese Zeit hinein, fremd vor dem Ich, aus dem ich hervorgegangen bin. Ich sehe ⌜die unendlichen Kolonnen*⌝, höre den einförmigen Marschtakt, das Scheppern der eisenbeschlagenen Stiefel, das Klirren der Dolche an den Gurten. Wieder und wieder kamen die Fahnen und Standarten, die ausgelöschten, anonymen Gesichter, die Münder im Gesang geöffnet, wieder und wieder kamen die Trommeln, und über der Stadt lag der Schein eines großen Feuers. Unaufhörlich schlug der Marschtakt, wie ein Puls in den Eingeweiden der Stadt, etwas lud sich auf und griff um sich, ergriff mich, ergriff alle, eine Kraft die gepocht hatte so lange ich mich entsinnen konnte, und früher noch, zur Zeit meiner Geburt und der mythologischen Jahre, als die Kanonaden* dumpf um die Horizonte lagen, als die Verwundeten in den Lazaretten verbluteten. Ich war mit eingeschlossen in eine unbarmherzige Entwicklung, und wenn ich auch zu den Fliehenden gehörte, so war ich doch mit eingeschmolzen in dieses unaufhörliche Marschieren, es war, als hätte ich von Anfang an hier am Straßenrand gestanden und die ineinander verkettete und ineinander verbissene Masse vorüberziehen sehen, ⌜meine Brüder waren mit dabei⌝, bewaffnet mit Knotenstöcken*, mit entrücktem Gesichtsausdruck, mit Stahlhelmen und den Wahrzeichen eines ⌜neuen, schrecklichen Kreuzzugs⌝. Selbst wenn ich mich heimlich zu anderen Wahrheiten suchte, so hielt mich ein Zwang in der Zusammengehörigkeit mit diesem Marschieren fest, der Zwang von der

Geordnete Scharen, Truppen

Schweres Geschützfeuer

Stöcke mit Verdickungen

wahnsinnigen Idee eines gemeinsamen Schicksals. Die Stimmen des Traums waren von den Kommandorufen der Wirklichkeit niedergedrückt worden. Meine ängstlichen Proteste, meine winzigen Aufruhrversuche waren im Keim erstickt worden. Ich konnte meine Lage nicht erkennen. Das Erkennen kommt immer erst später, wenn alles vorbei ist. Später konnte ich verstehen und überblicken, damals aber war ich blind drinnen im Strom. Damals dachte ich nur an meine Dichtung, an meine Malerei, an meine Musik. Wäre ich nicht plötzlich vor eine einschneidende Veränderung gestellt worden, so wäre ich von der Flut der Kolonnen mitgerissen worden in meinen Untergang. Diese plötzliche Veränderung geschah nach dem Anhören einer der Reden*, die damals aus dem Lautsprecher brachen, und die, vor dem Erkennen, eine unfaßbare Gewalt besaßen, und die, nach dem Erkennen, wie ein wirres Geschrei aus der Hölle waren. Neben mir saß Gottfried, mein Stiefbruder, und wir lauschten dem heiseren Schreien, wir waren überwältigt von diesem Schreien, fühlten nur unsere Überwältigung, den Inhalt faßten wir nicht, es war ja kein Inhalt da, nur unerhörte Ausmaße von Leere, Leere mit Schreien gefüllt. So übermächtig war die Leere, daß wir uns völlig darinnen verloren, es war als hörten wir Gott in Orakeln* sprechen. Und als es endlich still geworden war, und der Orkan der Freudenrufe über den Tod und die Selbstaufopferung, die damals wie Freudenrufe über eine goldglänzende Zukunft erschienen, verbraust war, sagte Gottfried, wie schade, daß du nicht dabei sein darfst. Ich spürte bei diesen Worten weder Überraschung noch Schreck. Und als Gottfried dann erklärte, daß ⌜mein Vater Jude⌝ sei, so war mir dies wie eine Bestätigung für etwas, das ich seit langem geahnt hatte. Verleugnete Erfahrungen lebten in mir auf, ich begann, meine Vergangenheit zu verstehen, ich dachte an die Rudel der Verfolger, die mich auf den Straßen verhöhnt und gesteinigt hatten, in instinktiver Überliefe-

Hitler-Reden

(Rätselhaft mehrdeutige) Weissagungen

rung der Verfolgung anders Gearteter, in vererbtem Abscheu gegen bestimmte Gesichtszüge und Eigenarten des Wesens. Ich dachte an Friederle, aus dem einmal das Vorbild der heroischen Vaterlandsverteidigung werden sollte, und so war ich mit einem Male ganz auf der Seite der Unterlegenen und Ausgestoßenen, doch ich verstand noch nicht, daß dies meine Rettung war. Noch faßte ich nur meine Verlorenheit, meine Entwurzelung, noch war ich weit davon entfernt, mein Schicksal in eigene Hände zu nehmen und die Unzugehörigkeit zur Kraftquelle einer neuen Unabhängigkeit zu machen. Ehe wir das Land verließen und unsere Wanderung über viele Grenzen antraten, ⌜starb Margit⌝. Am Tag, an dem ihr Sterben begann, war unsere Wohnung wie ein Treibhaus in der Gewitterschwüle. Meine Geschwister keiften und prügelten einander. Meine Mutter lag, von Kopfschmerzen gepeinigt, auf dem Bett im verdunkelten Schlafzimmer, und schrie um Ruhe. Ineinander verbissen wie ein Rudel Füchse rollten meine Schwestern und mein jüngerer Bruder in den Korridor, und die Mutter tobte aus ihrem Zimmer hervor, einen Tennisschläger in der hocherhobenen Hand, das Gesicht dunkelrot, das Haar strähnig flatternd. Die Streitenden stoben auseinander, ich hörte ihre Schritte den stickigen Korridor hinabflüchten und hörte Margit rufen, Mama hat Krämpfe, Mama hat Krämpfe. Das waren die letzten Worte, die ich von ihr hörte. Die Wohnungstür wurde aufgerissen, im hallenden Treppenhaus verloren sich die Schritte und es wurde still. Auch ich ging nach einer Weile hinaus. Meine Schwestern waren verschwunden, mein Bruder pendelte langsam auf seinen Rollschuhen die weißglühende Allee auf und ab. In einer dumpfen Langeweile trottete ich durch die Straßen und geriet später wieder vor unser Haus, lehnte mich an den Vorbau unter unserem Balkon, trommelte eine Rumbamelodie an den rauhen, bröckelnden Putz des Mauerwerks und summte, ⌜la

Cucaracha⌉, la Cucaracha. Plötzlich wurde mein Name gerufen, es war ein lautloser Ruf, doch ich hatte ihn vernommen, nicht als Schrei, sondern als atmosfärische Unruhe, als einen Kältestoß, ich blickte empor zur Balkonbrüstung, über die sich meine Schwester Irene beugte, mit weißem Gesicht und seltsam lachendem Mund, die gelbe Mauer flimmerte zwischen uns. Dann hörte ich Irene flüstern, Margit ist überfahren worden. Ich sprang ins Haus, die Tür zu unserer Wohnung stand weit offen. In der Tiefe des Flurs sah ich meine Mutter stehen. Unaufhörlich strich sie sich mit der Hand über das Gesicht, dessen Züge auseinandergefallen waren, und ihr Mund stammelte ohne Pause, alles voll Blut alles voll Blut alles voll Blut. Vor ihr im Flur standen mein jüngerer Bruder, Elfriede und Irene gestaffelt, in einer Bewegung versteinert, wie beim Spiel Skulpturenwerfen, Irene noch halb fliegend, eben vom Balkon zurückgekehrt, Elfriede schräg zur Seite geneigt, mir entgegenblickend, mein Bruder zusammengekrümmt, auf die Mutter starrend. Und immerwährend strich sich meine Mutter über das Gesicht, und ihre Augen waren geschlossen, und ihre Lippen murmelten, alles voll Blut alles voll Blut alles voll Blut. Aus der Erstarrung flüsterte Elfriede mir zu, daß Margit im Krankenhaus läge und daß man auf die Ankunft des Vaters warte. Von draußen war das Bremsen eines Automobils zu hören, gleich darauf eilten die Schritte meines Vaters die Treppe hinauf, er lief an uns vorüber, vorgebeugt, mit wehender Jacke, legte den Arm um die Mutter, stützte sie, schob sie neben sich durch den Flur. Ihr Gesicht war unkenntlich. Während wir den Atem anhielten gingen sie hinaus. Am Abend kamen meine älteren Brüder, gemeinsam gingen wir zum Krankenhaus, ich ging in ihrer Mitte. Schweigend gingen wir durch die benzingetränkte Dämmerung, und Kälteschauer überrieselten mich. Schweigend gingen wir über den weiten, baumbewachsenen Hof des Krankenhauses, und oben in der hohen roten Fassade lehnten sich Schwestern aus den Fenstern und schüttelten Decken aus und klopften Matratzen. Schweigend traten wir an Margits Bett, und aus den Kälteschauern wurde ein Zittern das mich ganz erfüllte. Der Kopf meiner Schwester war mit Verbänden dicht umwickelt, Pflaster verdeckten ihre Wangen, und ihre eingedrückte Nase war in ein Drahtgestell gespannt. Ihre zerschürften Hände öffneten und schlossen sich im Krampf. Ein Stöhnen drang aus ihrem Mund, doch es klang wie gedämpft von einem Knebel. Sie ist bewußtlos, flüsterte eine Pflegerin, in einem weiten, schwarzen Gewand, ihre Worte wollten trösten, doch was vermochte dieser Trost angesichts der furchtbaren Erschütterung, unter der Margits Leib sich plötzlich aufbäumte und zu einem hohen Bogen wölbte, was vermochte dieser Trost, da ich meine Schwester emporschnellen sah, auf Kopf und Zehenspitzen gestützt, wie in äußerster Wollust einem Geliebten entgegengestreckt, eine Brücke bildend zwischen Leben und Tod. Die Decke glitt von ihr herab, ihr Hemd war bis zum Hals emporgeschoben, ich sah den hellen, glatten Bauch, den ich an meinem Leib gefühlt hatte, ich sah die kleinen Brüste, die ich gestreichelt hatte, ich sah die weiche Rundung des Schoßes, in die ich mein Geschlecht gedrängt hatte. Das Zittern ließ mich nicht mehr los, es zitterte in meinem Brustkorb, es zitterte in meinen Kniekehlen, es zitterte in meinen Händen, und meine Zähne schlugen aufeinander. Und auch am nächsten Tag war das Zittern in mir, am nächsten Tag, als ich vor der Staffelei in meinem Zimmer stand und malte. Während Margit mit ihrem unheimlichen Geliebten rang, bis ihre Kräfte sich langsam verbrauchten, malte ich mein ⌜erstes großes Bild⌝. Aus dem schwarzen Hintergrund wuchsen drei Gestalten in weißen Gewändern hervor, Ärzte, oder Richter, ihre Gesichter waren in erdrückendem Ernst gebeugt, ihre niedergeschlagenen Blicke wiesen jegliche Begnadigung ab. Auch am folgenden Tag malte ich, von Kälteschauern geschüttelt, und als Gottfried am Abend in mein Zimmer trat, hatte ich den letzten Pinselstrich getan. Schweigend blickte Gottfried mich an, und ich wußte, daß es zuende war. Wir gingen durch die warmen, dunklen Straßen. Drinnen im Krankenzimmer saßen meine Eltern am Totenbett, Hand in Hand. Im Hintergrund bewegte sich die katholische Pflegerin wie ein großer, schwarzer Vogel. Eine Kerze brannte auf dem Nachttisch. Bebend stand ich vor der Unbeweglichen, Erloschenen. Mir war, als schwebte ich eine Handbreit über dem Boden. Die Verbände und die Prothese waren von dem zerschundenen Gesicht abgenommen. Es war ein gelbes, plattgedrücktes, völlig fremdes Gesicht. Die Augen lagen tief in den Höhlen. Die toten Hände waren über der Brust gefaltet, sie glichen den langgliedrigen, geschnitzten Händen eines gotischen Bildwerks. Riesig und unzugehörig lag ein schwarzes Kruzifix* unter den erstarrten Fingern. Auch meine Eltern waren wie Statuen, versunken im Halbdunkel. In völliger Erschöpfung lag meine Mutter zurückgelehnt im offenen Auto, als wir langsam durch die Straßen nachhause fuhren. Nachhause. Es gab kein nachhause mehr. Die Fahrt ins Ungewisse hatte begonnen. Wie Schiffbrüchige in einem Boot trieben wir durch das sanft rauschende Meer der Stadt. Am nächsten Morgen sah ich Margit noch einmal wieder. Sie lag aufgebahrt in der Leichenkammer des Krankenhauses. Ihre Augenhöhlen waren mit Watte bedeckt. Ihr gebürstetes Haar hatte den Glanz verloren. Eine Fliege lief über ihre Stirn. Ich scheuchte die Fliege weg und rührte dabei an Margits Haar. Meine Hand zuckte zurück, ihr Haar war so kalt, nie hätte ich gedacht, daß Haar so kalt sein konnte. In den folgenden Tagen, in denen die Fenster unserer Wohnung verhängt waren, und die Gardinen wie dunkle Segel im leichten Luftzug sich regten, konnte man nur ab und zu ein Flüstern hören und das Tappen von Schritten auf Ze-

Plastische Darstellung von Christus am Kreuz

henspitzen im Flur. In einem Stuhl saß meine Mutter reglos, mit niederhängenden Armen, wie eine Lehmfigur. Einmal kam der Pfarrer. Mein Vater führte das kaum hörbare Gespräch mit ihm, es galt der Gedenkrede, die der unbekannte Pfarrer über das abgeschlossene Leben einer Unbekannten halten sollte. Meine Geschwister und ich, wir Überlebenden, standen in den Räumen umher und wagten nicht, einander anzublicken, ich merkte, wie Irenes Gesicht sich zuweilen zu mir hinsuchte, doch ich wich ihm aus, ich wußte, daß ich hätte lachen müssen, wenn ich ihrem Blick begegnet wäre. Der Pfarrer und mein Vater saßen in den tiefen Sesseln, der Pfarrer beugte sich zu meinem Vater vor, die Stimme meines Vaters murmelte, der Pfarrer machte sich Notizen, fragte nach etwas Bezeichnendem, nach einer Formel, die Margits Wesen zusammenfassen könne, und ich vernahm das Wort Sonnenschein. Sie war unser aller Sonnenschein, sagte der Pfarrer, und kostete den Satz aus. Mein Vater nickte stumm. Gottfried hatte die Verhandlungen mit dem Beerdigungsinstitut übernommen. Der Sarg, der Grabstein, die Blumen waren gewählt worden, das musikalische Programm der Feierlichkeit war festgestellt worden. Ich folgte Gottfried zur Totenkammer. Margits Leib war schon im Sarg verborgen, und der Deckel war über ihr zugeschraubt. Der Sarg wurde in den Leichenwagen gehoben, der Leichenwagen fuhr mit Margit, eingeschlossen in ihrem Sarg, und mit Gottfried und mir, die neben dem Fahrer saßen, zum Waldfriedhof. Durch die gläserne Luke hinter mir konnte ich den weißen Sarg unter Kränzen und Blumensträußen sehen. Die Vibrationen des fahrenden Wagens ließen den Sarg erzittern, und drinnen im Sarg zitterte der Körper meiner toten Schwester. Bei der Begräbnisfeier saßen wir dicht gedrängt in den engen Bänken der Kapelle. Als die Stimme des Pfarrers verronnen war, und der Klang des Wortes Sonnenschein zum letzten Mal wie ein Messer in mich eingedrungen war, und als das letzte

Gebet sich im modernden Geruch der Blumen und Kränze verloren hatte, und wir uns alle betäubt aus den Bänken emporarbeiteten, blieb meine Mutter in der Einkeilung zwischen Betschemel und Armstütze stecken. Mein Vater und Gottfried mühten sich an ihr, und seitwärts zogen sie sie heraus. Draußen tanzten die Sonnenflecken. Mit starken Armbeugungen und Armstreckungen, mit gewölbtem Rücken und unter der Jacke spielenden Muskeln, mit vorgeschobenen, hart gespannten Schenkeln senkten schwarzgekleidete Männer den weißen Sarg an Stricken in das schwarze Erdloch hinab. Der Pfarrer füllte die Schaufel mit Sand, es war eine kleine grüne Schaufel, wie wir eine in der Sandkiste zum Spielen gehabt hatten. Meine Mutter stand in dichte schwarze Schleier gehüllt, von meinem Vater und von Gottfried gestützt. Aus der Reihe der Umstehenden trat ein Mädchen hervor, in Margits Alter, reichte meiner Mutter die Hand, knixte vor ihr, trat in den Hintergrund zurück, worauf ein zweites Mädchen vortrat, meiner Mutter die Hand reichte, vor ihr knixte, und wieder in den Hintergrund zurücktrat, worauf ein drittes Mädchen vortrat, meiner Mutter die Hand reichte, vor ihr knixte, zurücktrat, worauf ein viertes Mädchen vortrat, meiner Mutter die Hand reichte, vor ihr knixte, zurücktrat, worauf ein fünftes und sechstes Mädchen, und noch mehr, und noch mehr Mädchen, hervortraten, ihre Hände meiner Mutter reichten, vor ihr knixten, und zurücktraten, bis alle Mädchen aus Margits Klasse vorgetreten, ihre Hand meiner Mutter gereicht, und vor ihr geknixt hatten, und wieder zurückgetreten waren. Auf der Rückfahrt saßen wir zusammengepfercht in einem Automobil. Ich hockte auf dem Boden, Irene lag halb über mir, mein jüngerer Bruder verschwand fast zwischen meinem Vater und meiner Mutter, die Kniee meines Vaters drückten sich mir spitz in den Brustkorb und Gottfrieds Kniee preßten sich in meinen Rücken. Mein Gesicht war schweißüberströmt. Draußen flogen die sommerlichen Straßen vorbei und hier und da stand jemand im Staub und blickte uns nach. Dies war der Anfang von der Auflösung unserer Familie. Bald war diese Fahrt, während der wir uns noch einmal aneinanderklammerten, zuende, bald stiegen meine Stiefbrüder aus und verließen uns, bald lag die Stadt hinter uns, und das Land, in dem ich aufgewachsen war, und das neue Leben in der Fremde begann. Viele Jahre noch wurde die äußere Struktur der Familie im mühsam bewahrten Heim zusammengehalten. Zwischen den silbergrünen Weidenbäumen einer englischen Landschaft wurde das Heim in einem roten Ziegelhaus errichtet, in der bösartigen Enge einer böhmischen Industriestadt wurde das Heim in einer schmutzgelben Villa errichtet, in dem großen, dunkelbraunen Holzhaus am Rand eines schwedischen Sees wurde das Heim zum letzten Mal errichtet, und dort vollzog sich der Untergang, der mit dem Tod meiner Schwester begonnen hatte. Das Heim wurde von meinen Eltern aufrecht erhalten, doch auch ihr Sterben hatte begonnen, auch ihr Sterben hatte mit dem Tod meiner Schwester begonnen. Mit dem Tod meiner Schwester begannen meine Versuche, mich aus meiner Vergangenheit zu befreien. Es gab Perioden, in denen ich wütete und tobte, der niedergehaltene Aufruhr erhob sich und verfluchte die alten Übermächte und schlug auf die alten Übermächte ein, doch die Schläge fuhren ins Leere und die Unflätigkeiten* trafen kein Ohr. Der Haß, die Gewalttätigkeit nützte nichts mehr, die Gelegenheiten waren verpaßt, die Feinde nicht mehr greifbar. Ich wußte nicht, wo das Feindliche sich verbarg. Ich wußte nicht, was mir geschehen war. Ich wütete gegen mich selbst, denn nur in mir selbst waren noch Angriffsflächen, nur in mir selbst war das Vergangene enthalten, und ich war der Verwalter der Vergangenheit. Das Vergangene stieg auf wie eine Atemnot, wie der Druck einer Zwangsjacke, das Vergangene legte sich in tintigen, langsam sickernden Stunden um

Derbheiten, Unanständigkeiten

mich, und dann konnte es plötzlich zurücktreten und nichtig werden und einen kurzen Blick in die Freiheit zulassen. Da sah ich meine Eltern voller Mitgefühl und Mitleid. Sie hatten uns alles gegeben, was sie uns geben konnten, sie hatten uns Kleider und Nahrung und ein gepflegtes Heim gegeben, sie hatten uns ihre Sicherheit und ihre Ordnung gegeben, und sie verstanden nicht, daß wir ihnen nicht dafür dankten. Sie konnten es nie verstehen, daß wir ⌜ihnen entglitten. Aus der dumpfen Ungewißheit, Fehler begangen zu haben, kauften sie sich mit teuren Geschenken los, Geburtstage und allgemeine Festtage waren Abzahltage⌝ ihrer unbewußten Schuld. Und immer waren die Geschenke falsch, soviel wir auch bekamen, immer standen wir da mit unzufriedenen, nach Mehr fragenden Blicken. Das was wir haben wollten bekamen wir nicht, und wir wußten nicht, was wir haben wollten. So standen wir voreinander, wir Kinder unzufrieden, und die Eltern beleidigt, und unfähig waren wir, uns voreinander zu erklären. Und die Versperrtheit habe ich in mir übernommen. In mir übernommen habe ich das Mißverständnis meiner Eltern. Die Befangenheit meiner Eltern wurde zu meiner eigenen Befangenheit. Ihre Stimmen leben in mir. Ich habe mich kasteit*, geschlagen und zu Zwangsarbeiten angetrieben. Immer wieder hat mich das Sumpffieber der Unfähigkeit ergriffen. Da war ich wieder der mißglückte Schüler, der eingesperrt im Zimmer saß, und das warme, brodelnde Leben draußen war unerreichbar. Da saß meine Mutter neben mir und ⌜verhörte⌝ mich, und ich konnte nichts. Schwein heißt pig, pig kommt von picken, pick, pick, pick, und sie umfaßte meinen Nacken und drückte meine Nase ins Vokabelheft, pick, pick, pick, so wirst du dirs wohl merken. Ich merkte es mir. Zuweilen konnte ich mit einem Schrei aus einem Traum auffahren, spürte noch den Griff von der Hand meiner Mutter im Nacken, spürte noch den Schlag von der Hand meiner Mutter an meiner Backe, hörte ihre rasende

Entbehrungen und Schmerzen als Bußübung auferlegt

Stimme, sah ihren Zeigefinger neben mir auf die Tasten des Klaviers niederfahren, um mir den richtigen Ton anzuzeigen, den Ton, den ich nicht hatte finden können, und sie fand ihn auch nicht, ihr Finger hackte daneben, die Dissonanz schrillte noch in meinen Ohren. ⌜Und ich nehme die Hände⌝ meiner Mutter, und ich lege sie zur Seite, und ich streiche mit meiner Hand über ihre Hände, und ich sehe meine Mutter unter der Abendlampe sitzen, ihre Hände an Kleidungsstücken beschäftigt, ihre Hände ein Leben lang an unseren zerrissenen Strümpfen, Hemden, Hosen tätig, ihre Hände ein Leben lang um unsere Nahrung besorgt, ihre Hände ein Leben lang uns haltend, reinigend, züchtigend, und plötzlich liegen diese Hände ermüdet, plötzlich haben sie ausgedient, und ihr Gesicht, von der Abendlampe bestrahlt, starrt vor sich hin, und ihr Mund öffnet sich, und die harten Züge erschlaffen, und das Gesicht lauscht auf das Unbegreifliche, und das Lauschen des Gesichts ist so groß, daß es den Ausdruck namenlosen Erstaunens annimmt. Dies hatte es immer in ihr gegeben, die Furcht vorm Verstummen und Erlahmen, in jungen Jahren war es nur eine Furcht vorm Verstummen und Erlahmen, eine Furcht, die sie mit all ihrer Energie bekämpfte, und die sie herrschsüchtig und zornig machte, und die sie zuweilen überwältigte mit jähen Ohnmachtsanfällen, wie von einem furchtbaren Hieb getroffen konnte sie zu Boden stürzen, wo sie dann schauerlich lag, wie ein Berg, und im Altern kamen diese Zustände langsam und würgend, legten sich ihr auf die Brust, umgossen ihre Gelenke mit Blei, töteten die Kraft ihrer Stimme. In ihrem Tagebuch fand ich folgende Aufzeichnung. ⌜Hatte einen schrecklichen Traum. Mama nahm mich an der Hand und stellte mich stolz allen Leuten in einem großen Zimmer vor. Dann kamen wir in einen Saal, wo schräg erhöht ein Adler, blau-rot gefärbt, saß. Jeder im Raum eingeschlossene Mensch wurde zu ihm geführt und der Adler fuhr ganz langsam mit seiner Kralle in dessen Mund und riß ihm die Zunge heraus. Auch ich wurde hin geführt. Mit einem lauten Schrei bin ich aufgewacht. Meine Mutter sagte einmal zu mir, Du bist mir immer fremd gewesen, ich habe dich nie verstehen können. Dies zu hören war schwerer, als ihre Schläge entgegenzunehmen. Das Bedürfnis, von ihr gehalten zu werden, war noch nicht erstorben. Da war ein Ereignis, das das Schreckhafte unserer Beziehung zeigte. Wir waren, nach der Zeit, die wir in dem Haus im Waldpark verlebt hatten, in eine neue Wohnung* übersiedelt. Die Freunde meiner Eltern hatten beschlossen, den Umzug mit dem Fest des Tischrükkens zu feiern, und an dem dazu bestimmten Abend wurde meine Mutter, die von den Vorbereitungen nichts wußte, zu Mitverschworenen eingeladen. In gespenstischer Eile besetzten die Freunde unsere Wohnung, und während sie sich in weiße Tücher hüllten, wurden Schüsseln mit Gerichten aufgefahren, und Diener deckten die Tafel, und als alles bereit war rief man meine Mutter ans Telefon und meldete ihr mit dunkler, geheimnisvoll verstellter Stimme, daß ich, der an diesem Abend fiebrig zu Bett gelegen, ihrer Hilfe bedürfe. Meine Mutter erzählte mir später, sie habe in diesem Augenblick geglaubt, ich sei im Fieberwahn aus dem Fenster gesprungen. Eine schreckhaft verwandelte Wirklichkeit zeigte sich ihr, als sie in unsere Wohnung stürzte, durch die breite, aufgeschobene Tür des Eßzimmers sah sie bei Kerzenlicht eine Gesellschaft totenstill, vermummt unter hohen, spitzen Hauben, um den Tisch versammelt, und im Flur stand Auguste und grinste und fuchtelte mit den Armen, als habe sie den Verstand verloren, und meine Mutter stieß sie zur Seite und sprang mit einem Aufschrei in mein Zimmer, zum offenen Fenster, beugte sich weit heraus, schrie meinen Namen. Hier bin ich doch, rief ich, und richtete mich in meinem Bett auf. Sie warf sich herum und brach weinend, und mich umarmend, vor mir zusammen. Und dann der Herzpunkt unserer Be-

Bremen, Außer der Schleifmühle 27, 4. Stock

ziehung, der angerührt wurde, viel früher noch, auf unsrer kurzen, sonderbaren Reise. Die Ärzte hatten meiner Mutter, auf Grund meiner häufigen Erkrankungen, geraten, mich in ein Erholungsheim auf einer Insel im Meer zu bringen. Da stehe ich, in diesem Heim, ein weiter, glatter Parkettboden erstreckt sich vor mir, meine Mutter hat mich allein gelassen, meine Mutter hat mich ausgesetzt, und mein Leben ist zuende, ich laufe über den spiegelblanken Parkettboden und gerate auf einen Weg, es ist ein Weg aus weißem Sand, und in dem weißen Sand entstehen schwarze Flecken, und immer dichter werden die schwarzen Flecken, und Tränen strömen auf mich nieder, und ich laufe den Weg zum Strand hinab, und vor mir liegt der riesige, graugrüne Leib des Meeres, und der Leib atmet rauschend und hebt sich mir entgegen und ruft nach mir, und ich laufe auf diesen Leib zu, ich will in diesen Leib hinein, und da umschließen mich Arme und halten mich zurück, und meine Mutter hält mich und leitet mich zurück, doch nicht zurück ins Heim, nicht zurück in die Verbannung, sie entführt mich in ihr Zimmer im Hotel, und in diesem Zimmer sitzen wir bei Nacht, meine Mutter in einem Korbstuhl unter dem Fenster, ich zu ihren Füßen, und bei Morgengrauen soll unser Schiff gehen, und ich bin allein mit meiner Mutter, habe sie ganz für mich allein, und sie hat mir Geldscheine zum Spielen gegeben, Geldscheine*, deren Ziffern ungeheure Reichtümer versprechen, Geldscheine die morgen schon entwertet sind, und die Geldscheine knistern in meinen Händen, und der Scheinwerfer eines Leuchtturms huscht in regelmäßigen Abständen durch das Zimmer und läßt eine weiße Kommode aufschimmern, einen Spiegel, und die großen Blumen der Tapete. Und dann brachte uns die Kutsche zur Schiffsbrücke, und uns gegenüber in der Kutsche saß ein Mann mit einem breiten, schwarzen Schlapphut, und sein Gesicht lag in tiefem Schatten. An Bord des Schiffes stand ich auf der Kajüten-

Die Geldentwertung (Inflation) hatte Ende 1923 ihren Höhepunkt erreicht.

treppe nah am Bug, und meine Sinne waren weit offen, und ich sang dem heftigen Wind entgegen, und salziger Gischt* übersprühte mein Gesicht, und dunkle Wolkenfetzen jagten abenteuerlich über den heller werdenden Himmel. Selbst wenn ich nichts von meiner Mutter wußte, so war sie körperlich spürbar gewesen, in starken Berührungen hatte ich ihre Gegenwart vernommen, im Tönen ihrer Stimme, in der Ausdünstung ihres Geschlechts. Mein Vater aber war ungreifbar, in sich verschlossen. Morgens, wenn ich mich neben ihm im Badezimmer wusch, betrachtete ich ihn mit einer forschenden Spannung. Dünnes, farbloses Haar breitete sich um seine großen, platten Brustwarzen und die Mitte seiner Brust aus. Seine Haut war von weißlicher Schwammigkeit. Unterhalb des Nabels war der Ansatz einer Narbe zu sehen. Sein Geschlecht blieb verborgen, nie hat er sich mir nackt gezeigt. Beim Waschen hatte ich mein Nachthemd heruntergezogen und mit den Ärmeln um die Hüften gegürtet. Das Nachthemd hing um meine Beine wie ein Rock. Mein Vater überwachte die Waschung. Wenn er sah, daß ich vor dem kalten Wasser zurückschreckte, konnte er den Waschlappen ergreifen und mein Gesicht und meinen Hals damit abreiben. Die Beziehung in die mein Vater im Heim zu mir trat war eine erzwungene. Auf das Drängen der Mutter hin machte er sich zuweilen zu einer züchtigenden Instanz*, die seinem zurückhaltenden Wesen nicht entsprach. Wenn er nach der Arbeit nachhause kam konnte es geschehen, daß die Mutter ihn mit dem Bericht meiner Schandtaten aufwiegelte. Worum es sich bei diesen Schandtaten handelte blieb zumeist ungewiß. Vielleicht war die Rede von einem Überfall, den ich auf meine jüngeren Geschwister verübt, oder von einer Rüge, die ich vom Lehrer empfangen hatte. Bei besonders schweren Fällen erwartete die Mutter den Vater schon am Gartentor, ich konnte sie dort vom Zimmer aus, in dem ich zur Strafe eingesperrt war, sehen. Unruhig ging sie auf und ab und

Wellenschaum

Zuständige Stelle

eilte dann dem Vater, als er erschien, entgegen. Ich drückte mein Gesicht an die Scheibe und verfolgte mit meinen Blikken ihre heftigen Gesten. Die Spannung in meiner Magengrube war einem Lachkitzel ähnlich. Meine Eltern kamen über den Gartenweg auf das Haus zu, dann näherten sich die Schritte meines Vaters auf der Treppe. Ich blieb festgebannt am Fenster stehen und lauschte den Manipulationen am Türgriff und am Schlüssel. Das Warten auf den Beginn der Bestrafung wurde durch die Schwierigkeiten, die mein Vater beim Aufschließen der Tür zu überwinden hatte, verlängert. Während seines Arbeitens an der Tür schrie er mir schon, um sich in eine Wut hineinzusteigern, drohende Worte zu. Endlich kam er ins Zimmer gestürzt, lief auf mich zu, packte mich, und legte mich über sein Knie. Da er nicht stark war, taten seine Schläge nicht weh. Qualvoll bis zum Brechreiz war nur die demütigende Gemeinschaft in der wir uns befanden. Er auf mich einschlagend, ich jammernd, lagen wir in einer schreckhaften Umarmung übereinander. Ich schrie um Verzeihung und er schrie unzusammenhängende Worte, und weder wußte er, warum er mich schlug, noch wußte ich, warum ich geschlagen wurde, es war eine Ritualhandlung*, von unbekannten höheren Mächten aufgedrängt. Atemlos, schweißbedeckt, saß mein Vater da, nachdem er seine Kräfte verausgabt hatte, und nun mußte er getröstet und gehegt werden, er hatte seine Schuldigkeit getan, nun kam die Versöhnung, nun kam der kranke Familienfrieden, auch die Mutter eilte hinzu, und wie ein einziger Block lagen wir ineinander verschlungen, weinend in den Tränen der Erleichterung. Gemeinsam gingen wir jetzt hinab in das Haus, das wir gemeinsam bewohnten, und wir aßen Kuchen und tranken Schokolade mit Schlagsahne. Nur an den Sonntagen, an denen ich meinen Vater manchmal in sein Kontor* begleitete, entstanden Ansätze von Möglichkeiten einer anderen Zusammengehörigkeit. Es waren Ansätze, denen es nie gegeben war,

Feierlich relig. Brauch mit Handlungen nach einer bestimmten Ordnung

Das Büro der Firma Hoppe & Weiss, Sögestraße 46 in der Bremer Altstadt

sich weiter zu entwickeln. Im Hausflur, gleich neben der Treppe, die hinauf zum Kontor führte, befand sich ein Guckkasten-Theater*, dessen gewölbter Eingang gekrönt war von der Maske eines Knabengesichts, mit leeren Augenhöhlen und halboffenem, herabgezogenem Mund. Beim Vorübergehen blickte ich beklommen empor zu dem weißen Antlitz*, das alle Tränen ausgeweint hatte und auf ewig versteinert war über seinem Schmerz. Im Kontor roch es nach Tabak und kalter Asche, und an den verräucherten Paneelen* der Wände hingen gerahmte Bilder von Fabriken und von feisten, schnurrbärtigen Gesichtern, und eine Karte der Erde, mit eingezeichneten Schiffahrtsrouten im Blau der Ozeane. Drei tiefe Ledersessel umgaben den Rauchtisch, auf dessen runder, gehämmerter Messingplatte schwarzfleckige Aschenbecher standen, und ein weißer Porzellanelefant, und hölzerne Zigarrenschachteln, deren Deckel beim Aufklappen auf der Innenseite farbenprächtige Bilder von Segelschiffen, dunkelhäutigen Frauen, Ankern, gekreuzten Fahnen und goldenen Münzen zeigten. Die hohen, braunen Regale waren gefüllt von den Reihen der Aktenbücher und Musterkataloge. An seinem Schreibtisch vor dem Fenster saß mein Vater und öffnete mit einem Messer aus Elfenbein die Post. Ich saß ihm gegenüber und löste in einer Wasserschüssel die Marken von den Briefen und breitete sie zum Trocknen auf einem großen, grünen Löschblatt aus. Verstohlen betrachtete ich meinen Vater, wie er bei seinen Briefen saß, mit ernstem Gesichtsausdruck, und seine Notizen machte, und in seiner gepflegten, blassen Hand, mit den hervortretenden bläulichen Adern, hielt er die Zigarette, deren Rauch sich emporringelte. Das Schweigen wurde nur hin und wieder von einem Räuspern meines Vaters unterbrochen, und vielleicht sah er einmal auf und begegnete meinem Blick, und lächelte mir zu, und von Zeit zu Zeit summte es schwach vom Hof herauf, wo unter der von einem Drahtnetz um-

Guckkasten-Theater: Vorrichtung zur Betrachtung räumlich wirkender Standbilder

Antlitz: Gesicht

Paneelen: Holztäfelungen

spannten Glaskuppel des Theaters die Bildertrommel ruckhaft rotierte. Manchmal ging ich hinunter in das Theater, in dessen dunklem Raum die Besitzerin in einer Ecke im Lehnstuhl saß, einen asthmatisch* schnarchenden Zwerghund im Schoß. Zumeist war ich der einzige Besucher, und die Besitzerin des Theaters ließ mich an mehreren Kreisläufen der Bilder teilnehmen. Ich saß auf einem Stuhl vor der großen schwarzen Trommel, und preßte meine Augen an die fettigen Schaugläser, hinter denen sich die stereoskopischen* Szenen in grell beleuchteter Erstarrung zeigten. Da war die Büffelherde, fliehend vorm Steppenbrand, da waren die Jäger, die im Nordlicht der Polarlandschaft von Eisbären angegriffen wurden, da war der Verurteilte, auf dem Schaffott* festgebunden, und der Scharfrichter hielt schon die Hand bereit, um den Fall des Beiles auszulösen, da war die Stadt, die im Erdboden verging, und da war die Mondrakete, die eben auf dem fernen Gestirn gelandet war. Mit schmerzenden Augen und benommen von einem Schwindelgefühl starrte ich in die herankommenden, kurz verweilenden, sich wieder weiterdrehenden Panoramen*. Am eindrucksvollsten war das Zimmer, in dem der Dieb vor der aufgebrochenen Schreibtischschublade hockte. Es war ein behütetes und gepflegtes Zimmer, die Kissen auf dem Sofa waren niedergedrückt, als habe eben noch jemand darinnen gesessen, ein Buch lag aufgeschlagen auf dem Tisch unterm Lampenlicht, und das Feuer brannte im Kamin, beunruhigend nur wirkte der Hund, der mit steif von sich gestreckten Beinen auf dem Fußboden lag. Die Hände des Diebes waren tief in die Schublade gesenkt, und sein Gesicht, bis unter die Augen mit einem schwarzen Tuch umbunden, war spähend der offenen Tür zugewandt, als habe er ein Geräusch draußen im dunklen Flur gehört. ⌜Und nun stehe ich in London⌝, im Lagerraum des Kontors meines Vaters, zwischen dem Mustertisch und dem mit Stoffrollen gefüllten Regal, und in mir steigt eine wu-

unter Kurzatmigkeit leidenden

dreidimensional wiedergegebenen

Gerüst für Hinrichtungen

Rundblicke; auch perspektivisch wirkende Bilder

chernde Unruhe auf. Ich stehe vorgebeugt und halte den Atem an und blicke durch die Glasscheibe der Tür in das Geschäftszimmer, in dem mein Vater, schmal und steil, an seinem Schreibtisch sitzt, und sein Mitarbeiter, schwammig und schwappend, neben ihm am Schreibtisch lehnt und sich über ihn beugt. Der Mitarbeiter spricht mit klukkender Stimme auf meinen Vater ein, und mein Vater blickt mit schräg geneigtem Gesicht zu ihm empor. Im Hintergrund des Zimmers sitzt ein Fräulein Grau und stößt ihre Finger in die Tasten der Schreibmaschine. Ich setze mich an den Mustertisch, dränge mich eng an seine Kante, und ziehe ein Buch aus meiner Tasche. Ich lege das Buch vor mich an die Tischkante, unter die Deckung eines umfangreichen Lagerkatalogs. Ich öffne das Buch und beginne zu lesen, während ein winziger Wächter auf meiner Schulter wacht, und die Tür im Auge behält, und während meine Hand mit dem Bleistift in den Listen des Katalogs bereitliegt. Die Worte des Buches dringen in mich ein, während ich an meinen Fußsohlen den steinernen Boden wahrnehme, während über die dicken Scheiben des Oberlichts an der von landkartenhaften Flecken durchsetzten Decke Karrenräder rollen und die Dunkelheiten von Schuhen klappern, während es raunt und scheppert im Vorzimmer, und während die Unruhe von der Magengrube aus strahlenförmig sich in meinen Brustkorb und in meine Gedärme erstreckt. ⌜Es war in jener Zeit als ich in Kristiania umherging und hungerte, in dieser seltsamen Stadt, die keiner verläßt, ehe er von ihr gezeichnet worden ist.⌝ Da schlug mich der Wächter auf meiner Schulter mit seiner kleinen, flachen, harten Hand an die Kehle, die Tür ging auf, und der Lagerverwalter trat ein, mit ächzenden Atemzügen und schweren, knarrenden Schritten. Wirres, graues Haar umflatterte seinen Kopf, die Borsten seines Bartes glänzten silbrig. Ich ließ das Buch auf meinen Schoß hinabgleiten, und zurück in meine Tasche. Der Lagerverwalter ließ sich mir gegenüber, an der andern Schmalseite des langen Tisches, nieder. Zwischen uns verliefen die dichten Linien der Maserung der Tischplatte, hier und da durchkreuzt von Messerkerben. Der Lagerverwalter grub eine platte, grüne Flasche aus seiner Tasche hervor, entkorkte sie, hob sie an den Mund, nahm ein paar glucksende Züge, wischte sich mit der Rückseite der Hand über die Lippen, stieß den Korken in den Flaschenhals zurück, senkte die Flasche wieder in die Tasche hinab. Mein Blick hing fest an seinem leer starrenden, doch mächtigen Gesicht mit den großen, schmutzigen Poren. Seine Jacke war durchgewetzt, sein Hemd fettig, seine zitternden, abgenützten Hände machten sich an einem Stoß grauer, zerknitterter Papiere zu schaffen. Er hob einen kurzen, breiten, wie zwischen den Fingern zerdrückten Anilinstift* an den Mund, und befeuchtete die Spitze mit der Zunge, ein violetter Punkt blieb wie eine Perle an seiner Zunge zurück. In der Tür erschien das Fräulein Grau und rief nach mir. Mein Vater wollte mit mir sprechen. Ich begab mich in den angrenzenden Raum. Mein Vater saß immer noch an seinem Schreibtisch, er hatte sich jetzt in seinem Drehstuhl weit hintenüber in die zurückweichende Lehne gebeugt, während der Mitarbeiter auf dem Schreibtisch vor ihm saß und sich beim brodelnden Reden über ihn neigte, die wurstigen Hände auf dem Bauch verschränkt, das Gesicht, mit dem speckigen Doppelkinn und den buschigen Augenbrauen, auf und abwippend. Ich blieb stehen neben dem Fräulein Grau, und roch den trockenen, abgestandenen Geruch ihres Körpers. Sie lächelte zaghaft mit ihren defekten Zähnen, und eine leichte Röte breitete sich über ihre flaumige Haut aus. Ich sah mein Gesicht in ihren Pupillen, mein Abbild war in ihren Kopf eingedrungen und starrte mich matt aus ihren Augen an. Mein Vater wandte sich, indem er unter der vorgeschobenen Körpermasse seines Mitarbeiters zur Seite wich, nach mir um. Das Gesicht, das mein Vater mir zu-

Stift mit Teerfarbe

wandte war von kränklich gelblicher Farbe, und ich sah ein paar Schweißtropfen auf seiner Stirn stehen. Sein Gesicht war hilfesuchend, ich sah, daß der Mitarbeiter ihm überlegen war, er war der Heimische hier, er war nicht nur Teilhaber der Firma, er war Gründer und Besitzer der Firma, und mein Vater nur auf Gnade bei ihm aufgenommen. Die Hand meines Vaters tastete sich hinab zum Griff der ledernen Mustertasche. Er sagte, daß er den Chef eines Warenhauses besuchen wolle, und bat mich, ihn zu begleiten. Ich nahm ihm die Tasche ab und wir gingen hinaus auf die Gasse. Dunkle, zottige Pferde, deren Muskeln bei jedem Schritt in den Schenkeln spielten, stampften an uns vorüber, ihre Hufe schlugen Funken aus den Pflastersteinen, und Lichtstrahlen flackerten durch die rotierenden Speichen der Wagenräder. Aus der Kuppel der St. Paulskathedrale wälzte sich ein Dröhnen von Glocken herab. Ich ging mit meinem Vater durch den Schwall der Glockentöne und mein Vater beschrieb mir den Chef des Warenhauses. Ich vernahm aus seiner Stimme, wie er sich selbst Mut einredete, wie er sich und mich glauben machen wollte, daß der Chef ihn mit freundschaftlichen Gefühlen erwarte und daß der Besuch bei ihm großen Erfolg versprach. Umflutet vom Dröhnen der Glocken und von den angriffslustigen Rufen der Zeitungsverkäufer, vernahm ich, wie mein Vater mich für seine Tätigkeit gewinnen wollte, wie er versuchte, mir eine blühende Zukunft im Geschäftsleben auszumalen. Während einiger Schritte vergaß ich, wo ich mich befand, die Glockenbrandung und das Rauschen der Automobile, auf deren Verdecken weiße Stichflammen brannten, und das Knattern und Klingeln der roten, zweistöckigen Omnibusse, hinter deren Fensterscheiben dichtgedrängte Reihen von Gesichtern hingen, verlor sich im Sausen und Brüten meiner unförmigen Gedankenwelt. Ehe wir in das Vorzimmer des Chefs des Warenhauses traten, hatte ich ein versunkenes ⌜Vineta⌝ durchquert. Wir warteten auf einer steilen, hölzernen Bank. Mein Vater hatte die Ledertasche geöffnet und ein paar Muster herausgenommen. Er machte mich auf die Qualität der Stoffe aufmerksam. Seine Stimme war unsicher und belegt. Ein Mädchen mit platinblondem Haar kam und führte uns durch einen Flur, während des Gehens schob und ordnete ihre Hand, mit rotlackierten Fingernägeln, am Haarknoten im Nacken. Sie öffnete uns eine Tür und aus der blendenden Helligkeit des Zimmers trat uns der Chef des Warenhauses entgegen, mit elegant eingezogener Taille und breit ausladenden, gestopften Schultern, goldglitzernd, sprudelnd, lachend. Mit seiner Hand beklopfte er meinen Vater, wie man ein Pferd beklopft, leitete ihn an einen Tisch, wie an eine Krippe, half ihm, die Mustertasche zu entleeren. Mein Vater breitete, mit zärtlich fühlenden Fingern, die Stoffstücke auf dem Tisch aus. Die Hände des Chefs sprangen mit spritzenden Gesten in die Stoffe, rieben, zerrten und schnippten an ihnen. Witzelnd und spitzfingrig pickend traf er seine Auswahl, während mein Vater mir hin und wieder vertraulich zuzwinkerte, und seine blassen Hände, mit den schmalen Gelenken und den ebenmäßig gewölbten, polierten Fingernägeln, erwartungsvoll an der Tischkante lagen. Der Raum war ein Block aus Licht, mit gleißenden* Fensteröffnungen. In dem Lichtblock schwebten die reflektierenden Flächen der Tischplatten. Zuweilen gingen Figuren durch den Raum, mit aufgelösten Konturen. Über der glänzenden Fläche mit den bunten Stoffflecken wurde ein Geschäft zwischen meinem Vater und dem Chef des Warenhauses abgeschlossen. Mit freundschaftlicher Geste willigte der Chef des Warenhauses ein, daß ich als Volontär* in seinen Betrieb eintreten dürfe. Ich erfaßte es kaum und vergaß es gleich wieder, mein Vater und der Chef standen dunkelblau vor mir, mit eigentümlich leuchtenden Hemden. Auf dem Rückweg zum Kontor meines Vaters entglitt ich auf Abwege. Ich ging

stark und spiegelnd glänzenden

Jmd., der zur Berufsvorbereitung in einem Betrieb tätig ist

unter altertümlichen Häusern und hohen Kastellmauern hin, überquerte einen Hof, auf dem sich ein Ziehbrunnen befand, und trat in eine Werkstatt, in derem weitläufigen, von hohen Pfeilern getragenen Raum meine Bilder rings um die Wände standen. Einige Augenblicke unterbrach ich mich, und bewegte mich zwischen dem mit Stoffballen gefüllten Regal und dem Lagertisch im Kontor meines Vaters und verglich die Angaben auf einer Liste mit dem Bestand der Waren im Regal. Dann trat ich hinaus auf meinen Hof, sattelte ein Pferd und ritt über aufgebrochene Felder einer zerklüfteten Gebirgskette entgegen, am Rand eines Gehölzes saßen ein paar zerlumpte Gestalten, bewaffnet mit Messern und Hellebarden*, langsam ritt ich an ihnen vorüber, das Zaumzeug klirrte, die Schreibmaschine klapperte, die Stimme des Teilhabers der Firma murmelte auf meinen Vater ein, und zwischen den kahlen Birkenstämmen schimmerten große, gehörnte Tiere und der weiße Torso* einer Frau. Gegen Abend stand ich am Fenster meines Zimmers. An den schrägen grauen Wänden des Zimmers lehnten die wenigen Bilder, die ich meinen freien Stunden abgewonnen hatte. In der Tiefe des Hauses lebten meine Eltern und Geschwister. Blaue Dämmerung hüllte den Garten ein. Von den Golffeldern her hallten die Ballschläge. Die Glasscheibe des Fensters schmeckte bitter. Aus dem Gebüsch trat eine Gestalt hervor, in grüner Jägerkleidung, eine Jagdtasche und eine Flinte über der Schulter. Mit schwebenden Schritten überquerte die Gestalt die Wiese und verschwand auf der andern Seite des Gartens in der Hecke. Ein weicher, warmer Schreck stieg in mir auf. Es war als habe eine Hand in mich hineingegriffen. Ich setzte mich an den Schreibtisch, auf dem meine Manuskripte lagen, ich zündete die Lampe an und blätterte in den Seiten, auf denen ich in der Schrift eines Mönches von meinem längst vergangenen Leben Kunde gab. Vor Jahrhunderten hatte ich gelebt, hier an meinem Schreibtisch

Mittelalterliche Stoß- und Hiebwaffen mit sehr langem Stiel, scharfer Spitze und axtförmiger Klinge

Arm- und beinlose Statue

beschwor ich Bilder und Worte herauf, die von meiner verlorenen Existenz berichteten. Schritte, die auf der Treppe erklangen, weckten mich aus meiner Abgewandtheit. Es waren Elfriedes Schritte. ⌜Elfriede⌝ war mit uns übersiedelt, ihr Zimmer lag neben dem meinen. Sie schloß die Tür nicht hinter sich. Ich hörte, wie sie sich eine Zigarette anzündete, wie sie ihr Haar bürstete, wie sie sich die Kleider abstreifte. Ich erhob mich und ging auf Zehenspitzen zur Tür meines Zimmers. Unten verschloß mein Vater das Haus vor der Nacht. Die Schritte meiner Mutter näherten sich. Jetzt kam sie die Treppe zum Dachgeschoß hinauf, die Stufen knarrten unter dem Gewicht ihres Körpers, sie atmete heftig. Ich zog mich in die Mitte meines Zimmers zurück. Die Klinke meiner Tür wurde herabgedrückt und meine Mutter trat ein. Bist du noch auf, fragte sie, was machst du denn. Ich arbeite, sagte ich. Sie blickte sich im Zimmer um. Sie sah die Papiere auf meinem Schreibtisch und fragte, was schreibst du denn da. Nur so, murmelte ich ausweichend. Bleib aber nicht zu lange auf, sagte sie, und nahm die Decke von meinem Bett ab. Sie schlug das Laken zurück und strich das Kissen zurecht, dann trat sie auf mich zu, umarmte und küßte mich. Als sie mein Zimmer verlassen hatte, ging ich wieder an die Tür. Ich hörte, wie meine Mutter in langsamen, schweren Schritten sich von Stufe zu Stufe hinabfallen ließ. Türen wurden geöffnet und Türen wurden geschlossen, meine Mutter ging von Zimmer zu Zimmer und nahm Abschied zur Nacht. Leise drückte ich die Klinke meiner Tür nieder. Ich ging zur angelehnten Tür des Nebenzimmers und schob sie auf. Elfriede saß in einem kurzen Hemd auf dem Rand ihres Bettes. Ich strich mit meinen Händen über ihre Schultern und ihr Haar, und sie kam mir entgegen, sie umschlang mich mit ihren Armen und ihr Mund saugte an meinem Mund. Ich schob das Hemd über ihre gespreizten Schenkel empor. Elfriede öffnete meine Hose und ich war eingespannt in den Zwang einer unverständlichen Aufgabe. Elfriede, erregt atmend, umfingerte mich und zog mich nah an die Öffnung ihres Leibes. Die Bestandteile und Formeln der gestellten Aufgabe waren zusammenhanglos und ergaben keinen Sinn. Elfriede, mein Eindringen erwartend, schloß die Augen, als sie die Augen wieder öffnete, war ich verschwunden. Ich war in meinem Zimmer und hatte die Tür hinter mir geschlossen. Ich ging in meinem Zimmer hin und her. Ich hatte meine Schuhe ausgezogen, daß man meine Schritte nicht höre. Ich stellte mir vor, wie ich meine Bilder zusammenpackte und das Haus verließ. Doch ich wußte nicht, wohin ich mich mit meinen Bildern begeben sollte. Wo ich sie auch in Gedanken aufstellte, immer kam jemand und schob sie fort. Schließlich sah ich, wie ich sie auf der Straße ausbreitete und mich daneben legte, und die hohen roten Omnibusse fuhren über uns hinweg. Am nächsten Tag war ich ⌜im Warenhaus⌝. Der perfekte Angestellte hat immer eine Schere bei sich, sagte der Abteilungsleiter, und steckte mir eine kleine Schere in die Brusttasche. Durch seinen Kneifer* musterte er meinen Anzug und meinen steifen, weißen Kragen. Hier muß jeder einen steifen Kragen tragen, niemand darf wagen, Nein zum steifen Kragen zu sagen. Er zwirbelte sein gewichstes Bärtchen und führte mich umher in meinem neuen Arbeitsbereich. Im Innern der Säle des Warenhauses hatte sich das Wachstum einer tropischen Urwelt versteinert. Lianen, Wurzelwerk und Farnblätter schlangen sich um die Säulen, die Gewölbe und Treppengeländer. Die Wände und Decken der Räume waren von Pilzen, Schwämmen und Moosen umwuchert. Die Waren lagen aufgehäuft in Tropfsteinhöhlen. Zwischen körnigen Steinen, Dornen und zerfressenen Gebeinen lagen Töpfe und Knöpfe, Hosen und Dosen, Kästen und Westen, Tücher und Bücher, Flaschen und Taschen, Röcke und Stöcke, Haken und Laken, Spangen und Zangen, Kannen und Wannen. Im gedämpften Licht des Dschungels flatter-

Auf die Nase geklemmte bügellose Brille

ten orangegelbe Verkäuferinnen wie Schmetterlinge umher. In der Tiefe eines weißgekachelten Kellers nahm ich meinen ersten Standort ein. Hinter dem schmalen Tisch, der sich durch die Länge des schlauchartigen Raumes zog, beugte ich mich, zwischen anderen Verbannten, über die ausgelegten Musterbücher. Hinab zu uns kamen die Näherinnen der Stadt, trugen in den Fingern ihrer erhobenen Hände auf Nadeln gespießte Fetzen von Seide und Samt, von Leinen und Damast*, ihnen entgegen streckten sich unsere Finger, ergriffen die Nadeln mit den bunten Lappen, wanderten mit ihnen über die Seiten der Bücher, um nach Stoffproben zu suchen, die dem Vorbild entsprachen. Und auf Zetteln sodann, nachdem eine passende Ware gefunden, wurden Ziffern verzeichnet, Buchstaben und Namen, und mit diesen traten die Näherinnen ihre Wanderung an hinauf in die höheren Bereiche des Bauwerks. Über den Tisch führten wir unsere Gesichter aneinander, flüsterten Fragen in die Ohren unter dem kitzelnden blonden, schwarzen, roten, braunen Haar, atmeten den Hautduft von Veilchen und Schneeglöckchen ein, fuhren mit den Nadelspitzen kratzend über die Brustwarzen, die sich unter den dünnen Blusen abzeichneten. Um der drückenden Luft des Kellers zu entgehen, begaben wir uns unzählige Male am Tag in die Waschräume, in denen die zufallenden Blechtüren der Kleiderschränke wie Cymbalschläge* klirrten. Wir saßen im Abtritt, dessen Wände vollgekratzt waren mit Bildern von Fruchtbarkeitssymbolen, und dessen Boden verschmiert war von Speichel, Urin und zertretenen Zigaretten. Hier saßen wir vorgeneigt, und aus den Zellen ringsum drang ein Stöhnen und unartikuliertes Stammeln, in einem Zustand von Trance* saßen wir im Rauschen und Tröpfeln der Wasserleitungen, und auf unseren Schultern trugen wir das riesige, überladene Haus. Mittags sprangen wir die schrägen Laufgänge hinauf zur Straße, vorbei an der Stempeluhr, deren Zähne klingelnd in unsre Karten

Feines Seidengewebe mit eingewebtem Muster

Beckenschläge

Schlafähnlicher Dämmerzustand

hackten. Draußen schlugen wir uns durch die Mauern der Fahrzeuge, fochten Stierkämpfe aus mit den Automobilen, hieben mit den Fäusten auf die brummenden metallischen Tiere ein, warfen uns in das Krachen und Kreiseln der Futterstellen, fraßen Kartoffeln in abgestandenem Fett, Bohnen und Stücke von fasrigem Speck. Enge unterm Kragen, Würgen im Magen. Zurück durch das Gewühl. Leiber und Kleider, Reifen und Pfeifen, Räder und Leder, Hufe und Rufe, Nähte und Drähte, Schläuche und Bäuche, Zigaretten und Manschetten*, Schokolade und Pomade*. Im Urwald des Hauses wurde mir der Auftrag erteilt, dem Schaufensterdekorateur bei der Beschaffung von Material zur Dekoration des Schaufensters behilflich zu sein. Auf einen Zettel schrieb er die Liste der gewünschten Waren, und ich glitt und rutschte zwischen dem Schaufenster, das dekoriert werden sollte, und den verschiedenen Abteilungen, die das Material zur Dekorierung des Schaufensters liefern sollten, hin und her. Den Zettel hatte ich bald verloren, die Menge der Waren füllte mich mit hektischer Begeisterung, blindlings stürzte ich mich in die Auslagen und raffte zusammen, was mir in die Hände kam. Einen Berg von Waren schichtete ich vor dem Schaufenster auf, und da der Dekorateur verschwunden war, dekorierte ich selbst das Schaufenster. In dem heißen, gläsernen Terrarium* pries ich den Überfluß des Warenhauses, umgab mich mit Schirmen und Birnen, Stäben und Fäden, Scheren und Gewehren, Kämmen und Schwämmen, Bürsten und Würsten, Nägeln und Kegeln, Pfeifen und Seifen, Hüten und Tüten, Beilen und Pfeilen, und nahm selbst die Gestalt einer verzückt sich darbietenden Puppe an. Und draußen, hinter dem Glas, spendete die Straße mir Beifall, Gesichter schaukelten durcheinander und lachten, die ganze Straße lachte, die Automobile kicherten, die Omnibusse hielten sich den Bauch vor Lachen, Polizisten schoben sich dazwischen, die Gesichter rote Ballons, vom Gelächter geschwollen. Doch

Verstärkte Abschlüsse von Hemdsärmeln

Fetthaltige und parfümierte salbenartige Substanz zur Haarpflege

Glasbehälter zur Haltung von Kriechtieren

von hinten ergriffen mich Hände und rissen mich empor, und eine gelbe Rollgardine knallte am Fenster herab, und scharfe Augengläser blitzten mich an, und die Schere wurde aus meiner Brusttasche gezogen, ich war ihrer nicht würdig. Nach diesem Versuch trat ich in Streik. Doch trotz meines Streiks war ich den Gesetzen unseres Hauses unterworfen. Nachdem die Standuhr unten im Flur Sieben geschlagen hatte, begann der Tag. Am Ansatz der Treppe räusperte sich mein Vater und rief nach mir. Ich antwortete nicht. Er kam die Treppe hinauf, öffnete die Tür meines Zimmers und sagte, es ist Zeit, aufzustehn. Ich erhob mich und schlürfte hinunter ins Badezimmer und wusch mich neben meinem Vater. Wir sprachen nicht miteinander. Ich kleidete mich an und ging zum Frühstückstisch. Mein Platz war hier am Tisch, bei der gemeinsamen Mahlzeit. Man hielt meine Krankheit immer noch für vorübergehend. Mein Vater fragte, willst du heute nicht mit mir ins Kontor gehen. Ich antwortete nicht. Ohne Gruß, verletzt über mein Schweigen, ging mein Vater vom Tisch. Ich konnte nicht sprechen, konnte nichts erklären, die Stimme hatte sich in meiner Kehle gestockt. Ich konnte meinen Eltern nicht verständlich machen, daß das Malen und Schreiben eine Arbeit für mich war. Die Anklage von außen hatte mich mit tiefer Unlust durchtränkt. Jeden Tag begann ich meine Arbeit aus dem Gefühl absoluter Untauglichkeit heraus. Ich malte mit den Farben von Eingeweiden, den Farben von Kot, Harn, Galle, Eiter und Blut. Nach einigen Stunden gelang es mir, mich ins Vergessen hinüberzuarbeiten. Ich malte, bis die Dämmerung vom Garten aufstieg und alle Farben schwarz machte. Wenn ich ein Bild beendet hatte, zwang mich ein Trieb, meine Mutter herbeizurufen. Ich wußte, wie unverständlich ihr meine Bilder waren, und doch konnte ich es nicht unterlassen, ihr meine Bilder immer wieder zu zeigen. Ich stand neben ihr und sah zu, wie sie mein Bild betrachtete. Ich zeigte ihr ein Bild meiner selbst. Ich wollte, daß sie lange vor diesem Bild stehen solle. Ich wollte, daß sie mich in diesem Bild erkennen solle. Sie äußerte ein paar nichtssagende Worte. Du mußt näher herangehn, sagte ich, damit du die Einzelheiten sehen kannst. Ich sehe sehr gut, sagte sie, und wandte sich schon ab. Ich wußte, daß ich nur eine kurze Frist hatte. Ich wußte, daß ich nicht mehr lange auf Gnaden hier leben konnte. Ich lebte wie ein gekuschter Hund. Ich fraß die Brocken, die man mir hinwarf. Ich verkroch mich. Ich wartete auf den Augenblick eines Ultimatums*. Dieser Augenblick kam an einem grünen Abend, im grünen Gartenzimmer. Meine Eltern hatten mich zu sich gerufen. Sie saßen versunken in den grünen Lehnstühlen, meine Erzeuger, die mich siebzehn Jahre lang ernährt hatten. Was geschah in dieser Stunde, ehe ich zum Telefon lief, und mich in den Leitungsschnüren verfing. Ich sehe heute meinen Vater und meine Mutter, ⌜nach einem Jahr in der Fremde⌝, müde und verloren. Ich sehe die kränklichen Schatten in ihren Gesichtern, ich sehe die Hände meiner Mutter in den Schoß gedrückt, als hielten sie einen Schmerz zurück, ich sehe die Schultern meines Vaters erschlafft nach den Anstrengungen des Tages. Sie saßen hier in ihrem Heim, das sie bewahrt hatten, sie saßen in ihren grünen Stühlen, vor den hohen, grünen Gardinen, und draußen verdämmerte der grüne Garten, und ihre Haltung drückte aus, daß sie entwurzelt waren, daß sie sich fürchteten vor der Zukunft, und als sie mich anblickten, waren ihre Gesichter voller Sorge um mich. Ich sehe mich heute so, wie sie mich damals sahen, ich verstand nicht, wie schwer sie um ihr Dasein kämpften, ich verstand nicht, welch unsägliche Bemühungen es kostete, dieses Heim mit all seinen Insassen am Leben zu erhalten. Du kannst so nicht weiterleben, sagte mein Vater, du kannst mir nicht länger zur Last liegen, du kannst in der Situation, in der wir uns befinden, dich nicht länger deinen Träumereien hingeben, die Welt ist nicht so

Befristete Forderung mit Strafandrohung für den Fall der Nichterfüllung

wie du glaubst, du kannst darinnen nie mit deinen Bildern und Gedichten existieren. Ich sehe mich so, wie sie mich damals sahen, da stand ich vor ihnen in dem halb dunklen grünlichen Raum, ich sagte nichts, nie sagte ich etwas, ich stand nur da, verschlossen und gefroren, mit hilflos niederhängenden Händen, vielleicht war ich wirklich krank, geisteskrank, und da ⌜begann meine Mutter zu stöhnen⌝, sie richtete sich vom Stuhl auf und hob die Arme, sie tat ein paar schwankende Schritte auf das Fenster zu, und ihr Stöhnen wurde stärker, und sie suchte mit der Hand nach einem Halt, und die Hand klammerte sich in der Gardine fest, und dann brach sie in die Knie, riß die Gardine mit sich hinunter, und fiel rücklings auf den Teppich nieder, drückte die Gardine schützend um ihren Leib. Mein Vater sprang auf und rief mir zu, daß ich den Arzt benachrichtigen solle, und während ich zum Telefon eilte, stöhnte meine Mutter, nein, nicht den Arzt, nicht den Arzt, es sind nur diese ewigen Aufregungen. Und ich stand am Telefon, den Hörer in der Hand, die Leitungsschnüre um meinen Arm verwickelt, und im Hörer zirpte die Stimme vom Amt, und ich sah, wie sich ein dunkler Fleck in der Gardine erweiterte, dort wo meine Mutter sie über ihren Schoß preßte. Legt mich nur zu Bett, sagte meine Mutter, dann wird es schon wieder besser, holt keinen Arzt, ich will keinen Arzt, und ich legte den Hörer des Telefons zurück, und befreite meinen Arm aus den Leitungen. Und dann schleppten wir meine Mutter zwischen uns zur Treppe, und Blut tropfte aus ihrem Schoß auf den Boden herab, und auf der schmalen Treppe lag meine Mutter wie ein Berg zwischen uns, und der Rücken meines Vaters scheuerte an der Wand entlang, und an meinem Rücken knackte und bog sich das Geländer, und die Standuhr mit dem Sonnengesicht tickte, und hinter uns schnaufte der unförmige Schatten des Sandmanns die Treppe hinauf. Später, als meine Mutter im Bett zur Ruhe gekommen war, ging ich hinaus in den Garten, und mein jüngerer Bruder kam zu mir, mit den kleinen Modellen seiner Rennwagen. Es war schon fast dunkel im Garten, und aus der Küche, in der Elfriede die Abendmahlzeit vorbereitete, fiel Lichtschein zu uns hinaus. Auf dem Weg, der um die Wiese führte, ließen wir die Wagen in einem Rennen vorrücken, und wir spornten unsere Favoriten, denen wir fantastische Namen gegeben hatten, mit Zurufen an, und in der dichter werdenden Dunkelheit ertranken die letzten Reste meiner Kindheit. Nun folgte ich jeden Tag meinem Vater ⌜ins Kontor, viele Monate lang⌝. Nach Kontorschluß saß ich oft in einem kleinen russischen Café* in der Nähe des Hyde Park, eine halbe Treppe unterhalb der Straße. Hier traf ich ⌜Jacques⌝ zum ersten Mal. Ich lieh ihm meinen Mantel, als er mit hochgeschlagenem Jackenkragen in den Regen hinausgehen wollte. Er ließ mir seine zerschlissene Aktentasche als Pfand. Ich blickte in die Tasche und sah, daß sie ein paar Tischlerwerkzeuge enthielt, ich hätte eher erwartet, Notenblätter darinnen zu finden. Sein Gesicht war schmal und wie gemeißelt, mit vorstoßendem Kinn und scharfer, gewölbter Nase, sein Haar war buschig und zerzaust und seine Augen, von stahlgrauem Glanz, lagen tief in den Höhlen. Als er zurückkam, setzte er sich zu mir an den Tisch. Er berichtete, daß er die letzten Wochen als Bauarbeiter auf dem Land gearbeitet habe. Er lachte über meinen fragenden Blick und tat, als hielte er eine Violine unterm Kinn, beschrieb Griffe mit der einen Hand und fuhr mit der andern wie mit einem Geigenbogen durch die Luft. Dabei pfiff er ⌜Bachs Doppelkonzert⌝, ich fiel mit der zweiten Stimme ein. Nach dem Konzert sprach ich von meinen Bildern, die während der letzten Monate ganz in mir erloschen waren, und während ich von ihnen sprach, belebten sie sich wieder, und nahmen Farbe an, und ich merkte, daß auch meine Stimme verschwunden gewesen war, und daß ich mit meinen Worten das Sprechen wieder lernte. Indem

Das Restaurant »Chatta« in der Baker Street 100

ich meine Bilder vor Jacques aufsteigen ließ, wurde ich daran erinnert, daß ich ein anderes Leben besaß, ein anderes Leben als das Leben zwischen den Musterkatalogen und Stoffrollen, und dieses andere Leben, mein eigenes Leben, nahm eine solche Leuchtkraft an, daß mir der Atem stocken wollte. Ich schilderte Jacques meine Visionen von apokalyptischen* Landschaften mit Feuersbrünsten, fliehenden Tieren, Ertrinkenden und vergehenden Städten, meine Visionen von Gekreuzigten und Gegeißelten, von schrecklichen Fratzen und verführerischen Frauengesichtern. Die auftauchenden Bilder erweiterten sich vor uns und nahmen uns in ihrer Tiefe auf, wir durchwanderten die altertümlichen Städte und felsigen Einöden, die Ruinenhallen und verzauberten Gärten. Jacques baute weiter an den Landschaften. Überall fanden wir Formen, Töne, Zusammenhänge. Zuweilen wurden wir von einem wilden Gelächter ergriffen, es war ein Gelächter, das sich wie durch eine gesprengte Verdämmung vorbrach. Wir saßen nebeneinander an einem Tisch in einem Café in einem Keller an einer verregneten Straße in einer riesigen Stadt in einem fremden Land in der unendlichen Welt und lachten, daß uns die Tränen über das Gesicht liefen. Geschüttelt vom Gelächter erzählte ich von meinem Dasein im Kontor, von meinem Dasein im Elternhaus, das Leben das ich dort führte war so unwahrscheinlich, daß ich nur darüber lachen konnte. In meinem Gespräch mit Jacques verlor ich plötzlich alle Furcht vor dem Leben, alles war mir möglich. Jacques hatte sich schon freigeschlagen, er hatte sich schon seine verzehrende Freiheit erobert. Er hatte sich der Offenheit und den Wunden ausgesetzt. In seinem Leben gab es das Wilde, Unbändige, nach dem ich suchte, aber auch den Hunger und die Not. In seiner Gegenwart kroch ich aus meinem Kokon* hervor, und steigerte meine Farben und machte meine Gedanken schillernd und ausschweifend, und so spannen wir voreinander unsere Welten hin und

Den Weltuntergang betreffenden (Apokalypse: die Offenbarung des Johannes im NT)

Gespinst bei der Verpuppung von Insekten

gaben einander rebusartige* Einblicke in unsere Vergangenheit, unsere Träume, unsere Zukunftswünsche. Ich sah Baugerüste auf denen Jacques balancierte, ich sah ihn in einem Nachtcafé die Violine spielen, ich sah die Violine im Pfandhaus verschwinden. Jacques zeigte mir das Haus in dem er aufgewachsen war, die weite Torhalle durch die er floh, zu den Seiten Türen aus geschnitztem Eichenholz, Spiegel, bleigefaßte, farbige Fenster. Hinter ihm ein altersgrauer Diener in roter Livrée*, im Park die Hunde, die ihm bis zum Tor nachsprangen. Das geschmiedete Gitter, die eisernen Rosen, die schwere Klinke, dann die Landstraßen. Umgeben von unsern Bildern gingen wir durch die Stadt, der Regen war versiegt, die sinkende Sonne durchstrahlte den Rauch, und immer wieder brach der Katarakt* des Gelächters auf, alles wogte wie in den Spiegeln eines Lachkabinetts*. Ein Strahlenkranz von Perspektiven umgab uns, unsere Zukunft lag offen, ich sah weite Wände vollbehängt mit meinen Bildern und Jacques dirigierte seine Orchester. Im Zug, auf dem Weg zu dem Vorort, in dem ich bei meinen Eltern wohnte, verwandelten sich die Grundbestandteile unseres Wesens zu Musik, im Rhythmus der Räder waren wir wie tönende Instrumente, und oben in meinem Zimmer unterm schrägen Dach bauten wir mit unseren Stimmen eine Fuge aus dem Rohmaterial unserer Hoffnungen. Aus dem Gestaltlosen, noch nie Ausgesprochenen, entstanden durchsichtige Blöcke von Tönen, wuchsen an, verzweigten sich, türmten sich auf. Später löste sich das Bauwerk im Dunkeln auf, wir lauschten den vergehenden Tonlinien nach, begaben uns wieder in die Regionen der Worte und Bilder, lagen zwischen den Zeichnungen und bemalten Tafeln, zwischen den Manuskripten und Büchern, bis wir unsere Worte nicht mehr verstanden, und jeder in den Schacht seines Schlafes sank. Am nächsten Morgen stand meine Mutter neben mir in der Küche und begann, meine Freundschaft zu bekämpfen. Er

In der Art eines Bilderrätsels (= Rebus)

Uniformartige Dienerkleidung

Wasserfall, Stromschnelle

Jahrmarktbude mit Zerrspiegeln

gefällt mir gar nicht, sagte sie, er hat gefährliche Augen. Neben ihr auf dem Küchentisch saß eine Kakerlake, die Vorderfüße ineinander verschränkt und aneinanderreibend, und blickte meine Mutter an. Der Fußboden war von Kakerlaken übersät, sie wimmelten zu den Wänden hin und verschwanden, eine nach der anderen, mit dem Kopf zuerst und mit den Hinterbeinen rudernd, in den Ritzen. Die Katze ging mit hohen, angeekelten Schritten zwischen den Käfern umher und zerbiß einen der knackenden Leiber, unter dem hervorquellenden Schleim verzog sich ihr Maul. Mein Vater rief, beeile dich, ich gehe jetzt. Ich antwortete, ich fahre heute später, mein Freund Jacques ist hier, wir werden eine Ausstellung mit meinen Bildern in der Stadt machen. Was sagst du, rief er, eine Ausstellung. Ja, antwortete ich, eine Ausstellung, Jacques kennt jemanden, der ein leeres Zimmer hat, da wollen wir die Bilder aufhängen. Meine Mutter stampfte mit dem Fuß auf den Boden, da setzte sich die Kakerlake auf dem Tisch in Bewegung, rannte einige Male im Kreise und machte dann an der Kante Halt, schaukelnd mit dem kleinen Kopf und zitternd mit den Fühlhörnern. Meine Mutter fegte den Käfer mit einer Bürste hinunter, hart und trocken fiel er auf den Boden und krabbelte blitzschnell zur Wand, wo er sich in die Ritze hineinzwängte, sein spitzer Hinterleib mit den geknickten, borstigen Beinen wippte noch eine Weile auf und ab, ehe er verschwand. Oben in meinem Zimmer stand Jacques mit meinen Bildern bereit. Jacques. Ein dreizehntägiges Gespräch. Ein dreizehntägiger gemeinsamer Traum, in dem alles was in uns nach Ausdruck suchte, zur Sprache kam. Weit weg standen die ⌜Totembilder⌝ meines Vaters und meiner Mutter. Ihre Worte rannen von mir ab. Sie starrten mich an wie einen Verdammten, voller Grauen. Während wir Schicht auf Schicht unseres Innern beleuchteten, durchkreuzten wir mit freigelegten Energien die Stadt. Wir ⌜hängten meine Bilder auf⌝ in einem Raum über einer Garage in einem Hof in einer versteckten Seitengasse in der riesigen Stadt in dem fremden Land in der unendlichen Welt. Wir schickten Karten aus, die meine Ausstellung ankündigten. Es kam niemand. Das war gleichgültig. Für uns waren die Bilder da, für uns wuchsen sie, für uns entwickelten sie sich. Dreizehn Tage lang war jeder Atemzug fruchtbar, was wir anrührten entfaltete sich und schlug Blüten. Stille Höfe sahen unsere Pantomimen*. Torgewölbe hörten unsere Oratorien*. Hafenkneipen vernahmen die Genialität unserer Gedanken. Doch dann kam plötzlich ein grauer Schatten. Wir fühlten Müdigkeit. Was sollte jetzt werden. Jetzt mußte ich mich ganz aus dem Alten losreißen, oder zurücksinken. Am dreizehnten Tag begleitete ich Jacques, der bei mir übernachtet hatte, zum Bahnhof. Ich weiß nicht, warum er in die Stadt fahren wollte, vielleicht war irgendeine Arbeitsmöglichkeit aufgetaucht, vielleicht war er meiner müde. Jetzt ist dieser Morgen ganz durchsetzt vom Gefühl des Abschieds, dieser englische Sommermorgen, mit schimmerndem Sonnenlicht im Frühnebel, mit dem schläfrigen Klappern einer Mähmaschine und dem fernen Schlürfen von den Hufen eines Pferdes. Da lag die Blechpistole meines Bruders auf dem Gartenweg, ich hob sie auf, nahm sie mit, Jacques sprach ⌜von Spanien, vom Bürgerkrieg⌝, vielleicht äußerte er den Gedanken, daß er in die internationale Brigade eintreten wolle. Jetzt ist in diesem Morgen ein Abschied auf immer enthalten, damals bestand noch irgendeine Verabredung vom Wiedertreffen in der Stadt, es war alles zuende, es gab keine Fortsetzung mehr, ich schoß Jacques tot, wie er da hinter dem herabgeschraubten Fenster des Zuges stand hob ich die Blechpistole, zielte und ahmte einen Schuß nach, und Jacques spielte den Getroffenen, warf die Arme empor und ließ sich zurückfallen. Der Zug setzte sich in Bewegung und verschwand im Tunnel hinter der Station. Jacques zeigte sich nicht mehr im Fenster, ich sah Jacques

Wortlose szenische Darstellungen durch Gebärden, Mienenspiel u. tänzerische Bewegungen

(V. a. geistl.) Werke für Solostimmen, Chor u. Orchester in nichtszenischer Aufführung

nie wieder. Ich habe lange nach ihm gesucht. Er hinterließ keine Spur. In den Registern der amtlichen Behörden war sein Name nicht enthalten. Ich habe mich oft mit dieser sonderbaren Gestalt beschäftigt, habe versucht, sie zu deuten. Sie enthielt vieles was Wunschbild für mich war, diese völlige Ungebundenheit, diese Freiheit des Kommens und Gehens, dieses Vagabundieren, in Gedanken idealisierte ich dieses Dasein, ich träumte von dem Ausschweifenden und Verwegenen dieses Daseins, während ich wieder zurücksank in meine alte Gefangenschaft. Anderes wieder machte mich mißtrauisch, ich dachte an das Mythomanische* seines Charakters, an seine Mystifizierungen* und Verkleidungen, manchmal war er mit aufgeklebtem Bart erschienen, oder mit einer großen Hornbrille, oder er hatte sich die Handgelenke und die Stirn mit Verbänden umwickelt. Mir scheint heute, daß seine Eigenart in der Kürze seines Auftretens lag. Er gab ein Gastspiel. Mit verschwenderischer Intensität ließ er eine Freundschaftsbeziehung entstehen, und als er fühlte, daß sie ihren Höhepunkt erreicht hatte, zog er sich zurück. Er wollte das Außergewöhnliche. Ich war schwerfällig, nach dem kurzen Aufschwung verlor ich die Kraft, ich konnte ihm nicht ins Fragwürdige und Abenteuerliche folgen, und da gab er mich auf, seine Rolle war zuende. Manchmal dachte ich, vielleicht täuschte ich mich, vielleicht war es nicht eine Spielpistole, sondern ein wirklicher Revolver mit dem ich auf ihn schoß, vielleicht habe ich ihn wirklich getötet, und diese Gedanken hängen mit ⌜Träumen zusammen, die von Zeit zu Zeit wiederkommen, und in denen ich in Zweikämpfe⌝ verwickelt bin mit einem Widersacher, oder einem Alter Ego*, und in denen es nur dieses eine gibt, du oder ich, und entweder ermordet er mich, langsam und drohend näherkommend, mit seinem Messer, seiner Schußwaffe, oder seinen furchtbaren nackten Händen, oder ich bin es der den Dolch in seinen Körper hineinstößt, oder der mit der

Neigung, Geschichten (über sich) zu erfinden bei teilweiser Überzeugung von ihrer Richtigkeit

Sich mit Geheimnisvollem umgebend

Anderes, zweites Ich

Pistole in sein zerfließendes Gesicht feuert. Nach Jacques Verschwinden wurde ich wieder zu einem Möbel im gemeinsamen Haushalt, ich stand an meinem vorgeschriebenen Platz, und als wir übersiedelten in die böhmische Stadt, in der meinem Vater die Leitung einer Textilfabrik übertragen worden war, ließ ich mich mit verfrachten. Da lag ich abends im Wohnzimmer unter dem Tisch, mit dem Hund, ich drückte den Kopf des Hundes eng an mich, spürte seinen warmen Atem auf meinem Gesicht, griff mit meinen Händen in sein weiches Fell. Du, Harras, flüsterte ich, und der Schäferhund legte seine Pfote auf meinen Arm und blickte mich mit seinen großen schwarzen Augen an, und seine Zunge schleckte mich. Aus der Tiefe sah ich meinen Vater im Lehnstuhl sitzen und in der Zeitung blättern, und am Nähtisch meine Mutter, die Hand mit der Nadel auf und abgleitend. Auf dem Sofa, abgerückt in der Zimmerecke, saß mein Bruder mit seinen Schulbüchern, und in einer andern Ecke neigte meine Schwester Irene ihre kurzsichtigen Augen über einen Brief. Das Zimmer war warm und sauber, weiße Gardinen hingen an den Fenstern, die Bücher standen ausgerichtet in den Regalen, im Flur tickte die Uhr. Auch ich war als Teil des repräsentativen Ganzen gedacht. Das Bild des Ganzen stand ein für alle Male fest. Das Stück, das ich in diesem Heim war, war geputzt und hergerichtet worden, der Schmutz, der ständig an mir niedertroff, war immer wieder abgewischt worden. Nie wurde danach gefragt, woher dieser peinliche Unrat kam, der aus mir hervorsickerte, es wurde nur gerieben, gebürstet und poliert an mir, unermüdlich, so daß man den Schandfleck nicht sah. Als meine Mutter zu mir herabblickte, über den Rand ihrer Brillengläser, durchsiedete mich ein Schmerz, und etwas wollte mich zwingen, zu ihr zu kriechen und ihre Hand zu lecken. Ich hielt mich fester an den Hund an, wir gehörten zueinander in unserer Stummheit. Nichts ließ sich erklären. Mein Leben war ein dumpfes Warten auf die Katastrofe. Mein Vater faltete die Zeitung zusammen und erhob sich. Er sagte, daß es Zeit sei zum Schlafengehen. Jeder von uns arbeitete sich langsam aus seinem Loch hervor. Wir nahmen Abschied von der Mutter. Sie umarmte uns, wie vor einer langen Reise, sie drückte uns an sich und küßte uns. Gepreßt und verlegen verabschiedete ich mich von meinem Vater. Manchmal reichte ich ihm die Hand, in einem Bedürfnis nach Versöhnung, und ich bekam nur seine kühlen, trockenen Fingerspitzen zu fassen, die sich hastig zurückzogen. Ich schlich aus dem Zimmer und mein Bruder schloß sich mir an, der Hund folgte uns. Wir gingen hinaus in den kahlen Garten und gerieten in unsere Spiele, in denen die Verlorenheit und Haltlosigkeit unserer Existenz zum Ausdruck kam. Während wir über die lehmigen Äcker und Waldungen der Umgebung strichen verwandelten wir uns zu Forschungsreisenden in unbekannten Erdteilen. Wir stießen auf fremdartige Lebewesen und wurden in gefährliche Kämpfe verstrickt. Wir verfaßten Dokumente, die wir mit Rauch schwärzten und mit roter Farbe befleckten, und aus denen hervorging, daß der eine oder der andere von uns sich in Gefangenschaft befand und auf sein Todesurteil wartete. Mit Hilfe komplizierter Spionagenetze stöberten wir einander auf, befreiten einander aus den tiefsten Kerkern und aus den Händen grausamer ⌜Inquisitoren⌝. Es war, als lebte in diesen Spielen mehr Wirklichkeit und Gegenwartsnähe als in meiner Arbeit oben im Dachzimmer. Diese Spiele waren wie Psychodramen*, in denen wir uns mit der Emigration auseinandersetzten, in meiner Arbeit war alles nur ein Abgewandtsein und ein Verbergen. Mein Zimmer befand sich in der ⌜Wohnung der Hausbesitzerin⌝, im obersten Stockwerk der Villa. Ich hatte, um in mein Zimmer zu gelangen, ihren Flur zu durchqueren. Die Witwe lebte in diesem Flur, der mit Blumenkübeln angefüllt war, und in dem es säuerlich nach Kohl roch. Wenn ich in die Wohnungstür

Schauspielerische Darstellungen psych. Vorgänge

eintrat, schob sich ihr grauhaariger Kopf aus den Blättern eines Gewächses oder aus einer Nische hervor, und ihre eng aneinanderliegenden Augen starrten mich mißtrauisch an. Von früh bis spät schlürfte, fegte und klapperte sie in ihrem Flur. Ich verschloß meine Tür und hängte ein Tuch über das Schlüsselloch. Erst nachts war ich befreit von dem Schnüffeln draußen vor meiner Tür. Da war ich allein in der sausenden Stille eines Hohlraums, allein mit meinen Bildern und meinen beschriebenen Blättern, allein mit meinen Büchern und meiner Musik. Mit Decken dämpfte ich das Grammofon*. Aus unermeßlicher Ferne kam die Musik zu mir, wie ein Traum von Befreiung. Ich stand in meiner Grotte, und meine Hände tanzten zum Takt der Musik. In meinem Blut und in den Vibrationen meiner Nerven, in meinen Pulsschlägen und Atemzügen klang die Musik. Von Tränen überströmt trank ich die Musik, und dann ging ich zu den Geisterstimmen der Bücher, trat in die anonyme Gemeinschaft mit Sprechern, die sich ringsum in der Welt umhertasteten, diese Bücher waren geheime Botschaften, Flaschenposten, ausgeworfen, um einen Gleichgesinnten zu finden. Überall, in den fernsten Städten, an öden Küsten, in der Verborgenheit von Wäldern, lebten diese Einzelnen, und viele sprachen aus einem Totenreich zu mir. Die Vorstellung dieser Zusammengehörigkeit tröstete mich. Es war mir, als müsse der, dessen Buch ich jetzt las, von meiner Gegenwart wissen, und wenn ich mich dann selbst zum Schreiben niedersetzte, so wußte ich, daß andere auf mich lauschten, durch ein großes Rauschen hindurch, das uns alle umgab. Als ich Hallers* Namen zum ersten Mal auf einem Buchrücken sah, wurde eine Erinnerung in mir geweckt an einen Gärtnermeister Haller, der in einem Buch aus meiner Kindheit vorkam. Dieser Gärtnermeister, der im südamerikanischen Urwald mit seiner Familie gelebt hatte, gab dem Namen des Dichters Haller seine erste Tiefenwirkung. Auch die Widmung, die auf dem

Grammofon: Plattenspieler

Hallers: D. i. Hermann Hesse, nach der Hauptfigur Harry Haller in seinem *Steppenwolf*

Vorsatzblatt seines Buches stand, weckte meine Aufmerksamkeit. Sie stammte von einem Freund meiner Eltern, der nach China ausgewandert war, sich dort zum Buddhismus bekehrt und später Selbstmord begangen hatte. Meine Eltern hatten sich nur abfällig über ihn geäußert. Er hatte seine Familie verlassen, aus Andeutungen war zu schließen, daß er sogar seine Frau mit dem Revolver bedroht hatte. Er hatte sich vom Alltäglichen entfernt und war untergegangen. Die Worte, die er meinen Eltern mit seiner fahrigen, verspritzten, auf dem saugenden Papier ausfließenden Schrift anvertraut hatte, lauteten, Dieses Buch ist von einem Bruder von mir geschrieben worden. Ich entwendete Hallers Buch, Nur für Verrückte*, aus der geordneten Reihe im Regal, ich befreite es aus einer verständnislosen Umgebung und ließ es in meinem Reich zur Sprache kommen. Das Lesen von Hallers Werken war wie ein Wühlen in meinem eigenen Schmerz. Hier war meine Situation gezeichnet, die Situation des Bürgers, der zum Revolutionär werden möchte und den die Gewichte alter Normen lähmen. In vielem hielt mich diese Lektüre in einem romantischen Niemandsland fest, im Selbstmitleid und in altmeisterlichen Sehnsüchten, ich hätte eine härtere und grausamere Stimme gebraucht, eine Stimme, die mir den Schleier von den Augen gerissen und mich aufgerüttelt hätte. Doch vor einer solchen Stimme war ich noch taub. Das Ich, das ich mit mir schleppte, war verbraucht, zerstört, untauglich, es mußte untergehen. Ich mußte lernen, mit neuen Sinnen zu erleben. Doch wie sollte ich dazu kommen, wie sollte ich mich von all dem befreien, das mich niederzog, verpestete und erstickte. Woher sollte die Kraft kommen. Noch mehr und mehr mußten die Schwierigkeiten mich in die Enge drängen. Es gab keinen andern Weg als den Weg des Verwitterns und Verwesens. Unendlich langsam wachsen die Veränderungen heran, man merkt sie kaum. Manchmal empfand ich einen kurzen Stoß, und

Beginn des *Traktats* (Abhandlung) *vom Steppenwolf*

dann glaubte ich, etwas sei anders geworden, und dann schlug das Grundwasser wieder über mir zusammen und verbarg das Gewonnene im Schlamm. So taste ich mich weiter vor, bis ich wieder glaube, etwas Neuem auf der Spur zu sein, und vielleicht ist dann eines Tages etwas Neues da, vielleicht finde ich eines Tages Boden unter meinen Füßen. ⌜Als ich an Haller schrieb⌝, war dies ein Versuch, aus meiner Unwirklichkeit herauszukommen. Und ich erhielt Antwort auf meinen Brief. Da stand mein Name auf dem Umschlag, wieder und wieder las ich ihn. Plötzlich war ich in eine unfaßbare Beziehung zur Außenwelt getreten. Jemand hatte meinen Namen auf einen Brief geschrieben, jemand glaubte an meine Existenz und richtete seine Stimme an mich. Ich las die Worte eines lebendigen Mundes. Der Sinn der Worte war mir fast gleichgültig. Die Tatsache, daß jemand zu mir sprach, genügte mir. Es waren die Worte eines gealterten, demütigen Handwerkers. Vielleicht war ich enttäuscht über die Stille und Müdigkeit, das Zurückhaltende und Leidende der Stimme. Vielleicht hatte ich ein Signal zum Aufruhr erwartet. Die Stimme war allzu entlegen für mich in ihrer Reife. Sie sprach vom geduldigen Arbeiten, vom langsamen, gründlichen Studieren, von der Notwendigkeit irgendeines Broterwerbs und von den Gefahren des Alleinseins. Erst viel später verstand ich Hallers Worte. Ich war zu ungeduldig damals. Die Worte waren mir zu sanft, zu versöhnlich. Die Worte standen auf der Seite des Geordneten, Durchdachten. Ich sehnte mich nach dem andern Pol, dem Pol des besinnungslosen Sichauslieferns, dem Pol des Unbändigen und Triebhaften. Ich sehnte mich danach, doch ich verstand es nicht, ich tastete im Dunkeln, und alles entglitt mir. Es wurde über mich bestimmt, daß ich nach Prag fahren sollte, um dort in eine Textilfabrik als Lehrling einzutreten. Man hatte mir ein Zimmer in der Nähe der Fabrik gemietet. Schon beim Eintreten in dieses Zimmer wußte ich, daß ich hier nicht bleiben würde. Versuchsweise füllte ich die Wände mit meinen Bildern und Zeichnungen, breitete meine Papiere um mich aus, und lag dann machtlos auf dem Sofa, während hinter der Milchglasscheibe der Tür die Schatten und Geräusche einer fremden Familie auf und ab schwankten. Am nächsten Morgen begab ich mich zur Fabrik, um mich bei ihrem Leiter anzumelden. Der Bau erhob sich wie eine Festung mitten auf den weiten, vertrockneten Feldern. Drinnen in den Sälen dröhnten die Webstühle in langen Reihen, und die Arbeiterinnen waren in den dichten, schwirrenden Fäden festgesponnen. In einem kleinen Raum schrie ich mein Anliegen durch das Brausen der Maschinen hindurch, und Männer in weißen Kitteln gaben mich aneinander weiter, bis ich vor den Leiter der Fabrik geriet, aus dessen Worten ich, behindert von der Fremdsprachigkeit und dem unaufhörlichen Dröhnen, zu vernehmen glaubte, daß er mich aus Gründen der Konkurrenz abweisen müsse, da mein Vater eine ähnliche Fabrik führe. Schon wandte er sich ab, und die Mitarbeiter in den weißen Mänteln schoben und drehten mich hinaus und zurück in die tobenden Maschinenreihen. Triumfierend ging ich vorüber an den eingesponnenen Weberinnen, die mir ihre blassen Gesichter nachwandten, lief über das Feld, und hinein in meine neue Freiheit. Was jetzt geschah, hatte sich seit langem vorbereitet, es war der Augenblick, in dem die Gitter, nach jahrelangem Andrängen, um mich niederstürzten. Ich packte meinen Besitz zusammen und stand mit meinem Koffer in der völligen Offenheit. Haller hatte mir die Adresse eines Mannes mitgeteilt, von dem ich Rat und Hilfe erwarten könne. ⌜Max B⌝ wohnte in einer Pension in der Nähe des Güterbahnhofs, sein Zimmer war in dichten Tabaksqualm gehüllt, und Max lag, in einer Wolljacke, mit einem grünen Schal um den Hals, halb unter Zeitungen vergraben, im Bett. Sein großflächiges, knöchernes Gesicht leuchtete auf, als ich Harry Hallers Namen nannte. Der Bericht meiner

Vgl. Marginalie auf S. 48.2

plötzlich und unerwartet gewonnenen Freiheit riß ihn aus der Lethargie* heraus, in die er, nach vier Jahren der Emigration, geraten war. Vom ersten Augenblick an war Einverständnis und Vertrauen zwischen uns, ich, der ich zwanzig Jahre jünger war, verkörperte für Max die Hoffnungen und Möglichkeiten, die er selbst seit langem aufgegeben hatte. Ich hatte eine Zukunft vor mir, und unmittelbar setzte sich Max für diese Zukunft ein, noch am gleichen Vormittag suchten wir alle Instanzen auf, die mir nützlich sein konnten. Der Redakteur einer Zeitung, ein dunkler, eulenhafter Mann, dem ich meine Zeichnungen unterbreitete, gab mir einen Illustrationsauftrag, der Leiter einer grafischen Schule empfahl mich an einen ⌜Professor der Kunstakademie⌝, und dieser, nachdem er meine Arbeiten studiert hatte, sicherte mir zu, daß ich in seine Klasse eintreten dürfe. So befand ich mich am Nachmittag des gleichen Tages, an dessen Morgen ich zur vorgeblichen Anstellung in einer Textilfabrik aufgebrochen war, in dem lichtdurchfluteten Atelier der Akademie, und die neuen Kameraden, in ihren farbfleckigen Kitteln, lächelten mir freundlich zu. Spielend leicht hatte sich die Umwälzung meines Lebens vollzogen, doch schon nach wenigen Stunden stieg die alte Dunkelheit und Schwere wieder in mir auf und löschte alles Helle aus. Ich hatte kein Recht auf diese Freiheit, ich glaubte nicht an die Selbstverständlichkeit, in der sie sich mir dargeboten hatte, ich hatte sie mir erstohlen, hatte mich in einen Bereich eingeschlichen, der mir nicht zukam. Obgleich der Professor den Versuch unternahm, in einem Brief meine Eltern von der Notwendigkeit meines Malens zu überzeugen, füllte mich das Gefühl von Schuld und Unheil. Abends in Max' Zimmer, auf dem Sofa, das für mich gebettet worden war, summte das Sumpffieber in mir, mein Hals, meine Brust, mein Kopf waren entzündet von den Bazillen der alten, ungelösten Seuche, und da ⌜trat Max plötzlich vor mich hin⌝, nackt, sein hoher, magerer, zottiger Körper grell bestrahlt von der Deckenlampe, sein Glied aufrechtstehend. Er näherte sich mir, und ich verstand in dieser Annäherung sein großes Bedürfnis nach Nähe und Zärtlichkeit, und seinen hilflosen Versuch, die lange, tötende Einsamkeit zu durchbrechen. Es war nichts Abstoßendes an ihm, eher bedauerte ich, daß ich seinen Wunsch nicht erwidern konnte. Als ich ihn abwies blieb keine Gespanntheit zwischen uns, unser Verständnis füreinander hatte sich in diesem Augenblick nur erweitert. Lange lagen wir und sprachen miteinander, bis ich in Halbschlaf versank, und da war es, als höre ich meinen Namen rufen, es war ein langgezogener, eisiger Ton, er durchdrang die Geräusche des Güterbahnhofs, wo die Räder auf den gefrorenen Geleisen rollten, wo die Bremsen knirschten, und die Stöße der aneinanderprallenden Puffer sich von Wagen zu Wagen fortpflanzten, er drang in mich ein, ein Ruf von der Stimme meiner Mutter. Und meine Eltern resignierten, als sie den Brief der Autorität erhielten, sie gaben mich auf, mit seinem praktischen Sinn jedoch versuchte mein Vater, alles zu ordnen, man schickte mir Geld, man gab mir ein Probejahr, nach dessen Abschluß ich beweisen sollte, ob ich der Berufung des Malers würdig war. Da hatte ich mich selbst, ganz für mich allein, und niemand beobachtete mich, und niemand hemmte meine Schritte, ich konnte mit meinem Tag machen was ich wollte, und das war das Unmögliche, mit mir selbst fertig zu werden, mir selbst ein Dasein zu schaffen. Da stand ich, in dieser Stadt Prag, und sollte mich beweisen, und ich suchte nach einem Raum in dieser Stadt, einem Raum, der mich aufnehmen konnte, und in dem ich mich finden konnte, ich ging in der fremden Stadt umher, und die Straßen waren ⌜von schwarzen Fahnen verhängt⌝, und gedämpfte Trommeln wurden gerührt, und durch die Reihen der schweigenden Menschenmassen wurde auf einer Lafette* ein Sarg zu Grabe gefahren. Da stehe ich vor frem-

Fahrbares Untergestell eines Geschützes

den Türen, radebreche in einer fremden Sprache, frage nach einem Zimmer, werde von fremden Menschen in Korridore geführt, in denen die Luft verbraucht und stickig ist. Ich dränge mich diesen fremden Menschen auf, dränge mich hinein in ihre Wohnungen, ich habe diese Menschen nie gesehen, und sie wissen nichts von mir, und ich erwarte, daß sie mir ein Zimmer geben. Diese dicken Frauen, diese mageren Frauen, diese ärmlich gekleideten Witwen, diese aufgetakelten Halbdamen, sie öffnen mir die Türen zu den Zimmern, und drehen das Licht an, und das Licht ist immer fahl, daß die Abgenutztheit des Zimmers nicht hervortrete, und ich stehe vor den schummrigen Möbelstükken, diesen düsteren Gebilden, die sich bemühen, Stühle, Tische, Schränke und Betten darzustellen, und sie sind umschwelt von den Albträumen der Tapeten, und immer ragt irgendwo der große Nagel aus der Wand, der Nagel, an dem man sich erhängt. Bis ich endlich ⌜einen Raum finde⌝, mit eigenem Eingang, ein Atelierzimmer, verfallen, verstaubt, mit rußbelegten Fenstern, mit der Ruine einer Bettstelle, mit Kisten und Brettern, aus denen sich ein Tisch, eine Sitzgelegenheit herrichten läßt. Dieser Raum entspricht mir, er ist krank, er ist fleckig und aufgeplatzt von Ausschlägen, er zeigt mir meine Erbärmlichkeit, er zeigt mir die Niedrigkeit meines Daseins. So siedelte ich mich an in der fremden Stadt, ich fand eine Höhle, in der sich vordem fremde Menschen verkrochen hatten, und die bald wieder anderen als Unterschlupf dienen würde. In dieser kurzen Zwischenzeit richtete ich es mir wohnlich ein in meinem Steinloch mitten in dem großen Steinhaufen, und ich umgab mich mit Kritzeleien, Hieroglyfen*, die Kunde davon geben sollten, daß ich hier lebte, mit magischen Zeichen, mit Zauberformeln, mit denen ich die bösen Geister der Einsamkeit verscheuchen wollte. Ein Jahr lang lebte ich in dieser Stadt. Die Stadt, mit ihren Straßenzügen, ihren aufgetürmten Architekturen, ihren Portalen, Brücken und

Hier: un- oder schwer deutbare Zeichen (urspr. Zeichen der altägypt. Bilderschrift)

goldenen Statuen, bildete das Außenwerk meines Lebens, im Außenwerk fanden die langen Spaziergänge statt, mit Max, unter Gesprächen, am Flußufer entlang, am Hang der Weinberge, in den Parkanlagen, und im Außenwerk lag der große Bau der Akademie, zwischen den Bäumen in denen die Vögel zirpten, im Außenwerk verliefen die Arbeitsstunden im gemeinsamen Atelier, bei den Kameraden, vor dem Modell, dem Stilleben*, beim Schaben der Pinsel auf der Leinwand, beim Geruch der Ölfarben und des Terpentins. Die inneren Schichten meines Daseins aber waren von diesem Raum eingeschlossen, dieser Wohnstätte, in der ich mich verbergen konnte. Entledigt von Eltern und Lehrern übernahm ich selbst die Gewaltherrschaft über mich. Niemand war härter gewesen und rücksichtsloser als ich es war, gegen mich selbst. Bei Morgengrauen trieb ich mich aus dem Bett und begann meine Arbeit. Die Stunden in der Akademie waren nur eine formelle Rechtfertigung für meinen Aufenthalt in dieser Stadt, meine eigentlichen Leistungen gingen in der Abgeschiedenheit meines Zimmers vor sich, und diese Leistungen waren wie Blut das nach Torturen hervorsickert. Ich schlug mich mit den Fäusten in die Rippen, ich spie in meine Hände und schlug mir die Hände ins Gesicht, ich strafte meine Müdigkeit und Unaufmerksamkeit mit Nahrungsentzug, und bei all diesen Schindereien geschah es doch, daß Bilder in mir aufstiegen und sich langsam und tastend auf die Tafeln vor mir projizierten. Erinnerungen an die Umgebungen meiner frühsten Kindheit klangen in diesen Bildern auf, durchsetzt von den Eindrücken und Widerspiegelungen späterer Jahre, ich versuchte, mich in diesen Bildern zu erkennen, ich versuchte, mich mit diesen Bildern zu heilen, und sie waren voll von der bleiernen Schwere meiner Isoliertheit und von der explosiven Glut meiner angestauten Verzweiflung. Eine Lösung brachte mir die Heraufbeschwörung dieser Visionen nicht, die Visionen stiegen vor mir auf wie vor einem Er-

Gemalte Darstellung lebloser Gegenstände, oft Blumen oder Früchte

trinkenden, und die körperlichen Versuche, die ich neben den geistigen Übungen betrieb, führten mich an den Rand der Umnachtung. In den vergangenen Jahren waren mir schon einige Male die Bemühungen, mich einer Frau geschlechtlich zu nähern, mißglückt. ⌜Einige Tage vor unserer Abreise nach England erprobte ich mich an einer käuflichen Frau. Ich ging noch in Schwarz gekleidet, nach Margits Begräbnis. Ich dachte, ich muß mich jetzt bewähren, ich muß jetzt mein neues Leben als Mann beginnen. Die Frau zog sich den Rock aus und stellte sich mit gespreizten Beinen über einen Kübel, pißte in den Kübel. Ich unternahm nicht einmal den Versuch, mich auszukleiden. Gab ihr das Geld und verschwand.⌝ In London stieß ich auf eine Dame, die mich in ihre eigene Wohnung einlud. Sie schickte mich erst in die Badewanne, denn ich war schmutzig, war einige Tage in einem Ausbruchsversuch in der Stadt umhergestrichen. Sie kam zu mir in schwarzer, durchsichtiger Seide. Sie bemühte sich um mich, doch sie hatte zwei Pekinger Hündchen im Bett liegen, die lenkten mich ab mit ihrem Quietschen und Schnüffeln und ihren kleinen schleckenden Zungen. Sie wollte kein Geld von mir, sie wollte mich als Liebhaber, wollte mich vielleicht auch versorgen, doch es hielt mich nichts. Ich schrieb dieses Mißglücken meiner äußeren Unfreiheit zu, ahnte jedoch, daß es tiefer wurzelte. Auch jetzt, da niemand mich daran hinderte, eine Frau auf mein Zimmer zu führen, und niemand unser Zusammensein störte, lähmte mich ein Verbot, ein Fluch. Draußen, in den äußeren Regionen, bei Küssen und Liebkosungen, hatte es eine Lustempfindung gegeben, doch jetzt, in der Geschlossenheit meines eigenen Raums, da die nackten, körperlichen Handlungen bevorstanden, fühlte ich nur Kälte und Sinnlosigkeit. Ich betastete die warme, fremde Haut, die Glieder und Gelenke, die weichen Teile des Fleischs. Mit meinen Handflächen und meinen Blicken erkannte ich die Rundungen der Schultern, der Brüste, der

Hüften, des Bauches, der Schenkel, und mein Bewußtsein fügte diese Erkenntnisse zusammen zu dem Begriff einer Frau, doch meine Funktion als Mann wurde dadurch nicht geweckt, ich befand mich einer unlösbaren Aufgabe gegenüber. Die Bewegungen der Frau, die körperliche Erregtheit andeuteten, erschreckten mich, ich wußte, daß ihr Schoß, der sich nun hob und senkte, mich erwartete, doch es fehlte mir der Schlüssel, der den Mechanismus dieser Vereinigung in Gang setzen konnte. Ich versuchte, in dem Gesicht der Frau etwas zu finden, das mir helfen konnte, die Kluft der Fremdheit zu überwinden. Ihre Augen waren geschlossen, ihr halboffener Mund atmete heftig. Hinter den geschlossenen Augen lag die Welt eines anderen Menschen, der meine intime Nähe wollte. Wenn sich die Augen öffneten und ihr verlangender Blick mich traf, konnte ich für die Dauer einer Sekunde die Möglichkeit des Eindringens spüren, doch gleich darauf verlor sich der Sinn dieses Zusammenseins wieder im Unbegreifbaren. Meine Finger strichen durch die Behaarung und über die Hautfalten des Geschlechts, das sich zwischen den zur Seite weichenden Schenkeln öffnete, ich sah das rosafarbene und bräunliche Innere der feuchten Lippen, ich stellte mir die Tiefe vor, die mich in sich aufnehmen wollte, doch ich fühlte keine Lokkung, fühlte nur die Unmöglichkeit. Plötzlich konnte ich Margits Körper vor mir sehen, so wie er sich mir einmal dargeboten hatte, und ich sah die Gebeine dieses Körpers fern von mir in einem Erdloch, und ich sprang auf und hatte nur den Wunsch, allein zu sein, und die Fremde, die mir in meine Höhle gefolgt war, warf sich die Kleider über und floh erschreckt. Sie, die Tote, konnte ich lieben, ihr konnte ich mich hingeben, vor ihr brauchte ich mich nicht zu fürchten, sie forderte nichts von mir. Zu ihr, der Toten, konnte ich mich retten, und niemand konnte nachprüfen, ob meine Liebe echt war. Immer wenn mir der Versuch mit der Lebenden, der lebenden Frau meiner Gegenwart, mißlang, tröstete ich mich bei der Toten, der kindlichen Frau der Vergangenheit. Vor der lebendigen Frau konnte ich mich nicht verstecken, vor ihr mußte ich heraus aus meiner Gebundenheit, vor ihr mußte ich mich weit herausstrecken in eine Außenwelt. Und dies bedeutete ein Verschlucktwerden, eine Selbstaufgabe. Ich hatte das Geschlecht meiner Mutter einmal gesehen, als Kind, sie stand vorgebeugt im Hemd, und zwischen ihren schweren Schenkeln klaffte das dunkle, umhaarte Loch. So wie ich damals in schwindelerregender Beängstigung in den Schlund meiner Mutter gestarrt hatte, so suchte sich mein Blick zum Geschlecht der lebenden Frau meiner Gegenwart, meine Finger öffneten die nassen, weichen Lippen, unter deren Schwülsten und Vertiefungen sich das Geheimnis allen Daseins verbarg, und wenn ich eindringen könnte in diese saugende Tiefe, so würde ich eindringen in den Kernpunkt des Lebens. In meiner Machtlosigkeit suchte ich mir Frauen, die sich quälen lassen wollten, und die in dem unendlichen, nie zu einem Ergebnis führenden Vorspiel aushielten. Diese Frauen hatten keinen Namen, ihre Gesichtszüge waren verschwimmend, sie waren nur fixe Idee für mich, ich zog sie hinein in meinen Wahn, ich tastete und suchte an ihnen, und manchmal glichen sie einige Augenblicke lang meiner toten Schwester, und ihre Gesichter waren von Drahtgestellen umgeben, und der Kopf war mit Schrauben und Leitungen am Hals befestigt, und ich arbeitete fieberhaft in diesem technischen Gewirr, um die Schaltungen herzustellen, die sie wieder zum Leben erwecken könnten, und manchmal regte sich der Mund, und manchmal zuckten die Augenlider, und ich flüsterte, wach auf, wach auf, und um mich herum im halbdunklen Raum erhoben sich die Flächen der Bilder, und die Kisten und Bretter und Rahmen, und die Staffelei ragte auf wie ein Galgen, und weiße Papiere leuchteten aus den Schatten, und dann zog ich den nackten Leib vom Bett herab auf den Boden, und wir wälzten uns im Kohlenstaub und krochen umher zwischen den Planken und Pfosten und umarmten einander in verrenkten Stellungen. Ich konnte mit niemandem darüber sprechen, auch mit Max nicht. Einmal ging ich zu einem Arzt, der in der Annonce einer Zeitung Beseitigung von Potenzstörungen versprach. Er verkaufte mir ein Pulver, das ich mit Sodawasser gemischt einnehmen sollte. Andere Hilfe gab es nicht. Es gab nur Fortsetzen oder Verrecken. Verrecke ich nicht, kann ich vielleicht einmal eine Frau finden, deren Blick und Gesten, deren Stimme und deren Liebkosungen sich plötzlich durch die Eisschicht hindurchstoßen. Eine solche Frau wird einen Namen haben und ein Gesicht. Und dann werde ich eines Tages erleben, was diese Öffnung ist, unten in ihrem Körper, dieser ⌜Eingang zum Leben⌝, und ich dränge mich hinein in die seidige Wärme, ich lasse mich umsaugen von dem feuchten weichen Mund des Lebens, ich vergrabe mich in ihm, ich wühle mich hinein in ihn und entlade einen Teil meines eigenen Lebens in die begehrende, gebärende Tiefe. Auch mein Mund sucht sich hinein in die geöffneten, muschelfarbenen Lippen, meine Zunge schlürft den süßen Geschmack des zärtlich behaarten Geschlechts, unfaßbar, daß ich je davor zurückschrekken konnte. Und dann erlebe ich vielleicht eines Tages, daß es gar keine Einsamkeit gibt, daß diese ganze Kultur der Einsamkeit nur ein Mißverständnis war, nur eine Konvention*, nur ein Mangel an Fantasie, nur eine Gefühlsverarmung, denn wie kann es Einsamkeit geben, wenn man einander so nahe kommen kann, wenn man so tief einander durchdringen kann. Und diese Möglichkeit muß schon damals vorhanden gewesen sein, denn wäre sie nicht da gewesen, so hätte ich mich damals aus dem Fenster gestürzt. Max erzählte mir einmal, wie er im Weltkrieg, und ⌜im Bürgerkrieg⌝ in Spanien, Sterbende nach ihrer Mutter hatte schreien hören, Mama, Mama, schrien sie. Da lagen diese fertigen Männer, vielleicht für eine Überzeugung gefallen,

Vereinbarung, Brauch

und das letzte wonach sie schrien, das war der Schlund aus dem sie einmal gekrochen waren. Man kann nicht leben, wenn man diesen Schlund nicht liebt. O Leben, o große Fotze des Lebens. Im Augenblick des Todes schreien wir nach dir. Solche Erkenntnisse kamen immer nur blitzschnell, und gleich darauf konnte ich sie kaum mehr fassen. Doch sie hinterließen Spuren. Sie tauchen wieder auf. Ich schreie, ja, so ist es, und weiß schon nicht mehr, was ich gemeint habe. O Fotze des Lebens. Jetzt kann ich meine Mutter umarmen, kann weinen an ihrem geschundenen Leib, kann ihren eingefallenen Mund, ihre zerrissenen Züge mit Küssen bedecken, kann ihre verbeulten Hände streicheln, jetzt kann ich mich dicht, dicht, an ihren nackten Leib drängen, an ihre ausgesaugten Brüste, an ihren narbigen Bauch, zwischen ihre von Adern verschwollenen Schenkel, dicht, dicht, an das Loch meines Ursprungs. In Prag, an diesem ersten Ort, an dem ich meine Freiheit suchen wollte, fand ich nur Dunkelheit und Selbstzerstörung. Als meine Frist nach einem Jahr zuende ging, war auch der Druck der Außenwelt gespenstisch angewachsen. In einer Vorübung kommenden Unheils waren die Sirenen erklungen und in der lichtlosen Stadt drängten sich unsichtbare Menschenmengen in den Straßen, mit scheppernden Schritten und raunenden Stimmen. Hier und da leuchteten die tanzenden Glühpunkte der Zigaretten, und verhaltene Rufe und Pfiffe stiegen aus dem hin und herflutenden Gedränge auf. Die Bewohner der Stadt waren wie ein einziger, weitverzweigter schwarzer Leib, preisgegeben einer einzigen, ungewissen Erwartung. Als die Sirenen wieder ertönten standen wir still, wie unter dem Brausen von den Schwingen mythologischer Ungeheuer*. Wir standen im Dunkeln, unter der Vorahnung einer apokalyptischen Zeit. Als das Licht in allen Straßen gleichzeitig aufflammte, begrüßten wir es mit einem tausendfältigen Ruf der Lebenshoffnung, doch lange noch war die Gesetzlosigkeit und

Die Sirenen: vogelartige Frauengestalten, welche die Seefahrer mit ihrem Gesang in den Untergang locken

Auflösung zu spüren, die in der Dunkelheit auf der Lauer gelegen hatte. Und ⌜an einem der letzten Tage⌝ stand ich mit Peter Kien, einem Kameraden aus der Akademie, auf einer hellen Straße, und wir hielten ein großes Bild zwischen uns, ein Bild das ich gemalt hatte, ein Bild, das eine brennende Stadt darstellte, und Peter Kien starrte empor und zog den Atem ein mit einem schluchzenden Geräusch, und ich sah einen dunklen Fetzen von oben herabfallen, und als der Fetzen vor uns auf den Steinboden der Straße klatschte sah ich, was dies für ein Fetzen war. Der dunkle Fetzen hatte einen Kopf, und Blut umströmte den Kopf, und der Fetzen war ein Körper, der sich zusammenzog, der sich auf die Seite wälzte und die Knie dicht an den Bauch preßte, und der so liegen blieb, erstarrt, wie ein Embryo in der großen Gebärmutter aus Stein. Es kamen Menschen von allen Seiten hinzugelaufen, und wir hielten die brennende Stadt vor sie hin. Peter Kiens Atemzüge schluchzten. Fliehe, Peter Kien, bleibe nicht hier. Fliehe, verstecke dich, du mit deinem hilflos offenstehenden Gesicht, mit deinem fassungslos starrenden Blick hinter den dicken Prismen deiner Brille, fliehe, ehe es zu spät ist. Doch Peter Kien blieb zurück. Peter Kien wurde ermordet und verbrannt. Ich entkam. Ich schickte meine Bilder zu den Eltern, packte meinen Rucksack und wanderte nach Süden, ich fand ein ⌜Dorf an einem Bergsee, und blieb dort ein halbes Jahr⌝, dann fuhr ich hinauf in den Norden, in den meine Eltern entkommen waren, mit ihrem Besitz. Als ich die Landstraße hinunter nach Süden wanderte war mir wieder und wieder, als fiele der dunkle Fetzen aus der Höhe herab, und ich sah über mir das offene Fenster hoch oben in einem Haus in der Steinstadt, und ich stellte mir das Zimmer vor, durch das eben noch ein lebendiger Mensch gelaufen war, ich sah das Fenster innen vom Zimmer aus, das blaue Bassin des Fensters, ich erlebte den unwiderruflichen Entschluß, die Überwindung des letzten Widerstands. Allein mit meinen

Schritten auf den glatten Bändern der Landstraße, durcheilte ich das Zimmer, dieses letzte Zimmer eines Lebens, ein roter Teppich mit persischem Muster lag auf dem Boden des Zimmers, und vor dem Sofa stand ein ovaler Tisch mit geschwungenen Beinen, und auf dem Tisch stand eine violette Kristallvase, und an der Wand hing ein Spiegel mit verziertem Goldrahmen, und in dem Spiegel war das Fenster zu sehen, und mein Anlauf zum Fenster. Ich stellte mir die Sekunde vor, in der alles Haltbare verschwand, die Sekunde, in der ich zum Fensterbrett emporschnellte und mich hinaus in das blaue Wasser der Leere schleuderte. Im allerersten Intervall* nach dem Grenzpunkt, von dem aus keine Rückkehr mehr möglich war, flog ich wie im Traum, mir war, als könne ich aufwärts fliegen, leicht wie ein Vogel, ich würde steigen und steigen, mit ausgebreiteten Armen, wie hatte ich die Kraft zu diesem Sprung aufbringen können, woher hatte ich den Mut zu diesem Sprung genommen, im allerersten Intervall nach der Sekunde der Sprengung flog ich schwerelos dahin, in einer Verzückung, die Luft umplätscherte mich, ich atmete nicht mehr, ich war entrückt, meine Augen waren geschlossen, es war der Tod, der mich ergriffen hatte, es war die Macht des Todes, die mich im Zimmer gepackt und aus dem Fenster geschleudert hatte, undenkbar war dieser Sprung, wenn nicht der Tod zur Wollust geworden wäre, dann umfing mich ein Strom, der mich nach unten sog, plötzlich kam ich nicht weiter, die Schwere der ganzen Erde hing an mir, und immer stärker und stärker wurde die Kraft des Stroms, der mich in die Tiefe schlürfte. Die Landschaften umkreisten mich, ich hörte den Takt meiner Schritte, und erlebte den Sturz, und den Schreck vor dem plötzlichen Erkennen des Zuspät, und dann lag ich zerschlagen in der steinernen Gebärmutter der Stadt. Ich rastete am Wegrand, trank Wasser aus Bächen und Brunnen, übernachtete in Herbergen, und nach Wochen geriet ich an den See, lief durch Dickicht und

Zwischenraum, Abstand

Geröll hinab zum Ufer, warf Rucksack und Kleider von mir und ließ mich hinaustreiben in das laue Wasser. Ich lag auf dem Rücken, bewegte nur leicht meine Hände und Füße, und ringsum stiegen die Berge im Dunst der Dämmerung auf. Weiße Dörfer schimmerten aus den violettgrünen Schatten hervor, und überall läuteten helle Glokken. Es war als schwebte ich rücklings, ich schwebte in der Tiefe eines großen Kelches, dessen Rand im Goldstaub der gesunkenen Sonne zerfloß. Alles Schwere und Bedrängende verging, abgewaschen vom weich liebkosenden Wasser, aufgesogen und sich verflüchtigend im perlmutterfarbenen Licht. Hier an diesem See fand ich ein Zwischenreich, hier entstanden Ansätze eines anderen, entspannten, fast glücklichen Daseins. Es war ein Dasein, das an einem dünnen Faden hing, doch sonderbarerweise fand ich in dieser äußerlich immer unsicherer werdenden Lage einen Anflug von innerer Ausgeglichenheit. Ich hatte früher keine Beziehung zur ländlichen Natur gehabt, hatte mich eher verloren in ihr gefühlt, ausgesetzt und der Vergänglichkeit preisgegeben, und nur in den Städten konnte ich etwas wie Zugehörigkeit empfinden, hier aber, in dieser Berglandschaft, diesen Weinhängen, Laubwäldern und alten, aus rohen Steinen zusammengefügten Dörfern, hier in diesem milden Vorsommer, aus dem bald flimmernde, tropische Wärme wurde, erlebte ich Stunden von vegetativer* Ruhe. Ich verlor das manische* Bedürfnis, tätig zu sein, und konnte am Seeufer in der Sonne liegen, oder im trockenen Gras einer Waldlichtung, ohne daß mich das schlechte Gewissen plagte. Und wenn ich etwas zeichnen oder niederschreiben wollte, so konnte ich vorher lange warten und meditieren, und das Zeichnen und Schreiben war nicht so wichtig, ich konnte es auch bleiben lassen, es war wichtiger, daß ich da war, daß ich lebte, und vor dem Arbeiten mußte ich erst das Erleben lernen. Ich strich durch die dichten, tiefgrünen Wälder, und wenn auch zuweilen der plötz-

Hier: ohne Denk- und Willensanstrengung

Hier im Sinne von krankhaft auf etwas versessen

liche Schrecken aufsteigen konnte vor diesem üppigen Wachstum und vor dem Duft der Fäulnis, so überwog doch eine Entdeckungslust, eine Freude am Dasein, unter der ich mich oft laut singend und lachend in der tiefen Einsamkeit fand. Und hier, in einer warmen, sternklaren Nacht, ⌜drang ich zum ersten Mal ein in den Leib einer Frau⌝, wir standen umarmt auf einem Balkon über dem See, und sie zog mich zurück in ihr Zimmer, auf ihr Bett, und es war kein Kampf und keine Anstrengung, es war spielend leicht, das Leben spielte mit uns und ich lehnte mich nicht mehr dagegen auf. Am frühen Morgen danach stand ich unten auf dem Hof, ich wusch mein Gesicht und meine Hände in dem rieselnden Wasser, und an meinem Geschlecht spürte ich noch die Wärme vom Innern des weiblichen Körpers, und im Dorf krähte ein Hahn, und Tiere rührten sich im Stall, und ich dehnte und streckte mich in einem neuen Selbstbewußtsein. Doch nach dem Auftrieb kam das Sinken. Es war nicht der täglich größer werdende ⌜Druck der Außenwelt⌝, der zum Erlöschen dieser Tage führte, der ⌜Abbruch lag in mir⌝, ich konnte mich in der Helligkeit nicht halten. Unfähig, aus eigener Kraft zu leben, mußte ich in das Heim der Eltern zurückkehren. Mein Vater hatte seine Fabrik, mit Maschinen und Kapital, in das neue Land überführt, und unter den Händen der Mutter war im Innern des neuen Hauses die vertraute Wohnstätte hervorgewachsen. Ich kam als verlorener Sohn*, dem man die Gnade einer Bleibe bot. Eine Mappe mit Zeichnungen, ein paar Hefte mit Notizen waren mein einziger Besitz. Meine Bilder, die ich meiner Mutter anvertraut hatte, waren nicht mehr vorhanden. Als sie den Umzug in die Wege leitete hatte sie meine Bilder in den Keller getragen, mit einer Axt zerschlagen, und im Ofen verbrannt. Sie erklärte diese Vernichtung als eine Schutzmaßnahme. Sie hatte gefürchtet, daß meine düsteren, unheimlichen Bilder das Mißtrauen der Grenzbehörden wecken würden. Sie hatte das Heim gerettet, die Bilder,

Gleichnis vom verlorenen Sohn; Lk. 15, 11–32

Ausdruck einer Krankheit, mußten geopfert werden. Ich kehrte in dieses Heim zurück, und die einzigen Zeichen meiner Stärke waren mir geraubt worden. ⌜Mit ihren eigenen Händen⌝ hatte sie die Bilderwelt meiner Jugendjahre, diese Totentänze, Weltuntergänge und Traumlandschaften, vernichtet. Mit dieser Vernichtung hatte sie sich von der Drohung befreit, die diese Bilder auf die Geordnetheit und Behütetheit ihres Heims ausgeübt hatten. Mit leeren Händen, wie ein Landstreicher, stand ich da. Ich hatte keine andere Wahl, als in die Fabrik meines Vaters einzutreten. Die Fabrik lag noch in ihren Baugerüsten. Nebenan, in einem kleinen grünen Schuppen, war das provisorische Kontor und Lagerlokal eingerichtet worden. Hier standen Maschinenteile und Präzisionsinstrumente, in Holzwolle und Wellpappe verpackt, hier standen Tonnen und Büchsen voller Farben und Chemikalien, und in den aufgestapelten Kisten lagen die Stoffe, die später in der Fabrik gefärbt und bedruckt werden sollten. Den ganzen Tag ratterte der Zementmischer draußen auf dem Hof, und drinnen in der Baracke* rasselte und zitterte alles mit. Ich saß an der Schreibmaschine und hackte das kaum verständliche Diktat meines Vaters nieder. Obgleich ich die Geschäftsbriefe zur Hälfte frei erfand, entwickelte sich alles plangemäß. Antworten kamen mit der Post und wurden bestätigt, der Bau der Fabrik schritt voran, durch das zersprungene Fenster konnte man die Mauern wachsen sehen. Agenten* und zukünftige Kunden erschienen, Musterkollektionen wurden ausgearbeitet, Verträge abgeschlossen, während die Tür aufgerissen wurde und krachend zufiel, während Arbeiter, Handwerker und Ingenieure eintraten, Konstruktionszeichnungen ausbreiteten und besprachen, während der Staub aufwirbelte und die nackte, von einem eigenen Dynamo* getriebene Glühbirne an der Decke schaukelte, flackerte und zuweilen erlosch. Es war eine dunkle Jahreszeit, mit viel Regen und Nebel, und man

Einfacher (Holz-)Bau zur vorläufigen Unterbringung

Hier: Handelsvertreter

Stromerzeuger

hoffte, ⌜bis zum Winter⌝ mit dem Bau fertig zu werden. Und alles ging wie berechnet. Wir lebten hier im Wilden Westen, doch einige Meter von uns wurden Maschinen in ihren Fundamenten montiert, wurden Kabel, Dampf- und Wasserleitungen gelegt, einige Meter von uns erhob sich eine riesige, funktionalistische* Komposition aus Glas und Beton, eingesponnen in ein Netz aus Drähten und Gestängen. Mit dem ersten Schnee übersiedelten wir in die neue Welt, in der es nach Farbe und Putz roch, und in der es noch von Hammern und Sägen hallte. Arbeiter und Beamte* wurden angemustert und von einer Handvoll Spezialisten in ihre Tätigkeiten eingeführt. In der Färberei, in der Wäscherei, in der Appretur* und in den Drucksälen, in den Laboratorien, in der Farbküche, im Zeichenatelier, im Musterzimmer, im Lager und Kontor kam man in Gang, anfangs langsam und unbeholfen, doch erfüllt von Zuversicht und Arbeitseifer. Dies war meine neue Musik, der Gesang der Maschinen, und Ziffern und Tabellen waren meine Gedichte. Ich war Arbeiter zwischen Arbeitern, doch ich gehörte nicht zu ihnen, ich war der Sohn des Chefs. Und beim Chef hatte ich nichts zu suchen, so blieb ich als Fremdkörper in der großen, pochenden, immer mehr in seine Melodie hineinwachsenden Maschinerie. Ich lebte im Luftlosen zwischen Elternwelt und Arbeiterwelt. Wäre ich anonym gewesen, und ohne Verankerung im Heim, so hätte ich vielleicht eine Kameradschaft finden können, eine Gemeinschaft in der körperlichen Arbeit, auch ein Mädchen vielleicht, eine Weberin, eine Lagerarbeiterin, eine einfache, körperliche Beziehung, doch auch dies ist nur ein Traum, in diesem Traum verleugne ich mich, in diesem Traum verleugne ich, daß es nur eins für mich gibt, den Kampf um die Unabhängigkeit meiner Arbeit. Indem ich diesen Kampf unterdrückte, mußte alles andere trübe für mich werden, ich erfaßte nichts von den Lebensbedingungen der Arbeiter, von ihrem Kampf, ihren Pro-

Stilrichtung i. d. Architektur mit dem Streben nach Einfachheit und Zweckmäßigkeit

Skandinavismus; schwed. »tjänsteman« = »Angestellter« und »Beamter«

Veredelnde Bearbeitung von v. a. Textilien zur Erzielung von Glätte, Glanz und Festigkeit

blemen, da mir nicht einmal das einfachste geboten war, die Möglichkeit, meine eigene Arbeit auszuführen. Doch wer führte hier seine eigene Arbeit aus. Manchmal durchblickte ich die Organisation dieses Gefüges, in die jeder mit seinen Bewegungen eingesponnen war, doch an der niemand im Innern teilnahm, ich sah diese abwesenden Gesichter, diese mechanische Aktivität, und die sonderbare Verlorenheit und Erloschenheit in den Arbeitspausen, man spielte Karten, löste Kreuzworträtsel, und was Persönlichkeit in einem war, war zerflossen zu gestaltlosem Brei. Hier fand man sein Auskommen, hier verdiente man, was man für Wohnung, Essen und ein paar Vergnügungen brauchte, und vielleicht gab es nicht mehr, vielleicht war dies alles, niemand schien nach mehr zu fragen, höchstens nach einer besseren Wohnung, nach reichhaltigerem Essen, nach neuen Zerstreuungsmöglichkeiten. In diesem Dasein, ohne Zugang zu Gesprächen über Ausdrucks- und Gestaltungsprobleme, ohne Zugang zu diesen Gesprächen in denen man empfindet, daß man sich lebendiger Materie widmet, verfielen alle meine eigenen Aufgaben dem Zweifel, sie hatten keine Lebensberechtigung mehr, und daß ich mich einmal mit ihnen beschäftigt hatte, war nur krankhafte Selbstsucht gewesen. Vielleicht lebte ich in dieser Fabrik so wie alle anderen lebten, ich kam morgens im Strom der Arbeiter und führte am Tag meine auferlegten Tätigkeiten aus, und abends ging ich wieder, im Strom der anderen, und ein dumpfes Unbefriedigtsein und vage Träume füllten mich, so wie alle anderen davon erfüllt waren. Am Tag gab es nur die Arbeit, nur das Eingespanntsein in den Produktionsapparat, am Tag gab es nur dieses Einzige, Wichtige, Gardinenstoffe, Kleiderstoffe herzustellen, und manchmal nahm vor meinen Augen dieses Einzige, Wichtige fieberhafte Proportionen* an, da erlebte ich ⌜den Werdegang⌝ dieser Ware, erlebte, wie sie als Rohmaterial eindrang in den Schlund der Fabrik, und unter dem Stampfen gewaltiger Appara-

Größenverhältnisse, Ausmaße

turen ihre Stadien der Verwandlung durchlief, sie durchrollte die Kessel und Trommeln in denen sie aufgelockert, vorbereitet wurde, sie dampfte und troff in den Wäschereien, sie nahm Leben an in der Färberei, wo der Führerstand des Färbemeisters wie ein gläsernes Schiff im Nebel schwebte, sie wurde emporgeschleudert von rotierenden Metallarmen, und Walzen sogen sie auf mit breiten Lippen, und dann flatterte sie in langen Bändern auf die gummigekleideten Tische der Drucksäle nieder, wo in der tropischen Hitze halbnackte Arbeiter sich über sie beugten und sie die Farben der Druckschablonen trinken ließen, und jetzt ahnte man schon ihr künftiges Dasein, schwer und leuchtend von Blumen und Schmetterlingen und Blättern und Figurinen* hingen die Stoffe zum Trocknen aufgespannt in den langen Sälen, hinter deren Fenstern der Himmel ihre Farben widerspiegelte, und dann wurden sie in neue Kessel gerissen, durch neue Dämpfe gezogen und von den prasselnden Schlägen kleiner Hämmer gefügig gemacht, und dann rollten sie leicht und duftend aus Walzen hervor und wurden zerteilt und auf Rollen gewickelt und mit Etiketten versehen, und viele von ihnen trugen die Namen von Göttinnen, und ihr Erdendasein begann, und als Kleider leuchteten sie in den Straßen und Wäldern auf, und als Gardinen flatterten sie aus den Fenstern, und schließlich lagen sie welk und zerfetzt auf den Abfallhaufen am Rand der Städte. Und wir produzierten weiter. Unaufhörlich produzierten wir weiter, während draußen eine Welt in Stücke fiel. Der Krieg öffnete meine Augen nicht. Der mißglückte Kampf um meine Berufung hatte mich in einen Zustand der Umnachtung versetzt. Meine Niederlage war nicht die Niederlage des Emigranten vor den Schwierigkeiten des Daseins im Exil, sondern die Niederlage dessen, der es nicht wagt, sich von seiner Gebundenheit zu befreien. Die Emigration hatte mich nichts gelehrt. Die Emigration war für mich nur die Bestätigung einer Unzuge-

* Figurinen: Kleine Menschengestalten als schmückendes Beiwerk auf Gemälden, z. B. im Hintergrund von Landschaftsbildern

hörigkeit, die ich von frühster Kindheit an erfahren hatte. Einen heimischen Boden hatte ich nie besessen. Daß der Kampf, der draußen geführt wurde, auch meine eigene Existenz anging, berührte mich nicht. Ich hatte nie Stellung genommen zu den umwälzenden Konflikten der Welt. Die Anstrengung, einen Ausdruck für mein Dasein zu finden, hatte keine andere Aufmerksamkeit zugelassen. Diese Zeit war eine Wartezeit für mich, eine Zeit des Schlafwandelns. ⌜Zwei Jahre verbrachte ich in der Fabrik.⌝ Ich führte meine Arbeit in der Dunkelkammer der Druckabteilung aus, wo ich beim schwachen roten Lichtschein die fotografischen Musterschablonen entwickelte. Ich führte meine Arbeit in einer kleinen, verschlossenen Kammer aus, tief im Leib der dumpf dröhnenden Fabrik. Mein Vater, obgleich sein Wunsch, mich in sein Feld einzuspannen, in Erfüllung gegangen war, bemühte sich nicht mehr um mich. Nie wandte er sich mit einer Frage an mich. Es war als ahnte er, daß ich ihn wieder verlassen würde. Im gleichen Zeichen der Fremdheit verliefen die Stunden des Beisammenseins in der Familie. Wie eine Schuld saß ich einen Teil des Abends in Gesellschaft der Eltern ab, schweigend, in einem Buch oder einer Zeitschrift blätternd, während im Radio die eintönigen, anonymen Stimmen von unfaßbaren Geschehnissen berichteten. Aus dieser Zeit würgt sich ein Schrei aus mir heraus, warum haben wir diese Tage und Jahre vertan, lebendige Menschen unterm gleichen Dach, ohne einander ansprechen und hören zu können. Was war dies für eine Krankheit, die uns so trübte, die uns mit solchem Mißtrauen, solcher Scheu angefüllt hatte, daß wir einander nicht mehr in die Augen blicken konnten. Und doch enthielt diese Zeit, die mir völlig erloschen schien, Äußerungen eines geheimen Lebens. In den Nächten in meinem Zimmer, an den Sonntagen, entstanden Bilder, Zeichnungen, Gedichte, verborgene Äußerungen eines Unbekannten, Verleugneten. In der Tiefe dieser totalen Isoliertheit gab es eine stille Überlegung, aus der heraus ich mir jeden Monat Geld für die Zukunft zurücklegte. ⌜Im Spätsommer des zweiten Jahres begann mit einem heftigen Stoß der Aufbruch.⌝ Ich war nach der Arbeit ⌜in die Wälder gegangen⌝. Das Summen der Mücken war wie ein heller Glockenton. Im trockenen Laub raschelte es von Käfern und Spinnen. Am Ufer eines Bergsees ließ ich mich nieder. Ich schlief ein mit dem ⌜Wunsch, nicht mehr aufzuwachen⌝. Es träumte mir von meinem Weg durch diesen Wald. Da war die alte Furcht vor der Verlorenheit im Wald, vor dem Tod im Moos, zwischen den Farnkräutern, im tiefen Schweigen. Auf einem schmalen Pfad begegnete mir ⌜ein Mann in Jägerkleidung⌝, eine Jagdtasche und eine Flinte über der Schulter. Er ging an mir vorüber, und es war mir, als wäre ich ihm früher einmal begegnet, vor langer Zeit. Dann wanderte ich eine Landstraße entlang. Die Landstraße führte mich durch ein unermeßlich weites und verworrenes Leben. Wieder kam mir der Jäger entgegen, er ging gerade auf mich zu und ich mußte zur Seite treten, um ihn vorbei zu lassen. Flüchtig hob er die Hand zum Gruß. Ich kam an einen See und ließ mich hinaus ins Wasser treiben, und draußen, in der Helligkeit aufgelöster Reflexe, tauchte der Jäger wieder vor mir auf, ich erkannte ihn und erwachte. Auf einer Ferienreise vor vielen Jahren, als Kind, war er mir in einem Wald begegnet. Da war der harzige Geruch frischgefällter Tannen, und zwischen meinen Fingern drehte ich eine kleine runde Holzscheibe, die aus einem Astansatz eines zersägten Stammes gefallen war. Der Jäger erschien und fragte mich nach meinem Namen. Ich nannte ihn. Er sagte, so heiße ich auch. Eindringlich fragte er mich, wo ich wohne. Ich nannte den Namen der Stadt. Er sagte, da wohne ich auch. Er fragte mich nach der Straße, ich nannte sie ihm, und er sagte, in dieser Straße wohne ich auch. Er fragte mich nach der Hausnummer, ich nannte sie ihm, und er sagte, so wohnen wir im gleichen Haus. Er ging weiter und ließ mich in namenlosem Erstaunen zurück. Unter der Mahnung des Traums sprang ich auf. Ich konnte den Traum nicht deuten, fühlte nur, daß eine Wandlung eingetreten war, daß neue Kräfte mein Leben beherrschten. Ich sah meine Spuren im Ufersand des Sees. Einen Augenblick lang füllte mich die Vision dieser Spuren, die mich von meiner Geburt an bis zu diesem Platz geführt hatten. In einem einzigen Augenblick sah ich das dunkle Muster dieser Spuren. Ich erkannte es und vergaß es gleich wieder, und im Schrecken über meine Vergangenheit lief ich in das Gebüsch hinauf, Vögel flatterten aus den Bäumen, der Himmel färbte sich blutrot von der sinkenden Sonne. Und die Unruhe, die jetzt begonnen hatte, ließ sich nicht mehr eindämmen, nach Wochen und Monaten langsamer innerer Veränderungen, nach Rückfällen in Schwäche und Mutlosigkeit, nahm ich Abschied von den Eltern. Die Räder der Eisenbahn dröhnten unter mir mit unaufhörlichen Kesselschlägen, und die Gewalten des Vorwärtsfliegens schrien und sangen in beschwörerischem Chor. Ich war auf dem Weg, auf der Suche nach einem eigenen Leben.

Kommentar

Zeittafel

1916 Am 8. November in Nowawes (Potsdam) geboren.
1919 Umzug der Familie nach Bremen. Weiss besucht die Volksschule in Horn und dann das Gymnasium.
1930 Umzug der Familie nach Berlin. Weiss besucht das Heinrich-von-Kleist Gymnasium in Schmargendorf.
1932 Zeichen- und Malunterricht bei Eugen Spiro.
1933 Wechsel auf die Rackow-Handelsschule.
1934 Der Unfalltod der Schwester am 3. September löst laut Weiss »eigentlich den ganzen Prozeß der Produktivität« aus. Erste großformatige Ölgemälde und literarische Versuche (Erzählungen, Gedichte).
1935 Anfang des Jahres aufgrund der jüdischen Herkunft des Vaters Emigration der Familie nach England. Besuch der Polytechnic School of Photography in London.
1936 Erste Ausstellung in einer Londoner Garage. Ende des Jahres Umzug nach Warnsdorf in Böhmen.
1937 Reise ins Tessin, wo er Hermann Hesse besucht. Aufnahme an der Prager Kunstakademie (Klasse von Willi Nowak).
1938 Preis der Kunstakademie für die Gemälde *Das große Welttheater* und *Das Gartenkonzert*. Zweiter Aufenthalt bei Hermann Hesse im Tessin.
1939 Übersiedlung nach Schweden, wo der Vater eine Textilfabrik in Alingsås übernommen hat. Weiss arbeitet als Textildrucker und Musterzeichner für die väterliche Firma.
1941 Erste Gemäldeausstellung in Stockholm. Erste Psychoanalyse.
1942 Gaststudent der Stockholmer Kunstakademie.
1943 Waldarbeiter in Nordschweden. Hochzeit mit Helga Henschen.
1944 Geburt der Tochter Randi-Maria (Rebecca). Weiss beginnt, auf Schwedisch zu schreiben. Teilnahme an den *Konstnärer i landsflykt*-Ausstellungen in Stockholm und Göteborg.

1946 Weiss erhält die schwedische Staatsbürgerschaft.

1947 Als Korrespondent der Stockholmer Zeitung *Tidningen* in Berlin. Das erste Buch *Från ö till ö* (»Von Insel zu Insel«) erschienen.

1948 *De besegrade* (»Die Besiegten«) erschienen.

1949 Hochzeit mit Carlota Dethorey. Geburt des Sohns Paul. *Dokument I* (»Der Fremde«) als Privatdruck erschienen.

1950 Zweite Psychoanalyse (bis 1952). Uraufführung von *Rotundan* (»Der Turm«).

1952 Weiss unterrichtet an der Stockholmer Volkshochschule. Mitglied des »Svensk Experimentalfilmstudios« (später »Arbetsgruppen för film«). Beginnt, eigene Filme zu drehen. Bis 1960 entstehen 14 Experimental-, Dokumentar- und Spielfilme, darunter *Enligt lag* (»Im Namen des Gesetzes«, 1957) und *Hägringen* (»Fata Morgana«, 1959). Lebensgemeinschaft mit der schwedischen Künstlerin Gunilla Palmstierna.

1953 *Duellen* (»Das Duell«) als Privatdruck erschienen.

1956 Die Studien *Avantgardefilm* als Buch erschienen. Weiss gibt Malunterricht im Stockholmer Gefängnis Långholmen.

1957 Beginn des Collagenwerks. Illustrationen.

1960 Letzte Filmarbeiten. *Der Schatten des Körpers des Kutschers* (geschrieben 1952) erschienen. Rückkehr zur deutschen Sprache als Instrument literarischen Ausdrucks.

1961 *Abschied von den Eltern* und die Strindberg-Übersetzung *Fräulein Julie* erschienen.

1962 *Fluchtpunkt* erschienen. Erste Teilnahme an einer Tagung der Gruppe 47.

1963 Charles-Veillon-Preis. *Das Gespräch der drei Gehenden* und die Strindberg-Übersetzung *Ein Traumspiel* erschienen. Uraufführung von *Nacht mit Gästen*. Erste Ausstellung des bildnerischen Werks in Deutschland.

1964 Hochzeit mit Gunilla Palmstierna. Uraufführung des Dramas *Marat/Sade*, das Weiss international berühmt macht (verfilmt 1966 von Peter Brook). Lebt fortan als freier Schriftsteller überwiegend in Stockholm.

1965 Lessing-Preis. Literaturpreis der schwedischen Arbeiterbewegung. Uraufführung der *Ermittlung* gleichzeitig an 15 Bühnen. Weiss bekennt sich zu den »Richtlinien des Sozialismus«.

1966 Heinrich-Mann-Preis. Beginn des öffentlichen Engagements für Vietnam. Uraufführung von *Försäkringen* (»Die Versicherung«).

1967 Carl-Albert-Anderson-Preis. Uraufführung des *Gesangs vom Lusitanischen Popanz*. Teilnahme am 1. Russell-Tribunal zum Vietnam-Krieg. Reise nach Kuba.

1968 Uraufführung *Viet Nam Diskurs* und *Mockinpott*. Reise nach Nordvietnam. Protest gegen die Besetzung der ČSSR. Eintritt in die schwedische »Vänsterpartiet Kommunisterna« (Linkspartei Kommunisten).

1970 Uraufführung von *Trotzki im Exil*. Erster Herzinfarkt.

1971 Uraufführung von *Hölderlin*.

1972 Beginn der Arbeit an der *Ästhetik des Widerstands*. Geburt der Tochter Nadja.

1973 Teilnahme am 2. Russell-Tribunal.

1974 Reise in die Sowjetunion.

1975 Uraufführung der Kafka-Dramatisierung *Der Prozeß*. Der erste Band der *Ästhetik des Widerstands* erschienen.

1976 Erste große Retrospektive des malerischen Werks in Södertälje (danach in Rostock, Berlin, München, Zürich, Paris).

1978 Thomas-Dehler-Preis. Der zweite Band der *Ästhetik des Widerstands* und die Strindberg-Übersetzung *Der Vater* erschienen.

1980 Zweite und bisher umfangreichste Retrospektive des malerischen Werks in Bochum.

1981 Preis des Südwestfunks. Literaturpreis der Stadt Köln. Dritter Band der *Ästhetik des Widerstands* und die *Notizbücher 1971–1980* erschienen.

1982 Bremer Literaturpreis. Schwedischer Theaterkritikerpreis. Uraufführung des *Neuen Prozesses*. *Notizbücher 1960–1971* erschienen. Ablehnung der von den Universitäten Marburg und Rostock angetragenen Ehrendoktorwürden. Weiss stirbt am 10. Mai im Stockholmer Karolinska-Krankenhaus. Er wird postum mit dem Georg-Büchner-Preis ausgezeichnet.

1986 Erste umfangreiche Retrospektive des filmischen Werks in Lübeck. Die Interview-Sammlung *Peter Weiss im Gespräch* erschienen.

1989 Gründung der Internationalen-Peter-Weiss-Gesellschaft. Stiftung des Peter-Weiss-Preises der Stadt Bochum.

1991 *Rekonvaleszenz* (geschrieben 1970–72) und die *Werke in sechs Bänden* erschienen. Werkausstellungen in Berlin und Stockholm.

1992 *Briefe an Hermann Levin Goldschmidt und Robert Jungk 1938–1980* erschienen.

2000 *Die Situation* (geschrieben 1956) erschienen.

2003 *Inferno* (geschrieben 1964) erschienen.

2006 Die kritische Gesamtausgabe der *Notizbücher* auf CD-ROM und *Das Kopenhagener Journal* (geschrieben 1960/61) erschienen.

2007 *Siegfried Unseld – Peter Weiss: Der Briefwechsel* erschienen.

2008 *»Füreinander sind wir Chiffren«. Das Pariser Manuskript* (geschrieben 1950) erschienen.

Text- und Entstehungsgeschichte

Das »Abschied«-Projekt

Die vorliegende Version von *Abschied von den Eltern* ist das Ergebnis eines gut zehnjährigen Schreibprozesses. »[I]ch hatte«, so Peter Weiss, »den Stoff während der ganzen 50er Jahre mit mir herumgetragen und immer wieder in Ansätzen und neuen Variationen geschrieben, teils auf schwedisch, teils auf deutsch« (Spielmann, S. 40).

Zehnjähriger Schreibprozess

Die frühesten Notizen zum *Abschied*-Projekt sind für 1950 belegt. In einem Schulheft mit der Aufschrift *Höst 50* (*Herbst [19]50*) hat Weiss Ende 1950 auf Schwedisch Träume aufgezeichnet und analysiert, die einige aus *Abschied* bekannte Motive enthalten. Im selben Heft stehen weitere schwedisch- und deutschsprachige Notizen zum *Abschied*-Projekt von Anfang der 1950er Jahre. Notizen aus späterer Zeit sind nur vereinzelt erhalten.

An Texten sind drei vollständige Fassungen erhalten geblieben: eine schwedische (vermutlich 1951/52) und zwei deutsche (1953/54 bzw. 1959/60). Es gibt Indizien für eine weitere, mittlerweile verschollene Version – vielleicht auch ein Konzept – von Anfang der 1950er Jahre.

Drei vollständige Fassungen

Entweder aus dem Anfang dieser oder der genannten ersten Version hat Weiss einen bearbeiteten schwedischsprachigen Auszug für ein Ende 1952 vom Stockholmer Autor Pär Rådström (1925–63) geplantes, aber nie realisiertes Zeitschriftenprojekt angefertigt. Der Text wurde 1991 in *Aftonbladet/Kultur* unter der Überschrift »Gröna gatan« (»Grünenstraße«) publiziert.

Außerdem liegen im Peter-Weiss-Archiv (PWA) zwei sehr kurze, nur ca. eine Seite umfassende Fragmente von Mitte der 1950er Jahre, eines deutsch, eines schwedisch: zwei sofort wieder abgebrochene Versuche einer Neufassung.

Zwei Fragmente

Schließlich gehören in den Entstehungszusammenhang zwei Varianten der Schilderung des Besuchs bei den Eltern, die erstmals in der Fassung von 1953/54 stand und später in *Fluchtpunkt* eingegangenen ist (S. 168–180). Die erste ist eine von der Pas-

Zwei Teilvarianten

sage in der zweiten Version wenig abweichende Variante mit dem Titel *Wiedersehen* (Höllerer-Archiv Sulzbach-Rosenberg), zwischen 1954 und 1959 verfasst und als freistehende Erzählung gedacht; die zweite ein im Wortlaut stärker verändertes, vermutlich aus dem Jahr 1960 stammendes Fragment (ca. 40 % des Textes) mit der Überschrift »Texturen« (PWA).

Titelüberlegungen

Auch mehrere Titel hat Weiss während des Schreibprozesses erwogen. Der erste belegte steht im Notizheft *Höst 50*; er lautet *Katharsis*. Für die zweite Version war Korrespondenz und Notizen zufolge *Journal einer Jugend (Kindheit)* geplant, für die dritte der Titel *Textur(en)*. *Abschied von den Eltern* war ein Vorschlag von Hans Magnus Enzensberger (*1929). Weiss wehrt sich lange dagegen und verteidigt *Textur(en)*, akzeptiert aber schließlich (halbherzig).

»Abschied« und die früheren Fassungen

Die publizierte Version unterscheidet sich von den Vorgängern nicht oder kaum in der Motivik und Thematik, eher schon in der Geschichte, hauptsächlich aber in der Schreibweise.

Inhaltl. Unterschiede zur publizierten Fassung

Beide früheren Fassungen beginnen erst mit dem Blick durch die farbigen Glasscheiben in den Garten der Grünenstraße. Die Erzählung ist noch nicht als Rückblende aus einer näher beschriebenen späteren Situation heraus angelegt.

In die Schilderung der Zeit in der Marcusallee ist in der zweiten Version ein längerer Abschnitt eingeschoben, der in der Erzählgegenwart in Paris spielt. Darin steht der Spaziergang auf dem »Seinedamm«, der später, auf Frühjahr 1947 zurückdatiert, in den Schluss von *Fluchtpunkt* eingearbeitet wurde.

Beide Vorgänger erzählen noch die drei Bremer Jahre nach der Marcusallee (1927–30), die im Buch ausgespart sind.

Die Dokumente – der Brief des Vaters und der Traum der Mutter – sind erstmals in *Abschied* eingeschaltet.

Der Abschnitt über Prag enthält in der zweiten Fassung Äußerungen zu Franz Kafka (1883–1924) und Henry Miller (1891–1980), die später umgearbeitet in *Fluchtpunkt* eingingen (*Fluchtpunkt*, S. 164 f.).

Die Bedeutung der Tessiner Zeit für das Ich wird erstmals in

Abschied gezeigt, nicht zuletzt in der Erlösung von der Impotenz. Die schwedische Fassung endet noch vorher: mit dem Bad im Luganer See. Die Erinnerung an den Jäger überkommt das Ich bereits während der Wanderung von Prag in den »Süden«. Die zweite Version erzählt schon weiter, aber noch nichts vom Aufenthalt im Tessin; der Bericht darüber beschränkt sich auf einen nachträglich eingefügten Satz über die Aufenthaltsdauer. An diesen schließt sich unmittelbar die Beschreibung der Arbeit im Büro der schwedischen Fabrik. Die Erinnerung an den Jäger ist bereits nach Schweden verlegt; wie im Buch bewirkt sie nach den beiden Fabrikjahren den Aufbruch. Diesem aber folgt noch unvermittelt jener Abschnitt über den Jahre später, kurz vor der Erzählgegenwart stattfindenden Besuch bei den Eltern.

Unterschiede in der Schreibweise

Hinsichtlich des Unterschieds in der Schreibweise fällt zunächst die verstärkte Fiktionalisierung durch Tilgung des Autornamens (schon in der zweiten Version) auf sowie die verstärkte Hinwendung zur Innenwelt v. a. in der Zeit in Deutschland. Im Zusammenhang damit wurden die deutschen Städtenamen gestrichen, die drei – zumindest teilweise lichteren – Bremer Jahre ausgespart und der Personenkreis reduziert. Infolgedessen verschwanden auch einige der selbst in den Vorgängern spärlichen Hinweise auf die Geschwister; und mit diesen ein paar Andeutungen über das ungeschwisterliche Benehmen des Ichs.

Die Erzählung als ein Erinnerungsstrom

Insbesondere aber ist in *Abschied* zum ersten Mal nicht nur die erinnerungsauslösende Situation gezeigt, sondern die Erzählung als ein Erinnerungsstrom präsentiert. Erinnert werden v. a. die Stadien und Wendepunkte der inneren Entwicklungsgeschichte, die auch eine Geschichte der Befreiung von verinnerlichten Erziehungsnormen ist. Das ist in *Abschied* mehr als in den früheren Versionen Struktur geworden: in der erzählerischen Behandlung von Raum und Zeit, in der Erzählhaltung und in einer inhaltlichen wie formalen (einschl. typographischen) Verdichtung.

So fehlen einzelne Wendepunkte in den früheren Fassungen entweder ganz oder sind nicht in derselben Deutlichkeit aufeinander bezogen. Das gilt z. B. für die Geburt und ihre motivische wie bildliche Verknüpfung mit den Wiedergeburten aus den Seen im Tessin und in Schweden. Und erst unter dem Eindruck des Tods der Eltern deutet Weiss den Tod der Schwester als Anfang der Familienauflösung und seines Befreiungsprozesses.

Erzählerische Behandlung von Zeit und Raum

Mit den einsetzenden Befreiungsversuchen nach diesem scharfen Einschnitt lösen exaktere Orts- und Zeitangaben die vage raum-zeitliche Verortung ab. Die daraus entstehende Bewegung von Innen nach Außen entspricht der Bewegung in der Erzählhaltung, die sich ebenfalls ab Berlin/London verstärkt und in *Fluchtpunkt* fortsetzt: die tendenzielle Verlagerung vom spontan-einfühlenden Erinnern zu dessen rationaler Bearbeitung, ohne dass je eine von beiden Haltungen allein herrscht; in ihrem Zusammenspiel ändert sich nur der jeweilige Stärkegrad.

Erzählhaltung

Inneres Werden und Zeitempfinden sind nicht mehr ausgesprochen, sondern gestaltet (z. B. die Zeit in der Marcusallee erstmals als ein typischer Schulalltag, ähnlich die Zeit im Londoner Kaufhaus), auch und gerade in ihrer explosiven Spannung zum äußeren Zeitverlauf, den der Ich-Erzähler als Kreislauf erlebt, der ihn im Alten festhalten will, und aus dem er sich trotz aller Rückschläge immer erneut heraus- und ein Stück weitersprengt.

Nichtlineares Erzählen

Doch bedeutet dieses strukturelle Nachzeichnen der Entwicklung nicht durchweg lineares Erzählen. Im Gegenteil, das Ich in *Abschied* erzählt, zumindest an den Übergängen zwischen den Lebensabschnitten in Deutschland, weniger chronologisch als das der Vorgänger. Am meisten weicht der Übergang Berlin–London ab (worin anfangs möglicherweise auch noch der Prager Abschnitt stand: nach der Meerinsel und vor den sonntäglichen Bürobesuchen). Gerade mit Hilfe von Durchbrechungen der Chronologie sind Wirkungszusammenhänge und allmähliches Bewusstwerden gezeigt, und deshalb wurden gerade auch im Zuge der die (Bewusstseins-)Entwicklung markierenden Bewegung in der Erzählinstanz einige vormals chronologisch präsentierte Ereignisse aus Kindheit und Jugend später erst in den Fortsetzungsband *Fluchtpunkt* eingefügt und gezielt in historische und politische Überlegungen eingebettet.

Strukturelle Offenheit

Dabei fällt aber die strukturelle Offenheit auf: Selbst in *Fluchtpunkt* holt die Geschichte den Ausgangspunkt: den Tod des Vaters, nicht ein. Die Identitätssuche bleibt unabgeschlossen, die Erinnerung relativ und problematisch, zumal sie als subjektiver und situationsgebundener Gedankenstrom erscheint.

Typographische Vereinheitlichung

Diesem entspricht die typographische Vereinheitlichung: Erst in

Abschied fehlen Abschnitte und Absätze ganz, sind die Satzzeichen auf Komma und Punkt reduziert, wurde auf Hervorhebungen von Zitaten, Titeln oder Namen verzichtet, nachdem auch hier zunächst noch vereinzelt Kursive dafür vorgesehen war.

Freimachung der Gegensätze in Blockform

Abschied, sagt Peter Weiss 1964,

> »ist ein sehr subjektives Buch, weil es sehr subjektive Erfahrungen sind, die ich schildere. Deshalb wurde auch die Form so wichtig, [...] besonders dieser *große Block als Hauptform* [...]; und wie einzelne Themen behandelt und variiert werden, so daß *bestimmte Themen und Situationen* immer *wiederkehren*. Ich habe das Buch sehr sorgfältig geplant und ausgearbeitet, trotz der subjektiven Sichtweise. Dabei dachte ich an eine einheitliche, geschlossene Komposition mit *klar abgegrenzter Thematik*, einer *deutlichen individuellen Entwicklung*« (Gerlach/Richter, S. 38, kursiv hier).

Aber damit ist in *Abschied* nur zu sich gekommen, was bereits um 1950 angelegt war. Schon da hatte Weiss die erzählerische Darstellung von Raum, Zeit und Entwicklung reflektiert: in einem Prosafragment, dessen Text aus einem einzigen absatzlosen Block besteht. Die Überlegungen lesen sich wie ein Programmentwurf zum Erzählverfahren in *Abschied*:

Erzählverfahren

> »Ich springe einen Abend weiter [...]. Die Absätze, die Zeitzeichen dazwischen lasse ich aus. [...] Für mich ist dies alles zeitlos, ich sehe dies was ich empfinde und denke gleichsam *en bloc*, es würde mich stören, es auseinanderzubrechen und zu Stücken zu ordnen. Was ich am stärksten in meinem Dasein erlebe ist *die Dichtigkeit aller Zusammenhänge, das fortwährende Wirken von einer Situation zur andern*, das Übertönen, Wiederaufklingen. *Die Kontinuitäten* liegen alle *auf einer einzigen grossen Ebene*. Deshalb verliere ich auch immer mehr den Sinn für eine konstruierte, kunstvoll geschliffene Literatur, für alle diese Ideale die den Stoff in begrenzten Formen sehen wollen, was mich anspricht sind nur noch *die direkten Zeichen aus dem Fluss eines Lebensstroms*, was mich trifft ist nur noch *das Authentische, der unmittelbare*

> *Ausdruck für eine Lebenssituation.* […] [Z]urückblickend sehe ich bei allen missglückten Versuchen *wie ich doch von Anfang an zu dem hinstrebe was meinem innersten Wesen entspricht.* […] In der *Freimachung aller meiner Gegensätze* kann ich mich dem nähern was mir als das Wichtigste vorschwebt: der *Universalität des Daseins*« (Prosafragment »… auch nur das Gefühl«, PWA, S. 6 f., kursiv hier).

Hier akzentuiert er den spontanen Ausdruck stärker, in der Interviewäußerung von 1964 die strenge Durchformung. Der Widerstreit in ihm legt sich nie. Er zieht sich auch durch seine Notizen zur Umarbeitung von *Abschied*: »Die zwei Pole meines Schreibens. Die Richtung des freien, hemmungslosen Stroms, der subjektiven Entladung, und die Richtung des objektiven Ordnens des Materials, des Analysierens. Manchmal scheint mir das eine stärker, manchmal das andere« (*Kopenhagener Journal*, S. 99, Eintrag vom 25. 10. 1960). Er schwankt je nach augenblicklicher Stimmung; und je nach ›Außeneinwirkung‹, z. B. von Verlagsseite.

Selbst seine Haltung zur Zeichnung der inneren Entwicklung ist nicht spannungsfrei. Nach *Abschied* notiert er einerseits, alles bisher Geschriebene sei »gefälscht« und »zurechtgelegt«; er wollte sich »eine Identität geben, […] eine Entwicklungsgeschichte verleihen. Ich […] heuchelte Ausdauer, sprach meinen Handlungen Folgerichtigkeit zu«, andererseits: »Diese Bemühung um eine Geschlossenheit, um das Erreichen eines neuen, festen Ausgangspunkts, gehört auch zu meinem Dasein« (*Notizbücher* 1960/71, S. 39 u. 97). Doch hatte schon der Ich-Erzähler der ersten Fassung erkannt, dass er mit »Schreiben einen lebenswichtigen Zusammenhang« in sich »wiederherzustellen« versucht, dass etwas in ihm »zerrissen ist, das nur auf diese Weise heilen kann« (*En glasdörr*, S. 122).

In *Abschied* hat Peter Weiss den Widerstreit in die Form gebannt, die ihm jene »Freimachung« der Gegensätze gestattet, weil sie gleichzeitig eine Un-Form ist: in den Textblock. Und hier entsteht aus der Spannung zwischen dem Nacherleben früherer Situationen und dem sie einordnendem Überblick die Vorwärtsbewegung, aus welcher der – unabgeschlossene und unabschließbare – Erkenntnisprozess erwächst. Ästhetisch äußert

Textblock

sich die Polarität im vorwärtstreibenden Widerspiel von spontanem ›ungeformten‹ Ausdruck und kalkulierter Durchgestaltung, die beide feinsinnig ineinander gewirkt sind. Freilich erst nach mehreren Umarbeitungen.

Umarbeitungen

Die ersten beiden Versionen

Die Typoskripte der ersten beiden Versionen weisen nur geringe Überarbeitungsspuren auf; das der ersten besonders sprachliche Korrekturen, das der zweiten auch einzelne Streichungen von Abschnitten, z. B. dem über die Geburt. Hinzu kommt eine entscheidende Änderung: die erwähnte Umstellung des Besuchs bei den Eltern. Irgendwann zwischen 1954 und 1959 hat Weiss diese zeitlich herausfallende Besuchsepisode mit der Überschrift »Vorspiel« versehen und vom Schluss an den Anfang gestellt. Damit bildete der Besuch dasselbe Strukturelement wie später im Buch der Tod der Eltern. Der Gedanke, die Erinnerungen einer späteren Konfrontation mit den beiden »Portalfiguren« entspringen zu lassen, kam Weiss mithin schon vor deren Tod. Nachdem er dann die Besuchsepisode zwischendurch ausgekoppelt und unter dem Titel *Wiedersehen* als freistehende Erzählung vorgesehen hatte, war sie während der Umarbeitung der dritten Fassung 1959/60 zeitweilig wieder als Anfang von *Abschied* gedacht. Aus dieser Arbeitsphase stammt vermutlich o. g. Fragment mit der Überschrift »Texturen«. Erst im Sommer oder Herbst 1960 wurde der Besuch durch den Tod des Vaters ersetzt. Das Wiedersehen mit den Eltern ging schließlich, ins Jahr 1946 zurückdatiert, in *Fluchtpunkt* ein.

Die dritte Fassung

Die dritte Fassung wurde zwischen November 1959 und Dezember 1960 mindestens dreimal überarbeitet; im Januar und Februar 1961 gab es noch einzelne Umbruchkorrekturen. Mit der Niederschrift begonnen hatte Weiss im Frühjahr 1959, kurz nach dem Tod seines Vaters. Am 9. 10. 1959 reicht er eine erste vorläufige Version ein. Diese kritisiert der zuständige Lektor des Suhrkamp Verlags, Walter Boehlich (1921–2006), in einem Brief vom 23. 11. 1959. Seine Kritik besteht aus drei Schwerpunkten: Der Text sei an jemanden gerichtet, die Zeitstruktur zu unklar und die Erzählhaltung zu reflexiv. Zur Gerichtetheit schreibt Boehlich:

Boehlichs Kritikpunkte: Gerichtetheit, Zeitstruktur, Erzählhaltung

»Ich glaube, es ist störend, daß dieser Bericht an eine Person gerichtet ist; nicht weil diese Person ganz unsichtbar bleibt, sondern eher, weil an keiner Stelle deutlich wird, wie dieser angesprochene Partner als eine Art Katalysator [Anreger] wirkt. Man müsste ja das Gefühl haben, daß grade er es ist, der diesen Bericht [...] aus dem Berichtenden herauszieht. Ich glaube aber auf jeden Fall, daß es besser wäre, diese Fiktion ganz aufzugeben.«

Zu der laut Boehlich zu unklaren Zeitstruktur heißt es:

»Dann müssten die einzelnen Partien doch noch stärker ineinander verzahnt werden, das heißt, die Übergänge der verschiedenen Lebenszeiten müssten notwendiger und zwanghafter angelegt werden, nicht so, daß oft einfach abrupt eine Zeit auf die andere stößt, die in Wirklichkeit durch zehn oder zwanzig Jahre getrennt sind«.

Und zu der seines Erachtens zu reflektierenden Erzählhaltung:

»Die Erzählung ist immer dort stark, wo das Erlebnis strömt, sie verliert an Anziehungskraft und Gültigkeit, wo der Berichter allgemeine Gedanken über Kunst, Weltlauf oder ähnliches einfließen läßt. Man sollte das aus seinen Erlebnissen rekonstruieren können, nicht dem entnehmen müssen, was er expressis verbis [ausdrücklich] analysiert.« (*Siegfried Unseld – Peter Weiss: Der Briefwechsel*, S. 60 f.)

Nach Abschluss der letzten Überarbeitung vermerkt Weiss am 1. 12. 1960 im *Kopenhagener Journal*, er habe »Reflektierendes, Erklärendes« beseitigt. Gleichwohl ist noch in der publizierten Version die Zunahme reflektierender Partien ab der Mitte des Buches deutlich. Und er schreibt auch, er habe »allzu Gefühlsbetontes versachlicht« und »Sprünge in der Kontinuität ausgeglichen« (S. 124): ein merkbarer Unterschied zu den oft abrupt aufeinander stoßenden Textblöcken der Vorgänger. Jedenfalls muss es ursprünglich noch mehr reflektierende Partien gegeben haben. Ebenso war die Chronologie noch stärker aufgebrochen. Aber auch die Beschreibung der den Rückblick hervorrufenden Umstände hat Weiss geändert.

Entstehungszusammenhänge

In *Abschied* löst der Tod der Eltern die Erinnerung aus; doch gab ein weiteres Ereignis einen vielleicht noch entscheidenderen Anstoß zur Niederschrift: Zum Jahreswechsel 1958/59 kommt es zum Bruch mit Gunilla Palmstierna, Weiss' Lebensgefährtin seit 1952; sie verbringt das ganze Jahr 1959 getrennt von ihm. Das war anfangs in den Text mit eingegangen: Gunilla ist diejenige, an die er ursprünglich gerichtet war. Beim Schreiben, notiert Weiss ins *Kopenhagener Journal*, »ging ich vom Erlebnis des Todes meiner Eltern aus, und als gegenwärtiger Strom lief das Erlebnis des Auseinanderbruchs meines Zusammenlebens mit Gunilla«, wobei »die Hinweise auf meine gegenwärtige Lage einen wesentlichen Bestandteil des Antriebs zum Schreiben ausgemacht« haben (S. 119 f., Eintrag v. 24. 11. 1960).

Krise in der Partnerschaft

Vermutlich hatte er deshalb den Besuch bei den Eltern zunächst herausgenommen. Die von Boehlich kritisierte ›Urfassung‹ entstand noch während der Trennung. Die Versöhnung erfolgte zum Jahreswechsel 1959/60, während der ersten, Ende Januar 1960 beendeten Überarbeitung. In diesem Arbeitsgang nimmt Weiss die Besuchsepisode wieder als »Vorspiel« hinzu; aber die Beziehungsgeschichte tilgt er erst während einer neuerlichen Umarbeitung im Sommer. Am 27. 8. 1960 vermerkt er im *Kopenhagener Journal*, die Aussagen zur Beziehungskrise seien »nicht klar und fertig genug« gewesen: »Habe aus der TEXTUR das weggestrichen, was der eigentliche Anlass zum Niederschreiben gewesen war, nämlich alles über die Krise nach dem Bruch mit G. Jetzt steht nur noch die Auseinandersetzung mit den Eltern und der Jugend, als etwas in sich Geschlossenes da.« (S. 33) Drei Tage zuvor hatte er dem Verlag mitgeteilt, dass das Ganze so auch besser mit dem ersten Teil: dem »Wiedersehen«, zusammenpasse (*Unseld – Weiss: Briefwechsel*, S. 83). Da hier das Wiedersehen mit den Eltern noch immer den Anfang macht, muss der publizierte Anfang erst gegen Ende des gut einjährigen Umarbeitungsprozesses entstanden sein.

Die zweite Version dagegen wurde unter dem Eindruck des Beginns der Partnerschaft mit Gunilla (August 1952) verfasst, und die Beziehung zu ihr ist im Text immerhin kurz angesprochen: in

jenem eingeschobenen Pariser Abschnitt. Der darin zum ersten Mal erzählte gemeinsame Spaziergang auf dem »Seinedamm« war im Oktober 1952. Doch selbst hier artikuliert das Erzähler-Ich v. a. den Trennungsschmerz nach Gunillas Abreise.
Der Anfang des Projekts stand ebenfalls im Zeichen einer Beziehungskrise. 1950 kam es zur definitiven Trennung von der dänischen Künstlerin Le Klint, mit der Peter Weiss seit ca. 1946 zusammengelebt hatte (zu ihrem Verhältnis s. Klint 2000). Gedanken darüber durchziehen die Traumnotate von Ende 1950, und einige aus *Abschied* bekannte Motive sind in den Traumanalysen direkt auf Le bezogen (z. B. der Beischlaf mit Margit, die Bidet-Szenen, der Ruf nach der Mutter; s. Weiss, *»Füreinander sind wir Chiffren«*, S. 83 ff. u. 96 ff.). Die Beziehung aber verarbeitet Weiss u. a. im *Duell* (Lea).

Krise in der Arbeit

Bilden Beziehungskrisen den Anfangs- und Endpunkt des *Abschied*-Projekts, so steht fast der gesamte Schreibprozess unter dem Unstern der künstlerischen Erfolglosigkeit, die das ganze Jahrzehnt andauert. »Die 50er Jahre«, erinnert sich Weiss, »waren im Grunde für mich mehr Exil als die Jahre während des Faschismus, während der eigentlichen Emigration, denn während der 50er Jahre wußte ich überhaupt nicht, wo ich hingehörte« (Spielmann, S. 40). Nach zunächst erfolgversprechenden Anfängen als schwedischsprachiger Autor mit *Från ö till ö* (*Von Insel zu Insel*) 1947 und *De Besegrade* (*Die Besiegten*) 1948 findet er ab dem Jahrzehntwechsel keinen Verleger mehr. Auch in Deutschland nicht, wo u. a. die zweite Fassung von *Abschied* Mitte der 1950er Jahre abgelehnt wird. Peter Suhrkamp (1891–1959) sah darin »die Notizen von einer Psychoanalyse, und zwar in Rohform«, der er James Joyces (1882–1941) »Sprachkünste« und Kafka entgegenhält, bei dem der Stoff »in einer geschlosseneren, undurchdringlichen Form abgeschlossen worden« sei (*Unseld – Weiss: Briefwechsel*, S. 33, Brief v. 30. 11. 1956).
Nicht zuletzt auf Grund der fehlenden Anerkennung schwankt Weiss die ganzen 1950er Jahre hindurch sowohl in der Sprach- als auch in der Medienwahl: zwischen Schwedisch und Deutsch, zwischen Wortkunst und Bildkunst. 1952 beginnt er mit seiner Filmarbeit. Er gibt aber das Schreiben nicht auf, wie man in der

Forschung lange glaubte, sondern setzt sich literarisch intensiv mit seiner Vergangenheit auseinander, teils parallel zu seinen Experimentalfilmen (2. Fassung). In *Abschied* wird er dann seine Filmerfahrungen einbringen können.

Erst 1959/60 endet mit der einjährigen Trennung von Gunilla auch die zehnjährige Erfolglosigkeit. 1959 übernimmt Siegfried Unseld (1924–2002) die Leitung des Suhrkamp Verlags, und dort wird durch Vermittlung Walter Höllerers (1922–2003) der bereits 1952 geschriebene *Schatten des Körpers des Kutschers* angenommen. Eine Notiz im *Kopenhagener Journal* lautet: »Dass mein Buch hier herausgegeben wird macht mir viel Freude [...]. Auch [...] die Anerkennung die mir zuteil kommt ist noch nicht richtig fassbar, nach allem was ich von Schweden her an Ablehnung gewöhnt bin und nach den 8 Jahren, in denen der Kutscher unbeachtet umherwanderte« (S. 32, 19.8.1960). Noch 1979 betont Weiss, wie entscheidend der Erfolg für ihn war: »Erst 1959, [...] als das erste Manuskript angenommen war, fing ich an, den ›Abschied von den Eltern‹ zu schreiben. [...] [P]lötzlich konnte ich es in einem Zug schreiben, im Bewußtsein, daß es irgendwo eine Resonanz gab« (Spielmann, S. 40). Er hat damit seinen Durchbruch als deutschsprachiger Autor und geht jetzt endgültig zum Deutschen als Arbeitssprache über.

Walter Höllerer

Die Krisensituation hatte in ihm bereits 1950 das Gefühl einer ›Impotenz‹ hervorgerufen, die weit mehr umfasst als eine sexuelle Ohnmacht. U. a. betrifft sie den Eros im weitesten Sinne: die Fähigkeit zu zwischenmenschlichen Beziehungen, was ihm gerade in einer Beziehungskrise bewusst wird. Sein Unvermögen, sich anderen zu öffnen, fasst er im Traumnotat vom 28. 10. 1950 zusammen in den Worten: »ich kann nicht lieben« (er hatte das schon am 28. 4. 1941 den Freunden Jungk und Goldschmidt geschrieben). Damit einher geht das Gefühl einer Schaffenskrise: »Ich habe seit langem keine Ergebnisse erzielt«, vermerkt er im Traumprotokoll vom 23. 10. 1950, und am 25.10. wecken die Misserfolge in der Arbeit in ihm »ein Gefühl des Sitzenbleibens«: Er träumt von Fritz W (s. Weiss, *»Füreinander sind wir Chiffren«*, S. 79 ff., 86 ff. u. 93 ff.).

Impotenzgefühle und -ängste

Es sind die wieder auflebenden Impotenzgefühle und -ängste, die in *Abschied* geschildert sind und die eine schwedische Rezensentin treffend einen »Zustand der Lebensimpotenz« nennt (Gull-Britt Carlsson in *NT*). Dieses Ohnmachtsgefühl kennzeichnet sein Verhältnis zu den Eltern, aus deren Bann er sich weder innerlich noch äußerlich gelöst hat. Es veranlasst ihn wiederholt, klärend Bilanz zu ziehen. So sind die *Abschied*-Varianten auch Teil der Analyse seiner aktuellen Situation, die im Wesentlichen die 1950er Jahre über unverändert bleibt.

Beginn der Psychoanalyse

Zur Klärung der Identitätskrise beginnt er bereits 1950 mit einer für das *Abschied*-Projekt grundlegenden Psychoanalyse: »Das Schreiben der selbstbiographischen Bücher«, so Weiss, »hängt untrennbar mit der Psychoanalyse zusammen« (Spielmann, S. 41). Hatte er sich schon 1941 in Alingsås für kurze Zeit einer Therapie unterzogen und sich im Anschluss daran mit Sigmund Freuds (1856–1939) Schriften vertraut gemacht, geht er jetzt in Stockholm zwei Jahre lang zu dem aus Ungarn stammenden Therapeuten Lajos Székely (1904–95), der sich auch eingehend mit Fragen der Kreativität beschäftigt hat.

Traumnotate und Notizen

Im Rahmen dieser Analyse zeichnet Weiss o. g. Traumnotate und Notizen zum *Abschied*-Projekt auf, und auch weitere Notizen im selben Heft enthalten Gedanken zu seiner augenblicklichen Situation und deren Ursachen. Schwerpunkte sind die Krise in Partnerschaft und Arbeit sowie die Beziehung zu den Eltern: die innere Abhängigkeit und die mangelnde äußere (materielle) Unabhängigkeit. Er führt die Krise v. a. auf seine unbewältigte Vergangenheit und bürgerliche Herkunft zurück (dt. Übs. aller Traumnotate in: Weiss, *»Füreinander sind wir Chiffren«*, S. 79–100; das ganze Notizheft *Herbst 1950* [*Höst 50*] ist publiziert in: *Die Notizbücher*, krit. Gesamtausgabe auf CD-ROM).

So verwundert nicht, dass seine Traumnotate aus *Abschied* bekannte Situationen enthalten (die beiden Bidet-Szenen, eine Episode mit Fritz W. – das Sitzenbleiben –, die Intimität mit der Schwester, den Ruf nach der Mutter, die Impotenz) und dass in mehreren Träumen ein Doppelgänger, mitunter als erbitterter Gegner, auftritt. Das Ringen um die eigene Identität inszeniert sich im Kampf gegen das alte Ich, das ihn in der unfreien Existenz festhalten will, gegen das Über-Ich der beiden Elterninstanzen und insbesondere die übermächtige Mutter in ihm.

Dabei erhofft er sich in der Krise einen Neubeginn und Aufbruch zur Lösung, glaubt die hemmend verinnerlichten Autoritäten und mit ihnen sein altes Ich im Absterben begriffen, dem eine Wiedergeburt folgt (vgl. den in allen Versionen geschilderten Todessprung ins Bad der Wiedergeburt im »Süden«): ein Wunschdenken, das sich aber nach der erneuten Zuspitzung seiner Situation Ende des Jahrzehnts doch noch erfüllen wird.

Das bereits 1950 vorhandene Bewusstsein um die gesellschaftliche Bedingtheit der persönlichen Unterdrückung innerhalb der Familie gründet z. T. ebenfalls in der Psychoanalyse. Schon nach seiner ersten Fühlungnahme 1941 hatte Weiss Erziehung und Familie als die »Verursacherin« seiner »Neurose« ausgemacht (Brief an Goldschmidt und Jungk vom 6. 8. 1941; *Briefe*, S. 160). Zu dieser Zeit kannte er bereits den aus Deutschland emigrierten Arzt und Psychologen Max Hodann (Hoderer in *Fluchtpunkt*, der dann in der *ÄdW* unter seinem richtigen Namen eine wichtige Rolle spielen wird), der ihn immer auf die gesellschaftlichen Ursachen der Neurosen hingewiesen hat (Spielmann, S. 39). Aber die Psychoanalyse ist auch Teil einer von engagierten Autoren getragenen literarischen Strömung in Schweden, mit der Weiss Mitte der 1940er Jahre in Berührung gekommen war: des Fyrtiotalismus (Literatur der vierziger Jahre), der seine kurze Blütezeit zwischen 1944 und 1948 erlebte, und dessen Vertreter von Psychoanalyse, Surrealismus, Existenzialismus und Anarchismus beeinflusst waren. In diesem Klima entsteht 1947 eine Filmskizze, die motivisch-thematisch, aber auch verfahrenstechnisch vieles von *Abschied* vorwegnimmt: *Början* (*Der Anfang*), ein Text mit entschieden antiautoritärer Tendenz, in dem die autoritäre Gesellschaft mit ihren Institutionen Eltern, Familie, Schule und Arbeitsplatz am Lebensweg eines Jungen von der Geburt bis ins Erwachsenenalter drastisch vorgeführt wird, wobei Kunst und Eros als Gegenmöglichkeit aufscheinen (Text s. Schmolke, S. 687–701).

Fyrtiotalismus

Dem Fyrtiotalismus verdankt Peter Weiss seine Anfangserfolge als schwedischsprachiger Autor, aber auch seine Misserfolge. Bereits um 1950 setzt eine literarische Gegenbewegung ein, die mit einem restaurativen politischen Klima einhergeht: »Das Publikum«, so Weiss, »sah uns als Splitter einer unangenehmen Vergangenheit an, mit der man nichts zu tun haben wollte.«

Man »machte wieder auf Idylle und Weltflucht« (Gerlach/Richter, S. 28 u. 315). Und das erzkonservative Westdeutschland jener Zeit bietet erst recht keine Chancen, wie ihm sein Freund Max Barth (1896–1970) in aller Deutlichkeit mitteilt: »Was Du Dir denkst: Angriff usw[.], wäre kaum unterzubringen. Wir sind in einer Epoche der Rückverfallenheit in Spießbürgertum, Pfaffentum, Bigotterie [Frömmelei, Scheinheiligkeit]« (Brief v. 10.4.1952, PWA).

Analytische Literatur

Gegen diese Tendenzen hält Peter Weiss in den 1950er Jahren an der emanzipativen Funktion der Kunst fest und verteidigt die »analytische Literatur« mit ihrem gesellschaftskritischen und antiautoritären Potential. Öffentlich u. a. zur Zeit der Arbeit an der zweiten Fassung, im April 1953 auf dem schwedischen Schriftstellerkongress in Sigtuna unweit von Stockholm (wo 1964 die *Gruppe 47* ihr Treffen hatte). Dort verwahrt er sich nicht nur gegen religiöse Tendenzen und einen weltabgewandten Ästhetizismus, dem Kunst Selbstzweck und bloßes Formenspiel ist, sondern auch gegen die Rückkehr zu einer Oberflächenbeschreibung der ›äußeren Wirklichkeit‹ im »Zeichen des Naturalismus«. Er will nicht »mit poetischen Fiktionen«, sondern mit »dem Material des eigenen Bluts, der eigenen Nerven« arbeiten und beharrt auf einer Literatur, die sich mit »der Fäulnis im Gesellschaftsmuster und den Formen des Zusammenlebens«, mit »den zentralen und brenzligen Konflikten unserer Zeit« befasst. Das mache die Erkenntnisse der Psychoanalyse »unumgänglich«. Er sieht sie als Bollwerk gegen autoritäre Verhaltensmuster und als Garant eines Daseins, das nicht von »Totemfiguren belastet« ist (»Avskriven psykologi …«). »Totemfiguren« oder »-bilder« ist in allen *Abschied*-Varianten auch die Bezeichnung für die Eltern (s. Schmolke, S. 488 ff. u. S. 682 ff.).

Funktion der Psychoanalyse

Diese Haltung bringt eine zunehmende Hinwendung zu gesellschaftlichen Themen mit sich, die dann besonders nach seiner identitätsstiftenden Anerkennung in den 1960er Jahren durchbricht. Das zeichnet sich tendenziell auch in *Abschied* ab, deutlicher aber schon 1956 in *Die Situation* und in seinen (unwillkommenen) Dokumentarfilmen, deren erster im selben Jahr entsteht. Auch 1960, während der Umarbeitung von *Abschied*, dreht Weiss einen Dokumentarfilm über ein Kopenhagener Neubauviertel, wobei er das *Kopenhagener Journal* führt.

Da hatte sich seine Lage bereits entspannt, was sich auf Niederschrift und Umarbeitung von *Abschied* auswirkt. Am 24. 11. 1960 notiert er ins *Kopenhagener Journal* über die Stadien seiner Auseinandersetzung mit Kindheit und Eltern:

Auseinandersetzung mit Kindheit und Eltern

> »Die Aussagen [...] waren bestimmt von der jeweiligen gegenwärtigen Lage. Die frühsten Ansätze [...] hatten romantische Prägung. [...] Später kamen Versuche, die grundlegenden Erlebnisse in eine fantastisch-poetische Sfäre zu versetzen. Dann kamen, mit dem Prozess einer Psychoanalyse, starke emotionale Kräfte mit ins Spiel, und grosse Abschnitte standen unter dem Zeichen des Hasses und des gewaltsamen Ausbrechens.« (S. 119)

Das Romantische und die Erhebung in eine »fantastisch-poetische Sfäre« zielen auf die Texte der 1930er und 1940er Jahre. Die emotionalen Kräfte im »Zeichen des Hasses« beziehen sich auf die Vorgänger von *Abschied*, die im Zuge der Analyse von 1950/52 entstanden. Aus Traumnotaten und Notizen erhellt indessen nicht nur, dass solche Emotionen einem erdrückenden Ohnmachtsgefühl entsprangen, sondern auch, dass ihm gerade die Psychoanalyse bei der Bearbeitung des Hasses geholfen hat. Das zeigt sich u. a. darin, dass selbst dieser den Instanzen galt. Schon zur Zeit der ersten Fassung hält Weiss fest, dass sich sein »gewaltiger Hass« gegen »die Mutter als *Institution*, nicht gegen sie als Menschen«, die Aufruhrgefühle »gegen den Vater als *Instanz* [...], aber nicht gegen ihn als Menschen« richten (*Höst 50*, S. 45 u. 44; kursiv hier).

Institution der Mutter, Instanz des Vaters

Er musste sich schon 1950 immer wieder selbst zu »rücksichtslosen Angriffen« anstacheln (Traumnotat v. 28. 10. 1950). Dabei blieb es aber offenbar; denn auch in den Varianten ist insgesamt wenig von Hass oder Angriffen auszumachen. Es gibt nur zwei bis drei wenig erbauliche Familienszenen (Frühstück, Spaziergänge am Sonntag und Weihnachtsabend), und in der zweiten Version spricht der Erzähler einmal ausdrücklich von seinem ohnmächtigen Hass. Gleichwohl hebt Weiss *Abschied* auf Grund der zuvor nie erreichten Differenziertheit zu Recht von den Vorgängern ab.

Auch in *Abschied* ist der Vater eine auf Befehl von »unbekannten höheren Mächten« handelnde »züchtigende[] Instanz« (vgl.

74.25; 75.22–23). In einem Brief an eine Schulklasse schreibt Weiss, es komme ihm in *Abschied* darauf an, »das Verhältnis zwischen dem Jugendlichen und den Instanzen der Eltern zu einer Klärung zu bringen«. Dabei verweist er auf das Überpersönliche: Vieles könne »auch von andern nachvollzogen werden«, und auf die gesellschaftlichen und historischen Zusammenhänge: *Abschied* zeige ein »bestimmtes (bürgerliches) Milieu« und eine »ganz bestimmte Epoche« (Brief v. 15. 5. 1980 an Regina Heilmann u. Mitschüler, PWA).

Verhalten der Eltern

Dass gesellschaftliche und Rollenzwänge das Verhalten der Eltern bestimmen, wird bereits in den früheren Versionen thematisiert; in *Abschied* jedoch wurden die Reflexionen über die Verhaltensursachen und das Verhältnis zu den Eltern erweitert, was sich auch auf die Textstruktur auswirkt. Früher chronologisch und unkommentiert präsentierte Episoden aus der Bremer Zeit sind jetzt, der Chronologie entrückt, als Beispiele in die Überlegungen des Erzählers eingebettet (v. a. im Übergang Berlin–London). Hinzu kommt, dass die Erinnerung auch über die Struktur erstmals als subjektive vorgestellt und somit relativiert ist. Doch deutet der Ich-Erzähler auch eine Änderung in seiner Haltung an, indem er Hass und Angriff in die Vergangenheit rückt. In der zweiten Variante ertönte noch die Warnung aus dem Traum vom 24. 10. 1950: »Hüte dich vor dem Versöhnlichen«; er glaubte da, eine versöhnliche Haltung und rationale Erklärungsversuche: die »logischen Uebersichten« über die schwere Situation der Eltern, hinderten ihn, »ein einziges wahres Wort niederzuschreiben« (*Abwechselnd*, S. 39). In *Abschied* gilt das Verständnis ihrer Situation umgekehrt als »Blick in die Freiheit« (70.2), der ihm erst ermöglicht, das Verhältnis, wie es im Brief heißt, zu »einer Klärung zu bringen«. Das schlägt sich gerade dort nieder, wo das Ich in der zweiten Version seinen Hass herausschreit: nach der Erinnerung an Hausaufgaben und Klavierüben mit der Mutter. In *Abschied* folgt keine Anstachelung zur Unversöhnlichkeit, sondern im Gegenteil die mitfühlende Erinnerung an die Leiden der Mutter als Erklärung für ihr Verhalten (s. Erl. zu 71.5–6).

Deutungsansätze in Feuilleton und Forschung – Wirkung

Abschied von den Eltern wurde nicht nur zu einem der Hauptwerke, sondern auch zu einem der größten Erfolge von Peter Weiss (Beise, S. 210). Schon am 24. 11. 1961 schreibt er an Unseld, er habe sich sehr über »die Presseaufnahme des ›Abschied‹ gefreut« (*Unseld – Weiss: Briefwechsel*, S. 132). Tatsächlich war das Medienecho fast einhellig wohlwollend. Das Buch wurde auch in der britischen *Times* und in schwedischen Zeitungen und Zeitschriften besprochen. Die amerikanische Übersetzung erschien dann bereits 1962, die schwedische 1963 unter dem Titel *Diagnos* (*Diagnose*), zusammen mit acht in einer separaten Mappe beigefügten Collagen von Peter Weiss. Sie weckte in der schwedischen Presse eine durchgehend positive Resonanz; man wertete die Rückkehr zur Muttersprache als Befreiung für den Autor und als Ergebnis eines Reifungsprozesses (Kurt Aspelin in *AB* und Åke Janzon in *SD*). 1964 wurde die französische Übersetzung von *Abschied* und *Fluchtpunkt* in einem Band publiziert. Es gab u. a. eine Rezension in der einflussreichen, von Jean-Paul Sartre (1905–80) herausgegebenen Zeitschrift *Les Temps Modernes*. Übersetzungen ins Dänische, Niederländische, Italienische, Finnische, Spanische, Serbokroatische, Polnische, Tschechische und Japanische folgten noch innerhalb eines Jahrzehnts, 1987 kam auch eine hebräische Übersetzung heraus. Auch die erste DDR-Ausgabe erschien bereits 1966 (zusammen mit *Fluchtpunkt* in einem Band). Die Collagen der schwedischen Übersetzung waren deutschsprachigen Lesern erst ab 1980 in einer integrierten Ausgabe zugänglich. Zunächst in einem großformatigen Sonderband: einem Blockbuch im Leporellodruck in limitierter Auflage von 1000 nummerierten Exemplaren teils bei Suhrkamp, teils als Lizenzausgabe für die DDR bei Reclam in Leipzig mit einem Nachwort von Christa Grimm; im selben Jahr dann auch – verkleinert – im Band Nr. 700 der Bibliothek Suhrkamp, der mehrmals neu aufgelegt wurde.

Übersetzungen

DDR-Ausgabe

Sprache und Stil

Fast alle Rezensenten bewundern die sprachlichen und stilisti-

Horst Bienek

schen Qualitäten. Heinz Albers spricht im NDR von der »ungewöhnlichen Meisterung der Sprache«, Horst Bienek (1930–90) im Deutschlandfunk von »sprachlicher Artistik«, Günter Dallmann vom »Wortmagier« (Albers, S. 1; Bienek, S. 5; Dallmann, S. 341). Manchen erscheint die Sprache als befreiendes Beschwören. K.A. Horst zufolge bannt sie das Vergangene im zwingenden »Rhythmus des Beschwörers« (Horst, S. 897), in einem laut Albers »fast magische[n] Beschwörungsakt der Vergangenheit« (S. 2): einem »exorcism of the past« (*Times*).

Einfühlung und Distanz

Dabei heben Deutsche wie Schweden hervor, dass Weiss das für solch eine befreiende (Herauf-)Beschwörung erforderliche Zusammenspiel von identifikatorischer Einfühlung und analytisch distanziertem Blick geglückt sei. »Schlafwandlerische Partien«, so Horst, »wechseln ab mit jäher Bewußtseinshelle« (Horst, S. 896), die Sprache gebe, so Werner Weber, »Bild und Bericht«, sei »Gedicht und wieder bare No[t]iz«, womit Weiss die notwendige Umsicht und Distanz wahre (*Die Zeit*). – Eine wechselseitige Durchdringung, die auch das Verhältnis von Gegenwart und Vergangenheit betrifft: Manfred Peter Hein liest das Buch als Dokument, worin sich ein Ich »von atemberaubender Unmittelbarkeit des Daseins zu ätzender Reflexion gegen eine Vergangenheit abgrenzt, die bedrängende Gegenwart ist« (SFB-Ms., S. 1), und auch Åke Janzon betont diese »Ganzheitsperspektive«: Der Leser erlebe die mit überwältigender Konkretion wiedererschaffene Vergangenheit aus nächster Nähe und sei sich doch stets der Gegenwart bewusst, von welcher der Verfasser ausgeht (*SD*). Leif Nylén schließlich erkennt im Widerspiel von quälender Nähe und perspektivierender Distanz o. g. befreiende Vorwärtsbewegung: den »stufenweise sich einstellenden Lichtblick, die Reife und relative Freiheit, worin der Roman trotz allem gipfelt« (*ST*).

Übereinstimmung von Form und Inhalt

Mit dieser Durchgestaltung sei Weiss die ideale Übereinstimmung von Form und Inhalt gelungen: Das Buch, schreibt Inge Meidinger-Geise im *EZ*, fessle jeden, der »saubere dichterische sprachliche Leistung und Form in Entsprechung zum Inhalt sucht«, und nach Georges Ammann entspricht Weiss' Stil »ganz der Form und Absicht seiner Jugendgeschichte« (*Tagesanzeiger*).

Auf Grund dieser angemessenen Formgebung akzeptieren viele Rezensenten auch die Darstellung dessen, was sie selbst als anrüchig empfinden. In Westdeutschland ist es das Sexuelle: Die »stilistischen Mittel« seien »ungewöhnlich differenziert« und erlaubten Weiss, »Gewagtes in die [...] Darstellung seines Lebens aufzunehmen, ohne allzu sehr zu schockieren« (*Aachener Nachrichten* [Sign. Pr.]). In Schweden ist es die Egozentrik, die man v. a. wegen der gelungenen künstlerischen Form und des Repräsentativen toleriert (Gull-Britt Carlsson, Åke Janzon). Vieles, so Leif Zern in *UNT*, wirkte überladen oder geradezu lächerlich, wäre da nicht durchgehend eine formende Hand gewesen, die jedes Wort »rein und klar, aber gewichtig« fallenließ. Man bescheinigt damit der publizierten Fassung das genaue Gegenteil zu der »Rohform«, die Peter Suhrkamp in der zweiten Version sah.

Keine Verurteilung der Eltern

Dank dieser feinsinnig durchgearbeiteten Struktur kommt es auch, wie ebenfalls mehrfach bemerkt wird, zu keiner Verurteilung der Eltern: Da der Erzähler bei aller Anteilnahme »über der Sache« stehe; entstehe der Eindruck, dass »hier nicht abgeurteilt, sondern eine schmerzlich erfahrene Vergangenheit in ihren Tatbeständen abgetastet und auf der Suche nach der Wahrheit gestaltet wird« (M.P. Hein im SFB; Ms., S. 4). Ebenso heißt es in der *Times*: »The writer does not moralize.« Und Heinz Ludwig Arnold wird noch 1976 schreiben, dass Weiss in *Abschied* »auch die Eltern in ihr Recht setzt« (*Die Tat*), wie auch Christa Grimm 1980 auf des Erzählers »Mitleid und Verständnis« hinweist, das die Eltern als »Betroffene« und Gefangene ihrer standesbedingten Normen erfasse (Nachwort zur Leipziger Ausgabe, S. 28), nachdem der Bruder des Autors in dem Buch schon 1963 »Peter Weiss' Weg zur Versöhnung« erkannt hatte. Freilich erst den Weg: den Versuch (Alexander Weiss 1963).

Doppelbödigkeit in der Darstellung

Als ein wichtiges Verfahren zur Gestaltung der Wechselbeziehung zwischen Ich, Eltern und Umwelt machen mehrere Rezensenten die Doppelbödigkeit in der Darstellung aus, in der sich Innen und Außen durchdringen. »Peter Weiss«, schreibt W. Weber in der *Zeit*, »erzählt einen Innenraum und einen Außenraum, doch nicht den einen vom anderen geschieden; vielmehr liegt hierin die Kunst, daß bei der genauen Nennung von Verhältnissen und Stoffen der Sinnenwelt, bei der Auswahl unter Begegnungen und Ereignissen die Seele durch Sache und Tatbestand zum Reden kommt«. Auch L. Zern weist in *UNT* darauf hin, dass sich infolge der erzählerischen Distanz, »die jede Episode vergrößert und ihr eine symbolische Deutlichkeit verleiht«, die realistische Anschaulichkeit durchgehend verwandle: in »etwas, das sich über den Realismus erhebt«. Zern erinnert dieses Verfahren an den expressionistischen Film, Heinz Schöffler im *ELB* an den »magischen Realismus«, andere an die Psychoanalyse (Meidinger-Geise, *EZ*, und *AN*).

Karl Krolow

Daher wird auch wiederholt auf die überindividuelle Geltung der Erzählung verwiesen. Für Karl Krolow (1915–99) bekommt die Beschäftigung mit den eigenen Schwierigkeiten »durch die Überschärfe des erinnernden Blicks plötzlich etwas überindividuell Verbindliches. Es ist Leiden am Dasein« (*DZ*). H. Eichberg zufolge hat Weiss mit »dieser autobiographischen Erzählung [...] ein Modell geschaffen, das vielen Lesern Erinnerungen aus der eigenen Entwicklung wachrufen wird« (*Der Allgäuer*).

Gesellschaftliche und historische Zusammenhänge

Damit sind auch die gesellschaftlichen und historischen Zusammenhänge angesprochen. Die *Times* bemerkt in dieser »story of an upper-middleclass childhood« die Wechselbeziehung zwischen Sexual- und Sozialverhalten und beider gesellschaftliche Bedingtheit: »Indeed, one is aware of a vital connexion between the narrator's sexual and social behaviour, as between every aspect of his private life and the history of a whole era«: ein »enge[r] Konnex«, den später auch Manfred Haiduk deutlich hervorheben wird (Haiduk 1977, S. 26). Simone Pissarro findet in dem Ich-Erzähler einen Freund, mit dem man während der Lektüre »viel geteilt hat«; von der Individualpsychologie hebe sich der gemeinsame Hintergrund einer ganzen Generation ab (Pissarro, S. 1344). Auch Humbert Fink liest die Erzählung als Zeitdokument. Weiss entwerfe »mit wenigen Strichen ein Bild der verworrenen Zeit, die schließlich in den Nationalsozialismus münden musste« (*SZ*).

Die Erzählung als Zeitdokument

Psychoanalyse und Gesellschaftskritik

Den Zusammenhang von Psychoanalyse und Gesellschaftskritik hebt am deutlichsten Bo Holmberg in *DN* hervor. Dabei zieht er die Verbindung zu Hermann Hesse (1877–1962). Weder *Ab-*

schied noch *Der Steppenwolf* seien denkbar ohne Freud und die Psychoanalyse. Aber wo Hesse aufhört, mache Weiss weiter; denn dieser erfasse durch das Porträt der Eltern die autoritäre Persönlichkeit, welche die Voraussetzung für die autoritäre Gesellschaft ausmache. Schon Gösta Ågren hatte in *ND* auf den Zusammenhang von Weiss' privaten Ausbruchsqualen und dem Nazismus hingewiesen.

Literarische Traditionen

Literarische Traditionen machen mehrere Kritiker aus. Auch Alex Esser bezeichnet den Ich-Erzähler in *Abschied* als »moderne Variante von Hermann Hesses Steppenwolf-Individuum« (*KP*). Per Drougge stellt *Abschied* und *Fluchtpunkt* in eine Linie mit Hesse und Henry Miller. Letzterer mache sich v. a. bemerkbar in der Aufrichtigkeit, der rauschhaften Inspiration und der Egozentrik, die von Weiss' »Glauben an den Individualismus« untermauert sei (*GHT*). Leif Zern zieht die Verbindung zu Kafka und dem Surrealismus.

Traditionen in Thematik und Genre

Dass hier Erzählen »mit Kafkas Feder neu gewagt« sei, empfindet auch I. Meidinger-Geise und berührt damit die Frage nach den Traditionen in Thematik und Genre, die sich mit ihr viele Rezensenten stellen. Alle kommen zu dem Schluss, dass Peter Weiss Traditionelles auf eigene Weise abwandle. »Die moderne Spannung dieser [...] Prosa«, schreibt Meidinger-Geise, »ergibt sich durch ihre alten thematischen Wurzeln, die nicht zuletzt mit den Namen *Rilke* und *Kafka* bezeichnet werden können und aus denen doch das unverbrüchlich Eigene von Peter Weiß [sic!] wächst – eine Lust am Exakten, dessen Konturen ins Zwielichtige ausgreifen« (kursiv hier).

Gösta Ågren nennt das Buch in *ND* »selbstbiographisch, oder eher selbstanalytisch«, in der Ehrlichkeit vergleichbar Jean-Jacques Rousseaus (1712–78) *Bekenntnissen*. Für Georges Ammann beweist die Erzählung, »daß sich auch mit althergebrachten Mitteln eine ungewöhnliche, höchst aktuelle und durchaus moderne Autobiographie schreiben läßt« (*Tagesanzeiger*). Zum

Autobiographie

Genre der *Autobiographie* heißt es mehrmals übereinstimmend, es handle sich um »keine Selbstbiographie im gewöhnlichen Sinne« (Leif Zern, *UNT*; Nils A. Bengtsson in *SDS*, für den der Text eher eine »Selbstdiagnose« ist).

Selbstdiagnose

Simone Pissarro betrachtet *Abschied* wegen der glänzenden Beherrschung der literarischen und psychoanalytischen Mittel vor allem als das Werk eines Romanciers (Pissarro, S. 1344), und nach Kurt Aspelin kann man das Buch psychoanalytisch oder als klassischen Bildungsroman lesen, doch verhalte sich Weiss »bewundernswert frei« gegenüber den Traditionen, innerhalb deren er arbeitet (*AB*). Christa Grimm hält die Bezeichnung »Entwicklungs-«, »Künstlerroman« und »Familienchronik« für gleichermaßen angebracht (a. a.O., S. 28), während das Buch für Mats Balgård aus allen literarischen Klassifikationsmustern herausfällt (*VK*).

Bildungsroman

Der Pressespiegel gibt die *vier Lesarten* wieder, die Juliane Kuhn für *Abschied* und *Fluchtpunkt* ausmacht (und die nicht alle einander ausschließen): als Bekenntnisse (Trad. Augustinus' *Confessiones*), als Entwicklungs- oder Bildungsroman, als moderne literarische Niederschläge der Psychoanalyse oder als Darstellung von Allgemeingültigem und Typischem (Kuhn, S. 87).

Vier Lesarten

Auch in der Forschung wurde das Zusammenspiel von Anknüpfung an und Distanznahme von literarischen Gattungen bemerkt. Andrea Lamberty zufolge zitiert Weiss nur die Genres des Bildungsromans und der Lebensbeichte, ohne ihren traditionellen Sinn – die gelungene gesellschaftliche Integration bzw. die Darstellung der Klärung von Lebenskrisen – zu erfüllen (Lamberty, S. 69 f.). Zuvor hatte schon Jochen Vogt auf das Unterlaufen des traditionellen Formtypus der Autobiographie und die daraus resultierende Aufwertung der Erinnerung und analytischen Reflexion hingewiesen (Vogt, S. 71 ff.).

Ob man *Abschied* als Autobiographie lesen mag, hängt vom zugrunde gelegten Genreverständnis ab, das sich in den letzten Jahrzehnten verändert hat (einen genauen Überblick darüber gibt Martina Wagner-Egelhaaf). Für Manfred Schneider z. B. sind moderne Autobiographien »Selbstoffenbarungen, die die Subjekte unerkennbar machen« (Schneider, S. 38). Wagner-Egelhaaf zufolge hat sich die Autobiographie »vom historischen Dokument zum literarischen Kunstwerk« gewandelt (Wagner-Egelhaaf, S. 41). Michaela Holdenried, die ebenfalls den Wandel »von der Zweckform über die literarisierte Zweckform zur literarischen Form« und die »Bewegung hin zur Fiktionalisierung« erkennt (Holdenried 1991b, S. 1), hebt das Innovative von *Abschied* hervor: »Mit und seit Peter Weiss hat sich der moderne autobiographische Roman als dominierender Typus innerhalb der deutschsprachigen Autobiographik etabliert«; diese zeige »in absoluter Verkehrung der Gewißheiten klassischer Autobiographie« die »problematischer gewordenen Ich-Welt-Beziehungen und die zunehmende Infragestellung gelingender Individualisierung« (Holdenried 1991a, S. 155). Dem schließt sich Karl Heinz Götze an: »Weiss schreibt sich nicht einfach bruchlos ein in eine Gattungstradition, sondern er begründet sie neu« (Götze 1996, S. 135).

Kein Tatsachenbericht

Auf keinen Fall aber ist hier Autobiographie mit Tatsachenbericht zu verwechseln. Wie so viele Rezensenten lobt Eichberg die »rückhaltlose[] Offenheit« und »unerschrockene[] Aufrichtigkeit« des Autors (*Der Allgäuer*). Doch diese radikale Ehrlichkeit bedeutet nicht etwa detaillierte ›Faktentreue‹. Noch 1992 muss Beat Mazenauer tadeln, dass sich der »Wunsch«, *Abschied* »autobiographisch, d. h. im Sinne von Tatsachenberichten über die nur spärlich dokumentierte Kindheit und Jugendzeit des Autors zu lesen, [...] hartnäckig in der Weiss-Forschung« hält (Vorwort zu Peter Weiss: *Briefe*, S. 5). Dabei hatte Weiss selbst schon 1968 in einem Brief an Helmut Lüttmann erklärt, dass das autobiographische Material »frei bearbeitet und auch mit viel ›Erfundenem‹ durchsetzt« ist (Matthias Richter, S. 54). Und am 15.5.1980 schreibt er im o. g. Brief an die Schulklasse von der »Wechselwirkung [...] zwischen dem Selbsterlebten und dem Erfundenen«.

Identitätskonstruktion

Jürgen Schutte stellt deshalb klar, dass »die autobiographischen Texte von Peter Weiss [...] in hohem Maße literarische Konstruktionen sind«, in denen »Identität entworfen und nicht einfach Leben abgebildet wird« (Schutte 1997, S. 334). Auch Götze erkennt in *Abschied* einen »Akt der Selbst-Schöpfung«, eine »Genese, gewonnen aus dem Tohuwabohu [Durcheinander] eines Daseins, das in verschiedenste Richtungen ausstrahlte« (Götze 1996, S. 137). Autobiographisch wäre dann *Abschied* insofern, als der Autor hierin nicht bloßes Formenspiel betreibt, sondern in einem Akt der Selbstvergewisserung mit literarischen Mitteln Identität entwirft und seine Vergangenheit, insbesondere seine innere Entwicklung, im Hinblick auf diesen Entwurf und aus der augenblicklichen Erinnerungssituation heraus deutet. Weiss selbst betont die situative Abhängigkeit dieser Deutung; und er war sich der Kluft zwischen schreibendem und beschriebenem Ich stets bewusst (s. *Notizbücher* 1960/71, S. 44 ff. und 96 f.).

Spannung zw. autobiographischem Stoff u. künstlerischer Form

Die Spannung zwischen autobiographischem Stoff und künstlerischer Form durchzieht auch die Forschung, die meistens eine der beiden Seiten vernachlässigt. Der Stoff hat oft zu einer – vorwiegend punktuellen – Spurensuche im Leben des Autors veranlasst: die Bremer Wohnsitze (Götze 1988), Max Barth (Müssener), die Mutter (Eldh), das Jüdische und die Exilerfahrung (Heidelberger-Leonard und Kuhn). Weiss' Verhältnis zu Hesse und seine Tessiner Zeit untersuchen Matthias Richter und Beat Mazenauer, der außerdem auf die Beziehung zu den in allen Fassungen verschwiegenen Freunden Robert Jungk und Hermann Levin Goldschmidt sowie auf die Zeit in Alingsås eingeht.

Psychoanalytischer Ansatz

Einen weiteren und starken Strang in der Forschung macht der psychoanalytische Ansatz aus. Bahnbrechend war hier Karl Heinz Götze, der in *Abschied* eine »Selbstdeutung im Paradigma [Muster] der Psychoanalyse« erkennt und den ersten längeren autobiographischen Text in der deutschen Literatur, der wesentlich unter dem Einfluss der Psychoanalyse entstand (Götze 1995, S. 75, u. 1996, S. 147). In der *Poetik des Abgrunds*, einem zentralen Text der Forschung, untersucht er *Abschied* im Rahmen weiterer Prosawerke von Weiss, auch deren Verhältnis zur literarischen Moderne und unter besonderer Berücksichtigung des Motivs von Aufstieg und Fall. Psychoanalytisch bleibt er der klassischen Schule nach Freud verpflichtet und konzentriert sich auf die ödipale Grundsituation, zieht dabei aber neben Freuds Text vom Wolfsmann u. a. auch E.T.A. Hoffmanns (1776–1822) *Sandmann* in Freuds Deutung heran: eine Spur, die auch Axel Dunker verfolgt. Christof Hamann greift den psychoanalytischen Ansatz ideologiekritisch auf und zeigt neben der im Text vollzogenen Selbstbefreiung die damit einhergehende Selbstinszenierung: Die Psychoanalyse soll das ›Ich‹ befreien, aber der Entwurf dieses ›Ichs‹ ist selbst der Psychoanalyse und dem Surrealismus geschuldet, ebenso wie die »Thronposition«, von der aus Kritik geübt wird. Auch Sverker Ek liest *Abschied* nicht nur auf der Folie von Freuds Trieb-Theorie, sondern sieht in der darin gezeichneten schmerzhaften Mutterfixierung eine anhaltende Trennungsangst, die gepaart ist mit einer ebenso starken Über-Ich-Angst. Nanfang Wu versteht Weiss' Leben und Schaffen als ständige Suche nach Identität unter ständiger Drohung des Identitätsverlustes, erkennt ebenfalls die Bedeutung des frühkindlichen Trennungsschocks und sieht in der Spannung zwischen dem Gefühl des Ausgestoßen-Seins und dem Wunsch nach Einheit, Zugehörigkeit und Bindung die Kraftquelle von Peter Weiss' Schreiben.

Politisches Engagement

Unter dem Gesichtspunkt von Weiss' Weg ins politische Engagement untersuchen den Text Karl Heinz Bohrer (im Vergleich mit den Dramen und bei Konzentration auf das Tortur-Motiv) und Irene Heidelberger-Leonard (die *Abschied*, *Fluchtpunkt* und die *ÄdW* vergleicht), besonders einlässlich aber Franz Rieping. Er legt den Zusammenhang von Selbstreflexion und Engagement in Weiss' Werk frei und zeigt die zunehmende Verschiebung vom Identifikatorischen zum Reflexiven in Kunstrezeption und -produktion. Da *Abschied* am Anfang dieser Entwicklung stehe, wertet er das Buch gegen Lamberty und Heidelberger-Leonard als ersten engagierten Text von Peter Weiss.

Textstruktur

Aber in nahezu allen genannten Arbeiten wird die Textstruktur nicht oder wenig berücksichtigt und der Ich-Erzähler zumeist kaum vom Autor unterschieden. Letzteres gilt auch für fast alle Monographien (z. B. Vogt oder Cohen); erst Arnd Beise hat 2002 eine nach Gattungen geordnete Werkmonographie herausgegeben, welche die Texte für sich sprechen lässt. Textanalysen (v. a. Motive, sprachliche Bilder, Stil, Erinnerung, Textstruktur und Personenkonstellationen) finden sich in größerem Umfang bei Lüttmann, der ersten eingehenden Untersuchung von *Abschied* im Rahmen von Weiss' Prosa, und bei Florian Radvan; komprimierter bei Lamberty, teilweise bei Holdenried (1991b, im Vergleich mit K. Ph. Moritz' *Anton Reiser* bei Konzentration auf Veränderungen im Erinnerungsverfahren und den erzählerischen Selbstbezug), und, mit Hinblick auf die Zeitstruktur und Erzählperspektive, bei Tanja van Hoorn (im Vergleich mit M. Duras' *Liebhaber*). All diese Untersuchungen bleiben indessen vorwiegend textimmanent. Unter dem Gesichtspunkt der Intertextualität, Gattungsspezifik und Sprachkritik hat Nils Göbel die beiden Bände *Abschied* und *Fluchtpunkt* untersucht (2007).

Vergleich der Fassungen

Sämtliche genannten Arbeiten stützen sich nur auf die publizierte Version. Einen Vergleich mit den früheren Fassungen hat zum ersten Mal punktuell Jürgen Schutte durchgeführt (1997). Alle Versionen als ganze sind in der 2006 erschienenen Studie von Axel Schmolke berücksichtigt, in der die Ergebnisse einer detaillierten Strukturanalyse die Folie abgeben für den Vergleich mit den früheren Texten und der Biographie.

Literaturdidaktik

Von der Literaturdidaktik, so Florian Radvan, wurde *Abschied* lange »recht stiefmütterlich behandelt« (Radvan, S. 16): eine Lücke, die er 2003 mit seinem Buch ein gutes Stück weit geschlossen hat (dem ausführlichen Interpretationsteil sind Unterrichtshilfen mit Material beigefügt). Dabei wird *Abschied* in Schulen eifrig gelesen. Im PWA liegen mehrere *Abschied* betreffende Briefe von Schüler/inne/n und Schulklassen. Außerdem sind in mehreren Schullesebüchern Auszüge abgedruckt: das Sitzenbleiben und der Tod des Vaters (s. Caspers, Hebel). Wie Arnd Beise bemerkt, ist *Abschied* »(zumindest auszugsweise) ein Lesebuchklassiker geworden« (Beise, S. 9).

Auch ein ›Lehrer‹ von Peter Weiss war von dem Buch sehr angetan: Hermann Hesse, der nur die Schilderung der Sexualhemmung als störend empfand (Hesse, *GW*, Bd. 12, S. 567f.). Peter Weiss hat aber selbst andere Autoren beeinflusst. Georges-Arthur Goldschmidt (*1928) z. B. hat sich beim Schreiben seiner autobiographischen Texte erklärtermaßen an ihm orientiert, und nach eigener Aussage wäre er ohne die Lektüre von *Abschied* vielleicht nie zum eigenen Schreiben gelangt (Goldschmidt, S. 21; ein Vergleich von Goldschmidts *Die Absonderung* und Weiss' *Abschied* bei Martin Rector 1995).

Weiss' Einfluss auf andere Autoren

Überhaupt war *Abschied* nicht nur innovativ, sondern auch Vorläufer; ist doch mit Götze daran zu erinnern, dass die autobiographische Erzählung im deutschen Literaturbetrieb zu Beginn der 1960er Jahre »ein randständiges Genre« war. Das wird infolge der Flut autobiographisch geprägter Literatur seit den 1970ern leicht vergessen (Götze 1996, S. 135). Seitdem aber ist das Interesse am Thema Erwachsen-Werden, Beziehung Ich-Eltern und auch Tod der Eltern bei Autoren wie Lesern nicht erlahmt. Dies belegen – stellvertretend für viele – *Die Reise* (1977) von Bernward Vesper (1938–71), *Der Schleiftrog* (1977) und *Um Leben und Tod* (1997) von Hermann Kinder (*1944), *Suchbild. Über meinen Vater* (1980) und *Suchbild. Meine Mutter* (2002) von Christoph Meckel (*1935), *Von allem Anfang an* (1997) von Christoph Hein (*1944), *Der Verlorene* (1998) von Hans-Ulrich Treichel (*1952), *Luftfische* (2000) von Anke Velmeke (*1963), *Muttersterben* (2002) von Michael Lentz (*1964), *Abschied* (2003) von Sabine Peters (*1961) oder – vor dem Hintergrund des Holocaust – *So sind wir* (2005) von Gila Lustiger (*1963) sowie – vor dem Hintergrund des Zweiten Weltkriegs – *Bildnis der Mutter als junge Frau* (2006) von Friedrich Christian Delius (*1943).

Literaturhinweise

Ia Zitierte unpublizierte Texte von Peter Weiss

»... auch nur das Gefühl«, undat. [*1950], PWA, Sign. 2282.
»En glasdörr ...« [1. **Fassung**], *1951/52, PWA, Sign. 1898.
»Abwechselnd lag...« (*Journal einer Jugend*) [2. **Fassung**], 1953/54, PWA, Sign. 1755.
»Ich bin am 8. November 1916 ...«, 1956, Sign. 2301.
Abschied von den Eltern, Typoskript, 1959/60, PWA, Sign. 1669.

Ib Zitierte publizierte Texte von Peter Weiss

Briefe an Hermann Levin Goldschmidt und Robert Jungk 1938–1980, hg. u. komm. v. Beat Mazenauer, Leipzig 1992.
»2 Briefe an die Eltern vom Dezember 1938«, in: *Peter-Weiss-Jahrbuch* 5/1996, S. 7–18.
»Screw oder dreizehn Londoner Tage«, hg. u. komm. v. Martin Rector, in: *Peter-Weiss-Jahrbuch* 2/1993, S. 9–20.
Von Insel zu Insel, Übs. H. Gimmler, Berlin 1984.
»Början«, in: *Biografbladet* 2/1947 (28. Jg.), S. 93–97.
Die Besiegten, Übs. B. Mazenauer, Frankfurt/M. 1985.
»Füreinander sind wir Chiffren«. Das Pariser Manuskript, hg., übs. u. komm. v. Axel Schmolke, Berlin 2008.
»Gröna gatan«, in: *Aftonbladet/Kultur*, Nr. 5, 10. 10. 1991, S. 6f.
Das Duell, Übs. J.C. Görsch, Frankfurt/M. [6]1988.
»Avskriven psykologi flyktförsök i panik«, in: *Expressen*, 15.4.1953.
Die Situation, Übs. W. Ankersen, Frankfurt/M. [2]2000.
Das Kopenhagener Journal. Kritische Ausgabe, hg. v. Rainer Gerlach u. Jürgen Schutte, Göttingen 2006.
Abschied von den Eltern, 1.–3. Tsd., Frankfurt/M. 1961.
Abschied von den Eltern, Frankfurt/M. [26]2003 (es 85).
Abschied von den Eltern. Fluchtpunkt, Berlin/DDR 1966.
Abschied von den Eltern, Erzählung mit acht Collagen im Text sowie einer separaten, vom Autor signierten Collage, ungebundenes Blockbuch im Leporellodruck, mit Auszügen aus dem Gespräch von Peter Weiss mit Peter Roos, einmalige nummerierte Ausgabe in 1000 Exemplaren, Frankfurt/M. 1980.
Abschied von den Eltern, Erzählung mit acht Collagen im Text sowie einer separaten, vom Autor signierten Collage, ungebundenes Blockbuch im Leporellodruck, mit einem Nachwort von Christa Grimm, Teil der nummerierten Ausgabe in 1000 Exemplaren, Leipzig 1980.
Abschied von den Eltern, mit acht Collagen von Peter Weiss, Frankfurt/M. [7]2001 (BS 700).
Fluchtpunkt, Frankfurt/M. [15]1998 (es 125).

»Gegen die Gesetze der Normalität«, in: *Rapporte*, Frankfurt/M. ³1991, S. 72–82.
Stücke, Bd. 1, Frankfurt/M. ⁵1988.
Rekonvaleszenz, Frankfurt/M. 1991.
Die Ästhetik des Widerstands, 3 Bde.: Band I, Frankfurt/M. ¹²1984; Band II, Frankfurt/M. ⁸1984; Band III, Frankfurt/M. ²1982.
Notizbücher 1960–1971, 2 Bde., Frankfurt/M. 1982.
Notizbücher 1971–1980, 2 Bde., Frankfurt/M. ⁴1987.
Die Notizbücher. Kritische Gesamtausgabe, hg. v. Jürgen Schutte in Zus.arbeit mit Wiebke Amthor u. Jenny Willner, 1 CD-ROM, Berlin 2006.
Siegfried Unseld – Peter Weiss: Der Briefwechsel, hg. v. Rainer Gerlach, Frankfurt/M. 2007.

IIa Renzensionen zu »Abschied«

Aachener Nachrichten [*AN*], 26.7.1961, »Bericht einer Kindheit« [Sign. Pr.].
Ågren, Gösta, »Bekännelse och frigörelse«, in: *Ny Dag* [*ND*], 30.9.1963.
Albers, Heinz, »Peter Weiss: Abschied von den Eltern«, in: *Das Buch meiner Wahl*, Norddeutscher Rundfunk [NDR], 5.6.1961 (Ms. PWA).
Ammann, Georges, »Von der Unbehaustheit des Menschen«, in: *Tagesanzeiger für Stadt und Kanton Zürich*, 6.10.1961.
Arnold, Heinz Ludwig, »Abschied von den Eltern?«, in: *Die Tat*, 27.2.1976.
Aspelin, Kurt, »Återkomst ur exilen«, in: *Aftonbladet* [*AB*], 9.9.1963.
Nils A. Bengtsson, »Självdiagnos«, in: *Sydsvenska Dagbladet* [*SDS*], 15.10.1963.
Bienek, Horst, »Peter Weiss: Abschied von den Eltern« *Literarisches Atelier*, Deutschlandfunk, 28.10.1962 (Ms. PWA).
Carlsson, Gull-Britt, »Diagnos av det förflutna«, in: *Ny Tid* [*NT*], 4.10.1963.
Dallmann, Günter, »Peter Weiss' ›Abschied von den Eltern‹«, in: *Moderna språk* 56/3 (1962), S. 339–342.
Drougge, Per, »Författaren som ung stäppvarg«, in: *Göteborgs Handels- och Sjöjfartstidning* [*GHT*], 5.9.1963.
Eichberg, H., »Abschied von den Eltern«, in: *Der Allgäuer*, 22.8.1961.
Esser, Alex, »Emigration undan en verklighet«, in: *Kvällsposten* [*KP*], 12.6.1962.
Fink, Humbert, »Leben in Sprache verwandelt«, in: *Süddeutsche Zeitung* [*SZ*], 21./22.10.1961.
Hein, Manfred Peter, »Peter Weiss: Abschied von den Eltern«, in: *Literarische Umschau*, Sender Freies Berlin [SFB], 12.7.1961 (Ms. PWA).
Holmberg, Bo, »Avsked från föräldrarna«, in: *Dagens Nyheter* [*DN*], 6.8.1973.

Horst, Karl August, »Schatten und Körper«, in: *Merkur* 9/1961 (15. Jg.), S. 895–897.
Janzon, Åke, »Farväl till det förgångna«, in: *Svenska Dagbladet* [*SD*], 6.9.1963.
Krolow, Karl, »Isolierte Existenz«, in: *Deutsche Zeitung* [*DZ*], 29.4.1961.
Meidinger-Geise, Inge, »Bewältigte Einsamkeit«, in: *Echo der Zeit* [*EZ*], 13.8.1961.
Nylén, Leif, »Illustration till en kris«, in: *Stockholms-Tidningen* [*ST*], 24.9.1963.
Pissarro, Simone, »Point de fuite, roman de *Peter Weiss*«, in: *Les Temps Modernes*, Nr. 224, Januar 1965, S. 1341–1344.
Schöffler, Heinz, »Peter Weiss: Abschied von den Eltern«, in: *Evangelischer Literaturbeobachter* [*ELB*], September 1961, S. 863.
The Times Literary Supplement, 13.10.1961, »Exorcism of the Past«.
Balgård, Mats, »Naken ungdomsvånda«, in: *Västerbottens Kurir* [*VK*], 4.10.1963.
Weber, Werner, »Zur Prosa von Peter Weiss«, in: *Die Zeit*, 1.9.1961.
Weiss, Alexander, »Peter Weiss' väg till försoning«, in: *Horisont* 1/1963 (10. Jg.), S. 34–37.
Zern, Leif, »Peter Weiss: ›Diagnos‹«, in: *Upsala Nya Tidning* [*UNT*], 5.9.1963.

IIb Literatur zu »Abschied« und Peter Weiss

Beise, Arnd, *Peter Weiss*, Stuttgart 2002.
Bohrer, Karl Heinz, »Die Tortur – Peter Weiss' Weg ins Engagement«, in: Gerlach, Rainer (Hg.), *Peter Weiss*, Frankfurt/M. 1984, S. 182–207.
Cohen, Robert, *Peter Weiss in seiner Zeit*, Stuttgart/Weimar 1992.
Dunker, Axel, »Es war der Sandmann der da kam«, in: *Protokolle* 1/1994, S. 113–120.
Ek, Sverker, »På spaning efter ett eget liv«, in: Weiss, Peter, *Landskapen i drömmarna*, Hedemora 1991, S. 7–76.
Eldh, Åsa, *The Mother in the Work and Life of Peter Weiss*, New York 1990.
Gerlach, Rainer (Hg.), *Peter Weiss*, Frankfurt/M. 1984.
– /Richter, Matthias (Hg.), *Peter Weiss im Gespräch*, Frankfurt/M. 1986.
Göbel, Nils, *»Wir können keine Form erfinden, die nicht in uns vorhanden ist«*, Marburg 2007.
Goldschmidt, Georges-Arthur, »Die Bedeutung einer Lektüre«, in: *Peter-Weiss-Jahrbuch* 8/1999, S. 21–33.
Götze, Karl Heinz, »Der Ort der frühen Bilder«, in: Höller, Hans (Hg.), *Hinter jedem Wort die Gefahr des Verstummens*, Stuttgart 1988, S. 173–196.
–, *Poetik des Abgrunds und Kunst des Widerstands*, Opladen 1995.
–, »Peter Weiss, *Abschied von den Eltern*«, in: *Interpretationen. Erzählungen des 20. Jahrhunderts*, Bd. 2, Stuttgart 1996, S. 134–152.

Haiduk, Manfred, *Der Dramatiker Peter Weiss*, Berlin/DDR ²1977.
Haiduk, Manfred, *Peter Weiss im englischen Exil* (unpubl. Typoskr., PWA, Sammlung Haiduk).
Hamann, Christof, »Subjektinszenierung und Ideologiekritik«, in: ders./Bay, Hansjörg: *Ideologie nach ihrem ›Ende‹*, Opladen 1995, S. 294–316.
Heidelberger-Leonard, Irene, »*Abschied von den Eltern*, *Fluchtpunkt*, *Die Ästhetik des Widerstands* – eine autobiographische Trilogie?«, in: Int. Peter-Weiss-Gesellschaft (Hg.), *Ästhetik, Revolte und Widerstand im Werk von Peter Weiss* (Ergänzungsband), Luzern/Mannenberg 1990, S. 39–46.
–, »Jüdisches Bewußtsein im Werk von Peter Weiss«, in: Hofmann, Michael (Hg.), *Literatur, Ästhetik, Geschichte*, St. Ingbert 1992, S. 49–64.
Holdenried, Michaela, »Mitteilungen eines Fremden«, in: Palmstierna-Weiss, Gunilla/Schutte, Jürgen (Hg.): *Peter Weiss. Leben und Werk*, Frankfurt/M. 1991, S. 155–173 [1991a].
Klint, Le, »Erinnerungen an Peter Weiss«, übs. u. eingel. v. Chr. Grimm u. J. E. Mogensen, in: *Peter-Weiss-Jahrbuch* 9/2000, S. 166–182.
Kuhn, Juliane, »*Wir setzen unser Exil fort*«, St. Ingbert 1995.
Lamberty, Andrea, »Peter Weiss: Abschied von den Eltern«, in: Kaiser, Herbert/Köpf, Gerhard (Hg.): *Erzählen, Erinnern*, Frankfurt/M. 1992, S. 69–86.
Lüttmann, Helmut, *Die Prosawerke von Peter Weiss*, Hamburg 1972.
Mazenauer, Beat: »Konstruktion und Wirklichkeit«, in: *Peter-Weiss-Jahrbuch* 2/1993, S. 41–50.
Müssener, Helmut, »Max Barth alias Max B. alias Max Bernsdorf«, in: *Germanistische Beiträge*. Gert Mellbourn zum 60. Geburtstag, Stockholm 1972, S. 199–219.
Radvan, Florian, *Peter Weiss: Abschied von den Eltern*, München 2003 (Oldenbourg Interpretationen, Bd. 45).
Rector, Martin, »Frühe Absonderung, später Abschied«, in: *Peter Weiss-Jahrbuch* 4/1995, S. 122–139.
Richter, Dieter, »›Mucki war mein frühestes Abbild …‹. Über eine Kindheitserinnerung von Peter Weiss«, in: Doppler, Bernhard (Hg.): *Kindheit – Kinderlektüre*, Wien 1984, S. 185–190
Richter, Matthias, »›Bis zum heutigen Tag habe ich Ihre Bücher bei mir getragen‹«, in: Gerlach, R. (Hg.), *Peter Weiss*, Frankfurt/M. ²1984, S. 32–56.
Rieping, Franz: *Reflexives Engagement*, Frankfurt/Bern/New York/Paris 1991.
Schmolke, Axel, »*Das fortwährende Wirken von einer Situation zur andern*«, St. Ingbert 2006.
Schutte, Jürgen, »›Die Kindheit ist nicht mehr vorhanden‹«, in: von der Lühe, Irmela/Runge, Anita (Hg.), *Wechsel der Orte*. Festschr. für A. Bennholdt-Thomsen, Göttingen 1997, S. 334–345.

Spielmann, Peter (Hg.), *Der Maler Peter Weiss*. Katalog der Ausstellung in Bochum 1980, Neuauflage Berlin 1982.
van Hoorn, Tanja, »Peter Weiss' ›Abschied von den Eltern‹ und Marguerite Duras' ›Der Liebhaber‹«, in: *Peter-Weiss-Jahrbuch* 10/2001, S. 75–102.
Vogt, Jochen, *Peter Weiss*, Reinbek 1987.
Wu, Nanfang, *Auf der Suche nach Identität*, Hamburg 1999.

III Übrige zitierte Literatur

Barth, Max, *Flucht in die Welt*, Waldkirch 1986.
Caspers, Harald (Hg.), *Begegnungen*, Lesebuch für Gymnasien, Bd. 5, Hannover ³1969.
Hebel, Franz (Hg.), *Lesen, Darstellen, Begreifen*, Ausg. A, 7. Schuljahr, Frankfurt/M. 1991.
Henschen, Helga, *Åren med Peter*, Värnamo 1991.
Hesse, Hermann, *Gesammelte Werke*, 12 Bde., Frankfurt/M. 1975.
–, *Kindheit des Zauberers*, handgeschrieben, illustriert u. mit einer Nachbemerkung versehen von Peter Weiss, Frankfurt/M. 1976.
Holdenried, Michaela, *Im Spiegel ein anderer*, Heidelberg 1991 [1991b].
Kiener, Petra, »Peter Kien nicht vergessen!«, in: *Peter-Weiss-Jahrbuch* 5/1996, S. 19–36.
Richter, Hans, *Köpfe und Hinterköpfe*, Zürich 1967.
Schneider, Manfred, *Die erkaltete Herzensschrift*, München 1986.
Wagner-Egelhaaf, Martina, *Autobiographie*, Stuttgart ²2005.
Weiss, Alexander, *Bericht aus der Klinik und andere Fragmente*, Übs. W. Butt u. L. Fischer, Frankfurt/M. 1978.
Weiss-Eklund, Irene, »Frieda Weiss, née Hummel – ›A Life‹«, in: Eldh, Åsa, *The Mother in the Work and Life of Peter Weiss*, New York 1990, S. 163–190.
–, *Auf der Suche nach einer Heimat*, Bern/München/Wien 2001.

Wort- und Sacherläuterungen

Aufruhr und Unterwerfung: Bis zur Umbruchkorrektur stand hier »Aufruhr und Resignation«. 9.3

Portalfiguren: Der Wortgebrauch ist hier beeinflusst vom Schwed., wo »portalfigur« häufig im übertragenen Sinne verwendet wird als Bezeichnung für eine Person, die auf einem bestimmten Gebiet eine entscheidende Rolle (ge)spielt (hat). 9.4

fast gleichzeitigen Tod: Frieda Franziska Weiss, geb. am 17.5.1885 in Basel, starb am 11.12.1958 während eines Kuraufenthalts in Bad Oeynhausen (Westfalen). Eugen (Jenö) Weiss, geb. am 6.11.1885 in Nagy Emöke unweit von Nitra (Neutra) – damals Österreich-Ungarn, heute Slowakei –, starb am 1.3.1959 auf einer Geschäftsreise in Gent. 9.5

Er begab sich [...] nach Belgien: Der Gesundheitszustand der Eltern, v. a. der Mutter, hatte sich in den 1950er Jahren zunehmend verschlechtert. Teure Kuraufenthalte, aber auch ein aufwendiger Lebensstil hatten dazu geführt, dass sie zum geschilderten Zeitpunkt »ganz einfach pleite« waren (Weiss-Eklund 2001, S. 143). Eugen Weiss hatte deshalb einen Beratervertrag mit einem belg. Textilunternehmen abgeschlossen. Nachdem er wegen der Kur und des Tods seiner Frau seinen Verpflichtungen zunächst nicht hatte nachkommen können, war er in der zweiten Februarhälfte 1959 trotz seines angegriffenen Zustands zur Reise gezwungen (s. Weiss-Eklund 2001, S. 142ff.; Eldh, S. 187f.). 9.18–19

Als ich [...] gelandet war: Peter Weiss war nicht allein in Belgien, sondern zusammen mit seinem Schwager Gunnar Eklund (1909–95). 9.23–25

im Elternhaus: Das Haus »Lillgården« (»das Höflein«) im westschwed. Alingsås nahe Göteborg, wohin die Eltern Ende 1938 geflohen waren. Hier baute Eugen Weiss eine Textilfabrik auf, die er bis zu ihrer Schließung 1954/55 leitete. 12.31

Stiefbrüder [...] Bruder [...] Schwester und ihr Mann: *Die Stiefbrüder*: Frieda Weiss' Söhne aus erster Ehe mit Ernst Thierbach (1867–1945): Arwed Thierbach (1905–91), Kaufmann, verh. mit Annemarie, geb. Rommel (1905–94), und Hans Thier- 12.32–33 bach (1907–77), u. a. Buchhändler und Bibliothekar, verh. mit Leni, geb. Stuckenbrock (1910–70). Beide waren in Deutschland geblieben; Arwed hatte allerdings laut Irene Weiss-Eklund mit seiner Frau nach dem 2. Weltkrieg einige Jahre in Schweden gewohnt und in Eugen Weiss' Firma gearbeitet (Eldh, S. 187). – *Der Bruder*: Der Schriftsteller Gerhard Alexander Weiss (1924–87), damals verheiratet mit Gunne Oloffson (*1923). Eine Auswahl seiner Texte, darunter eine gekürzte Version des autobiographischen *Fragment*, ist in dt. Übs. unter dem Titel *Bericht aus der Klinik* erschienen. – *Die Schwester*: Irene (*21.9.1920), Tanztherapeutin, und Gunnar Eklund (1909–95). Die Haushaltsauflösung und die Spannungen beschreibt auch sie (Weiss-Eklund 2001, S. 145–154).

13.8–9 **Standuhr [...] getickt**: Frieda Weiss, geb. Hummel, stammte aus einer alten Uhrmacherfamilie (s. a. die Standuhr auf der ersten Collage mit der Mutter-Figur in der Ausgabe der Bibliothek Suhrkamp). Ihre Mutter Hedwig Hettig kam aus Furtwangen im Schwarzwald, ihr Vater Gustav Hummel aus Eningen bei Reutlingen auf der Schwäbischen Alb. Er hatte zeitweilig eine Uhrenfabrikation in Basel, wo Frieda und ihre fünf Schwestern geboren sind, bis die Familie 1898 nach Straßburg zog (A. Weiss 1978, S. 10; Weiss-Eklund 2001, S. 7 f.; Eldh, S. 163 f.). Peter Weiss ist zwischen tickenden Uhren aufgewachsen (vgl. a. den Uhren-Abschnitt in *Von Insel zu Insel*, S. 27 f.). Auch im Haus in Alingsås tickten überall Uhren, worauf er mitunter überempfindlich reagierte (Henschen, S. 123).

14.19–20 **abwechselnd [...] in den Garten**: Die beiden früheren Fassungen beginnen erst hier.

14.33 **ein schönes Leben**: Im Fragment zu einer Neufassung von 1956 beschreibt Weiss den Zusammenhang genauer: »Ehe wir in das Haus in der Grünenstrasse in Bremen zogen verbrachten wir eine Zeit in Galizien wo mein Vater als Etappenoffizier tätig war. Dort beugten sich die Bauernfrauen über den Kinderwagen in dem ich lag und schäkerten mit mir und brachten uns Butter und Gänse und ich sagte, was hab ich für ein schöns Leben, was hab ich für ein schöns Leben, ein Echo von den Worten der Eltern, was hast du für ein schönes Leben, wohlverwahrt in deinen Kissen« (»Ich bin am 8. November 1916 ...«, PWA, S. 2). Er hat die

Passage später in *Fluchtpunkt* verarbeitet (S. 9). Die Familie Weiss hielt sich, unter Beibehaltung der Wohnung in Babelsberg (s. Erl. zu 15,5), von April 1917 bis kurz vor Ende des 1. Weltkriegs in Przemysl (Galizien) auf. Die Zeit dort wird in den früheren Varianten kurz erwähnt; eingehender erzählt Irene davon (Eldh, S. 174 ff.).

wilden Kesselschlägen: Urspr.: »wilden Trommeln«. Mit der Änderung hat Weiss die Beziehung zu den »Kesselschlägen« beim Aufbruch am Schluss gezielt hergestellt. 15.4

Am Rand eines Teichs: Anspielung auf die Ammenmärchen von der Herkunft der Kinder, aber auch auf die Geburt Moses, und damit auf die jüd. Herkunft des Ich-Erzählers (s. 2.Mose 2, 3–10). Deutlich sind die motivischen und bildlichen Verknüpfungen zu den Wiedergeburten aus den Seen im Tessin und in Schweden. Das Beziehungsgeflecht wurde in *Abschied* verstärkt durch die ›Entwirklichung‹ in der Beschreibung. In der ersten Version wird die Geburt noch gar nicht erwähnt; in der zweiten und im o. g. Fragment ist der ›Empfang‹ realistischer und breiter geschildert, auch die Ammenmärchen in der zweiten Fassung sind ausdrücklich als Erzählungen ausgewiesen. Peter Weiss wurde am 8. 11. 1916 in Nowawes, nunmehr Babelsberg (Stadtteil von Potsdam), geboren. Das Geburtshaus in der Berliner Straße 146 steht noch. Im Fragment von 1956 heißt es u. a.: »Als ich [g]eboren wurde bewohnten meine Eltern ein Haus in Neu-Babelsberg. [...] Auf dem Balkon des Hauses standen meine beiden Stiefbrüder Hans und Arwed«; es folgt die Beschwörung mit Topfdeckeln (»Ich bin am ...«, S. 1). In der Fassung von 1953/54 ist die Geburt ähnlich beschrieben, aber ohne Namensnennungen; der ganze Abschnitt wurde später gestrichen (*Abwechselnd*, S. 3). 15.5

Porzellangefäß [...] und sie drückt: Das Bidet der Mutter, ein Sitzwaschbecken zur Reinigung des Unterleibs. Die Szene zeigt das Ich in der analen Phase zwischen dem zweiten und vierten Lebensjahr: nach Freud die zweite frühkindliche Entwicklungsstufe der Sexualität, in der sich der sexuelle Teiltrieb auf die Aftergegend richtet und Ausscheiden wie Zurückhalten der Exkremente vom Kind lustbetont erlebt werden. Die früheren Versionen betonen in diesem Zusammenhang die geforderte Leis- 15.27–30 tung: »Ich bin einer riesenhaften Forderung ausgesetzt. Mir ist als stände alle Welt versammelt in diesem Zimmer und erwarte eine einzigartige Leistung von mir« (*Abwechselnd*, S. 6). Aus dem Bezug auf die Parallelszene mit der Reinigung des Glieds über dem Bidet beim Pubertätsbeginn erhellt die Verknüpfung von lust- und lebensfeindlicher Leistungsideologie und sexueller Unterdrückung. – Zur Interpretation als Reaktion auf eine Liebesenttäuschung durch die Mutter s. Radvan, S. 53.

16.7–15 **ein Mann [...] im Garten hinab**: Die Novemberrevolution von 1918/19 (s. a. Weiss: *Notizbücher* 1971/80, Bd. 1, S. 426). Peter Weiss wohnte damals nicht in der Grünenstraße, nicht einmal in Bremen. Sein Vater war gegen Kriegsende in österr. Auftrag in die Hansestadt gekommen, um Einkäufe für die Armee zu tätigen. Bei Ausbruch der Revolution hatte er die Familie nach Babelsberg geschickt, von wo sie erst nach fast einjährigem Aufenthalt zurückkehrte. Nach der Rückkehr wohnte man zunächst in einer Pension, bis man um die Jahreswende 1919/20 die Wohnung in der Grünenstraße 23 beziehen konnte (Eldh, S. 178 f.). Doch kam es in Bremen noch zu weiteren Arbeiteraufständen bis Anfang der 1920er Jahre. Weiss sagt in einem Interview: »Auch die Nacherlebnisse der Zeit politischer Unruhen damals, bis in die Zwanziger, die sich doch über mehrere Jahre erstreckten, haben einen Grund gelegt für meine späteren politischen Reflexionen« (Spielmann, S. 11).

In den Schilderungen lässt sich eine zunehmende ›Politisierung‹ ausmachen (s. Schmolke, S. 288–306). In den früheren Versionen ist nicht ausgemacht, ob der Gejagte ein Revolutionär ist; die Straßenkämpfe toben erstmals in *Abschied*, und der Vorfall wurde hier offenbar vorverlegt, eventuell verschmelzen in der Beschreibung mehrere Zeitpunkte. Auch die Schreibweise weicht, entsprechend der Wahrnehmung eines Zweijährigen, stark von der vormals detaillierten realistischen Erzählung ab. Weiss rückt nun das Ereignis als Konzentrat der Epoche näher an seine Geburt und zeigt die Verstrickung der persönlichen Situation in die historische. In der Niederwerfung des gesellschaftlichen Aufruhrs spiegelt sich die eigene. In der *Ästhetik des Widerstands* (*ÄdW*) hat er die Geschichte abermals fortgeschrieben (Bd. 1, S. 99 ff.).

Wolfsfratze [...] Schlangenköpfchen: In den früheren Fassungen als wiederkehrende Traumbilder ausgewiesen: »In Träumen sehe ich dieses Gesicht in plötzlicher Verwandlung zur Wolfsfratze werden, die Brüste quellen über mich hin, doch wo eben noch Milchdrüsen waren züngeln jetzt Schlangenköpfe hervor« (*Abwechselnd*, S. 3). Zur Anspielung auf die Schöpfungsgeschichte und den Sündenfall s. Radvan, S. 28. 17.31–34

Auguste: Die Köchin von Frieda Weiss schon während deren erster Ehe. Als 18-Jährige wurde Frieda Hummel aus wirtschaftlichen Gründen zur Heirat mit dem vermögenden, 20 Jahre älteren Regierungsbaumeister Ernst Thierbach gezwungen. Die Ehe wurde 1912 geschieden. Frieda zog von Düsseldorf nach Babelsberg, zusammen mit ihren beiden Söhnen und Auguste, die noch über zwei Jahrzehnte bei ihr blieb (Weiss-Eklund 2001, S. 8f.; Eldh, S. 165f.). 18.9

Mutter auf sie einschrie: Ihre auch von anderen bezeugte Strenge gegenüber Hausmädchen, von denen es viele bei ihr kaum oder gar nicht aushielten, war Folge ihrer eigenen erzautoritären Erziehung: zu Hause, aber auch im Schweizer Internat, in das ihr Vater, auf gute Partien für seine Töchter bedacht, sie geschickt hatte, um sie anschließend im Luxushotel Kochen und peinlich genaue Haushaltsführung lernen zu lassen (Henschen, S. 129; Eldh, S. 164 u. 207). 18.16

Amboß: Hier: Arbeitsständer zur Schuhreparatur, der so genannte »Eisenfuß« (eig. Stahlblock zum Schmieden von Eisen). 20.4

Kristallkugel: Schusterkugel, eine mit Wasser gefüllte Glaskugel zum Sammeln und Konzentrieren der Strahlen einer dahinterstehenden Lichtquelle. 20.6

des Jahrmarkts: Der so genannte »Kleine Freimarkt« auf dem Grünenkamp bei der Grünenstraße. S. dazu P. Weiss, *Notizbücher* 1971/80, Bd. 1, S. 19ff. (Fotos) u. S. 425. 21.18

Berthold Merz: B.M., später Polizeiwachtmeister (gest. im Dezember 1998), war der vier Jahre ältere Freund aus der Kellerwohnung im Nachbarhaus. Diese wird in den früheren Versionen kurz erwähnt, besonders die Küche mit dem fahlen Licht, in der Bertholds Vater, Arbeiter, in Hemdsärmeln Zeitung liest: eines der Vorbilder für die Proletarierküchen in der *ÄdW*. Zu Wohnung, Grünenstraße und Umgebung s. a. Weiss, *Notizbücher* 1971/80, Bd. 1, S. 424ff. 23.34

24.11–12 **Vor einigen Jahren […] mit dem Haus**: Dieser Besuch der Marcusallee fand im Sommer 1947 statt, als Weiss im Auftrag von *Stockholms-Tidningen* das zerstörte Deutschland bereiste und die Artikel schrieb, auf denen z. T. sein Buch *Die Besiegten* basiert.

25.21 **Präsident**: Friederles Vater, Geheimrat Dr. Friedrich Carl, war Oberfinanzpräsident. Das von der Familie Weiss gemietete Haus Nr. 45 war sein Privathaus; er selbst wohnte nebenan im größeren Haus: seiner Dienstwohnung. Er war Elsässer, daher die Endung »-le« (-lein) für den Sohn. »Friederle« Carl, selber Jahrgang wie Peter Weiss, war am 15. 1. 1998 zusammen mit Tarmina Nebeltau und Berthold Merz in der von Radio Bremen produzierten und ausgestrahlten Rundfunksendung *Ein verlorener Sohn dieser Stadt* zu hören. Er hatte Peter aus dieser Zeit eher als fröhlichen und äußerst phantasievollen Jungen in Erinnerung, von dem die Anregungen zu den meisten Spielen ausgingen.

27.11 **Steg**: In Wirklichkeit eine gewölbte Steinbrücke, wie sie auf der Collage mit dem grabenden Jungen in der Ausgabe der Bibliothek Suhrkamp zu sehen ist (S. 21/22).

32.25 **küßt mich**: Tarmina Nebeltau, aus einer alteingesessenen Bremer Patrizierfamilie stammend und sechs Jahre jünger als Peter und Friederle, konnte sich in o. g. Sendung an keinen Kuss, kaum an Peter Weiss erinnern. Dem durch die Weiss-Literatur geisternden Irrtum zum Trotz ist sie *nicht* Friederles Schwester!

34.1–2 **Mein Großvater […] weißen Bart**: Hinweis auf die jüd. Herkunft väterlicherseits. Der Großvater Moshe Avraham, Getreidehändler, war in den 1890er Jahren nach Wien gezogen und Vertreter an der Getreidebörse geworden (Alexander Weiss 1978, S. 9).

34.3 **in jungen Jahren ins Geschäftsleben**: Nach dem Besuch der Wiener Exportakademie arbeitete Eugen Weiss in der Exportabteilung einer nordböhm. Spinnerei und Weberei, war mit 25 Verkaufschef in Wien, machte kurz vor dem 1. Weltkrieg eine Fahrt nach Südamerika (A. Weiss 1978, S. 10 f.).

34.18 **Schauspielerin**: S. a. *Fluchtpunkt*, S. 31. Sie wurde bald nach ihrer Scheidung 1912 vom legendären Regisseur Max Reinhardt (1873–1943) entdeckt und nach einem Jahr intensivem Schauspielunterricht ans Deutsche Theater engagiert. Unter ihren zahlreichen Verehrern war der Regisseur Fritz Murnau (1888–1931), der u. a. den in *Fluchtpunkt* (S. 31 u. 196) erwähnten Film *Tabu* gedreht hat (s. Weiss-Eklund 2001, S. 18 ff.; Eldh, S. 166 ff.; zur schwierigen sozialen Stellung der Schauspielerin in den 1910er und 1920er Jahren s. Radvan, S. 37f).

Hundepeitsche [...] den Kopf versetzte: Die Geschichte bestätigt Peter Weiss' erste Frau Helga Henschen (1917–2002), die sich auf Berichte von Irene stützt; nur dass sie von einem Stock schreibt (Henschen, S. 123 f.). Die Töchter: Louise, Emma, Frieda, Mathilde (Tilly), Sophie und Gertrude Hummel (Weiss-Eklund 2001, S. 8). 34.29–33

ein Brief [...] schrieb: Das Brief-Zitat war zunächst *kursiv* gesetzt. Den Brief gibt es (PWA), er ist hier nur gekürzt, und die Namen wurden getilgt. Die listige und hollywoodreife Rettung Jenös durch die Mutter mitsamt der Audienz bei der Kronprinzessin beschreibt Irene (Weiss-Eklund 2001, S. 9 f.; Eldh, S. 171; s. a. Peter Weiss in Spielmann, S. 12 f.). 35.22–23

Mythologie: Mythologie: Gesamtheit der Mythen. Mythos meint hier zunächst ganz einfach die Erhebung eines nur vom Hörensagen bekannten ›vorgeschichtlichen‹ Ereignisses in eine phantastische Sphäre, womit freilich auf persönlicher Ebene der Wesenskern auch der kollektiven Mythenbildung erfasst ist. Gleichzeitig markiert diese vorrationale Art der Weltaneignung als Teil des Rekonstruktionsversuchs der persönlichen Geschichte den Beginn des Bewusstseins um die eigene Geschichtlichkeit nach dem bloßen Ich-Empfinden in der Grünenstraße. 37.1–2

Doch abends: Die Nächte stehen in den Vorgängern am *Anfang* des Abschnitts über die Zeit in der Marcusallee. Die Anordnung der Tageszeiten nach dem Verlaufsschema eines Schulalltags erforderte die Umstellung. Gleichzeitig ist jetzt im Tagesablauf ein längerer Zeitraum eingefangen: Etwas »Unfaßbares« hat sich angebahnt. 38.21–22

meine Hände [...] hervorheben: Im Typoskript folgte urspr. der Satz: »Unter der Decke konnte ich mein Glied berühren, das war gefährlich, das Glied konnte abfallen« (S. 21). 38.25

Sandmann: Anspielung auf *Der Sandmann*, die erste Erzählung in der 1816/17 erschienenen Sammlung *Nachtstücke* von E.T.A. 40.1

Hoffmann (1776–1822). Die Figur wird in der Weiss-Forschung im Anschluss an Sigmund Freuds Aufsatz *Das Unheimliche* (1919) als Verkörperung der Kastrationsdrohung gedeutet (s. Dunker sowie Götze 1995, v. a. S. 52 ff. u. 75–81).

40.5 **Schreie eines ertrinkenden Kindes**: In der zweiten Version noch als Vergleich: »schrieen die Frösche wie ertrinkende Kinder« (*Abwechselnd*, S. 17 f.).

40.15–18 **nackten Jünglings [...] einer einsamen Berglandschaft**: Das 1855 entstandene Gemälde *Nackter Jüngling* (*Jeune homme nu*) des franz. Malers Hippolyte Flandrin (1809–1864). Allerdings sitzt da der Jüngling auf einer Klippe am Meer, auch im Hintergrund erhebt sich eine Klippe (die erinnerte »Berglandschaft«?).

40.19–23 **nackten Göttin [...] einer großen Muschel**: Das um 1485 verfertigte Gemälde *Die Geburt der Venus* von Sandro Botticelli (1445–1510). Die röm. Liebesgöttin Venus ist die griech. Aphrodite: die Schaumgeborene (gr. aphrós = Schaum und didónai = geben). Dem von Hesiod (ca. 740–670 v. Chr.) überlieferten Mythos zufolge entstand sie nach der Kastration des Uranos durch seinen Sohn Kronos aus dem Schaum (= Sperma), der sich im Umkreis des ins Meer geschleuderten Geschlechtsteils bildete. Sie stieg bei Paphos auf Zypern an Land.

Die drei Bilder – Jüngling, Aphrodite und Vater – zeigen die ödipale Situation zwischen Sohn und Eltern. Der Ödipus-Komplex als sexueller Wunsch gegenüber dem andersgeschlechtlichen Elternteil bei gleichzeitigem Todeswunsch gegenüber dem rivalisierenden Elternteil gleichen Geschlechts hält sich in der Regel zwischen dem dritten und sechsten Lebensjahr. Er geht – oft unvollständig – unter infolge des Kastrationskomplexes, der sich in der phallischen Phase zwischen dem vierten und sechsten Lebensjahr bildet. Die Angst vor der Strafe der Kastration erzwingt die Anerkennung der die Inzucht verbietenden Instanz: des Vaters. In dem hier geschilderten Entwicklungsstadium ist der Ödipus-Komplex bereits untergegangen, doch im Unbewussten »leben die ungestillten Wünsche weiter fort«. (42.4–5) und machen sich geltend in Horrorphantasien, Flugträumen, Nachtwandeln und der Flucht in die Krankheit. Götze sieht hier Anspielungen auf Freuds berühmte Fallstudie vom »Wolfsmann« (Götze 1995, S. 44–60 u. 75–81).

das Fliegen lernte: Vgl. den Flugtraum in der ausgeräumten Berliner Wohnung in der *AdW* I, S. 93 ff. 41.1

Malariakulturen: Malaria, auch Wechsel- oder Sumpffieber: tropische Infektionskrankheit mit in Abständen wiederkehrenden Fieberanfällen. 41.23–24

Fritz W: Wi(e)gand (beide Schreibungen bei Weiss) kannten die Eltern von der Zeit in der Bremer Pension. Auch Irene schreibt über ihn und das Erlebnis im Garten, das sie weniger befreiend empfand (Eldh, S. 178 f. u. 198). In allen Versionen stehen die beiden Episoden mit Fritz W. zusammen als Gegenbeispiele gegen eine rigide Sexual- und Leistungsmoral. Doch bereits im Traumprotokoll vom 25. 10. 1950 hatte sich Peter Weiss die Idealisierung eingestanden: 42.17

> »Die Illusion ist geblieben. Wie es hätte sein können. Wigand, der Profilierte, Überlegene, ist mein Vaterideal gewesen. Er rettete mich an dem Tag, an dem in meinem Schulzeugnis stand, daß ich sitzenblieb. Choräle singend war ich nach Hause gegangen, den Angsttränen nahe. Wigand war zu Hause. Genies sind immer schlecht in der Schule! rief er, und der Vater hatte keine Möglichkeit mehr, mich zu bestrafen.// Die Mißerfolge in meiner Arbeit in letzter Zeit haben vielleicht ein Gefühl des Sitzenbleibens in mir geweckt. Einen Wunsch nach einer Kraft wie Wigand.// Aber Wigand – ist nicht auch er eine Illusion? Wie ist es ihm ergangen? Seine Familie zerfallen, er selbst korrumpiert.« (Weiss, *»Füreinander sind wir Chiffren«*, S. 89)

In keiner Version findet sich diese kritisch distanzierte Betrachtungsweise. Aber in seiner Kindheit hat ihn Peter Weiss offenbar tatsächlich als Vaterideal empfunden.

Als meine Pubertät begann: Der hiermit zusammenfallende Umzug nach Berlin, in den früheren Versionen deutlich markiert, ist in *Abschied* gezielt verschleiert und wird erst später kaum merklich nachgereicht. Die Familie zog 1930 in die Preußenallee 42 in Berlin-Westend, eine große Achtzimmerwohnung im ersten Stock (Weiss-Eklund 2001, S. 15.). Da war Peter Weiss 13 Jahre alt. Im Unterschied zu den Vorgängern ist die Erzählung hier in der Hauptsache nach der inneren Zeit gegliedert. Dabei wurden drei Bremer Jahre, welche die Vorgänger noch 44.14–15 ausführlich erzählen, zumindest in Bezug auf die Außenwelt fast vollständig ausgespart. Nach der Marcusallee hatte die Familie Weiss noch zwei Wohnungen in der Bremer Innenstadt: Außer der Schleifmühle 27 (1927–29) und Horner Straße 127 (1929/30). Beide Häuser stehen noch. Bereits die zweite Version nennt nur noch die dritte Wohnung (ohne Adresse). Auch Peter Weiss' halbjährigen Aufenthalt bei der Schwester der Mutter: Emma Autenrieth in Tübingen im Jahr 1928 erwähnen beide Vorgänger (s. a. Spielmann, S. 12). Einzelne Erinnerungssplitter aus diesen drei Jahren gingen später in *Fluchtpunkt* ein. (Die Schilderung dieser drei Bremer Jahre in den früheren Fassungen ist abgedruckt bei Schmolke, S. 579–614.)

45.3–4 **als Resultat**: Die bis in die 1960er Jahre üblichen Drohungen mit angeblichen Folgen der Selbstbefriedigung.

48.5–6 **Hannibals Grab**: Eine Reproduktion des damals populären Bilds von Eugen Bracht (1842–1921) aus dem Jahr 1893. Der Hirte hütet da allerdings eine Herde *Ziegen*. Hannibal (247/46–183/82 v. Chr.), genialer Oberfeldherr aus Karthago (nahe dem heutigen Tunis), dem Erzfeind Roms, war berühmt wegen seiner Kriegselefanten und bereitete den Römern im 2. Punischen Krieg (218–201 v. Chr.) mehrere, 216. v. Chr. bei Cannae in Unteritalien die größte militärische Niederlage ihrer Geschichte, scheiterte aber schließlich z. T. wegen mangelnder Unterstützung aus Karthago und wurde 202 v. Chr. bei Zama in Nordafrika besiegt. Er floh zunächst zu Antiochos von Ephesos, dann zu Prusias von Bithynien (in der heutigen Türkei). Um einer Auslieferung an die Römer zu entgehen, vergiftete er sich 183 (182) v. Chr. in Libyssa am Marmarameer (heute Gebze, 50 km westl. von Izmit). Das Meer ist auf Brachts Bild zu sehen.

48.15 **die Stadt draußen**: Im Typoskript gestrichen wurde die »neue Stadt, die Stadt Berlin« (S. 28). Der Ortswechsel ist im Unterschied zu den Vorgängern kaum noch artikuliert, und erst lange nach seinem Stattfinden. In der zweiten Version spricht der Erzähler von der »neuen Stadt« (*Abwechselnd*, S. 58), in der ersten von Berlin (*En glasdörr*, S. 61 f. u. 87), doch beide Male zu *Beginn* der Berliner Zeit. In den Varianten steht die Passage von der »lethargischen Stunde« bis zur Auseinandersetzung mit der Mutter am Anfang der Berliner Zeit, *vor* der Bidet-Szene. Damit weisen die früheren Fassungen die ab der Bidet-Szene erzählten Ereignisse eindeutig der Zeit in Berlin zu.

eine utopische Metropole: Vielleicht beeinflusst von Fritz Langs 49.12
(1890–1976) berühmtem Stummfilm *Metropolis* (1926).

in die Handelsschule: Vom Heinrich-von-Kleist-Gymnasium in 49.31–32
Berlin-Schmargendorf wechselte Peter Weiss 1933 in Rackows Handelsschule über.

Alle Stadien meiner Entwicklung: Der hier beginnende Litera- 53.5
turdurchgang ist in der zweiten Fassung nach Böhmen verlegt und mündet in die Hesse-Lektüre aus. Zwei wichtige Autoren, die Weiss seiner späteren Aussage nach zwischen 1931 und 1933 in Berlin gelesen hat: Thomas Mann (1875–1955) und Bertolt Brecht (1898–1956), führt er *nicht* an (Spielmann, S. 16). Fast alle genannten Buchtitel waren im Umbruch noch *kursiv* gesetzt.

Mucki: *Mucki. Eine Wunderliche Weltreise*, das 1905 erschie- 53.8
nene Bilderbuch des österr. Zeichners und Bilderbuchillustrators Arpad Schmidhammer (1857–1921). Dieter Richter zeigt den scharfen Kontrast zwischen Weiss' Lesart bzw. Erinnerung und Schmidhammers Mucki. Dieser ist eine klägliche Figur: ein lächerlicher kleiner Prahlhans und Gernegroß, dem das Prahlen in unfreiwilligen Abenteuern ausgetrieben wird. Die Moral von der Geschicht' ist gerade, dass sich der Abschied von den Eltern rächt und nur die Rückkehr ins traute Heim aus der Kette der erlittenen Verfolgungen erlöst. Weiss dagegen entdeckt in der Geschichte v. a. die Erfahrung von Schrecken und Gefahr. Mucki als »Abbild« meint Identifizierung mit einem verborgenen unterdrückten Wunsch- und Gegen-Ich. So wird Mucki in Weiss' selektiver Wahrnehmung, die wenige Einzelheiten zu einem ganz neuen Bild zusammenfügt, ein »aggressives, böses, abenteuerndes Wunsch-Ich des Kindes« (D. Richter, S. 190).

Der Struwwelpeter: 1845 erschienenes Kinderbuch des Frank- 53.19–20
furter Arztes und Schriftstellers Heinrich Hoffmann (1809–1894). Die den Ich-Erzähler faszinierenden Bilder stammen von Hoffmann selbst. Bis in die 1960er Jahre gab es in fast jeder dt. Familie ein Exemplar des *Struwwelpeter*, der ein Musterbeispiel für die so genannte »schwarze Pädagogik« ist.

bösen, traurigen Märchen: Die *Kinder- und Hausmärchen* der 54.10

Brüder Grimm gab es damals in jedem gutbürgerlichen Haushalt, und sie wurden viel vorgelesen. Die Familie Weiss besaß eine Ausgabe mit Xylographien (Holzdrucken), die Peter sehr beeindruckten (Spielmann, S. 18).

54.34–55.1 **Muhme Lenelies [...] mit sich riß**: Muhme: urspr. Bez. für Tante, dann auch für ältere Frau. In der Kornmuhme verkörpert sich ein alter Aberglaube an einen Korndämon in Form eines das Korn bewachenden hexenhaften Weibleins, das Kinder anlockt und auf schauerliche Weise zu Tode bringt. Woher Weiss den Namen hat, ist unklar; Florian Radvan vermutet eine lokale Variante (Radvan, S. 80 f.). Nun gibt es aber auch eine Kinderbuch-Figur dieses Namens: Muhme Lenelies aus den humorvollen Dorfkinder-Geschichten von Josephine Siebe (1870–1941). Die einst sehr beliebten *Oberheudorfer Buben- und Mädelgeschichten* (1908) und ihre Fortsetzungen (1912 u. 1914) erschienen bis in die 1950er Jahre in zahlreichen Neuauflagen. Nur hätte ›sich‹ bei einer unbewussten Verknüpfung mit der Figur dieselbe Umdeutung vollzogen wie im Fall Muckis; denn Siebes Muhme Lenelies ist das genaue Gegenteil zur Hexe in *Abschied*. Ihr schiefes, aber behagliches Häuschen am Stadtrand ist Zuflucht der Kinder, die sie auch gerne Geschichten erzählen hören. Als Trägerin der Idylle, die in Siebes zum Harmonisieren und Sentimentalen neigenden Büchern gepflegt wird, steht sie somit für alles, was das Ich in *Abschied* als beklemmend unheimlich empfindet: für eine Schreckgestalt.

55.16 **Falada**: Aus Grimms Märchen *Die Gänsemagd*. Zu der auch hier bei Herauslösung weniger Einzelmomente erfolgten Umdeutung zur Mutter als Kontrollinstanz s. Radvan, S. 82 f.

56.2–3 **Illustrationen in altmeisterlicher Manier**: Der ersten Version zufolge (vermutlich) von Alfred Rethel (1816–1859).

56.16 **eine Schere**: Vgl. S. 53.25–26 die »aufklaffende Schere« im *Struwwelpeter*, »die noch anderes abschneiden wollte«. Die Zeichnung von 1924/25 ist erhalten (Spielmann, S. 96). Vgl. außerdem die Schere des ›perfekten Angestellten‹ im Londoner Kaufhaus.

56.32 **Ben Hur**: Historischer Roman aus der Zeit Christi von dem Amerikaner Lewis Wallace (1827–1905), erschienen 1880 (dt. Übs. 1887), mehrmals verfilmt.

Fremdenlegionär: Angehöriger der Fremdenlegion (Légion étrangère), einer 1831 zum Einsatz in den Kolonialgebieten gebildeten, hauptsächlich aus ausländischen Berufssoldaten bestehenden franz. Truppe. 57.2

Morgenrot, Morgenrot: Das Lied *Morgenrot, Morgenrot, leuchtest mir zum frühen Tod?* Text 1824 von Wilhelm Hauff (1802–27) nach einem schwäb. Volkslied; Musik von Friedrich Silcher (1789–1860), ebenfalls nach trad. Liedmaterial. 57.24

Rot [...] Idioten: *Rot und Schwarz*: 1830 erschienener Roman von Stendhal (eig. Marie Henri Beyle, 1783–1842) mit dem Untertitel »Chronik des 19. Jahrhunderts«. – *Hunger* (1890) und *Pan* (1894): Romane des Norwegers Knut Hamsun (1859–1952), ersterer z. T. autobiographisch. – *Der Idiot* (1868/69): Roman von Fjodor Dostojewski (1821–81). 57.35–58.1

Schiffbrüchigen des Pacific: Aus dem in den 1840er Jahren erschienenen Roman *Masterman Ready or the Wreck of the Pacific* des Engländers Frederick Marryat (1792–1848). Es gibt mehrere dt. Übs. mit unterschiedlichen Titeln, u. a. *Sigismund Rüstig oder Der Schiffbruch des Pacific* (bzw. ... *Der Untergang der Pacific*). 58.12–13

Die Dämonen [...] Inferno: *Die Dämonen* (1873), *Die Erniedrigten und Beleidigten* (1861) und *Aus einem Totenhaus* (1861/62): Romane von Dostojewski. – *Die Elixiere des Teufels* (1815/16): Roman von E.T.A. Hoffmann. – *Schwarze Fahnen* (1907) und *Inferno* (1897): Romane des Schweden August Strindberg (1849–1912). *Schwarze Fahnen* ist eine scharfe Gesellschaftssatire am Beispiel der führenden literarischen und kulturjournalistischen Cliquen im Schweden des beginnenden 20. Jh.s. In dem stark autobiographisch geprägten *Inferno* beschreibt Strindberg eine schwere persönlichen Krise, die er 1894–96 durchgemacht hat: die so genannte »Infernokrise«. Peter Weiss, der Strindberg sehr schätzte, hielt am 27. 5. 1962 eine Rede zur Strindberg-Feier im Berliner Schiller-Theater (»Gegen die Gesetze der Normalität«). Er hat auch drei Dramen Strindbergs übersetzt: *Der Vater*, *Fräulein Julie* und *Ein Traumspiel*. 58.27–29

Fugen [...] Symfonien: Musik. Gattungen. In der aus mehreren selbständigen und gegenläufigen (kontrapunktischen) Stimmen gebauten *Fuge* (lat. »Flucht«) wird ein Thema in allen Stimmen 59.1–2 beantwortet und mehrmals (variierend) durchgeführt. – Die *Symphonie* bzw. Sinfonie (griech. »Zusammenklang«) ist in ihrer klass. Form (Haydn, Mozart, Beethoven) ein viersätziges Orchesterstück. Dem ersten Satz in Sonatensatzform (mit zwei im Charakter gegensätzlichen Themen) folgen ein langsamer Satz, ein Menuett oder Scherzo und der Finalsatz in raschem Tempo.

59.27–60.2 **an Margits Bett [...] stöhnten**: Die Szene ist in den früheren Varianten eine *einmalige* und spielt sich bereits in der Bremer Zeit ab. Dort rührt der Ich-Erzähler die Schwester nicht mehr an, weil er von ihr erfährt, dass sein Bruder Alex ebenfalls intim mit ihr wurde. Weiss hatte diese Rivalität schon in *Der Turm* verarbeitet (*Stücke I*, S. 18). Wie auch immer es um den ›Wahrheitsgehalt‹ dieser Intimität bestellt sein mag, sicher ist, dass ihn der Gedanke daran wiederholt umgetrieben hat; im Traum vom 24. 10. 1950 bezeichnenderweise im Zusammenhang mit einem Aufruhr der Kinder gegen die Eltern (Weiss, *»Füreinander sind wir Chiffren«*, S. 83 ff.).

61.10 **die unendlichen Kolonnen**: NS-Aufmärsche und Machtübernahme Hitlers. Die folgende Erzählerreflexion zieht die Verbindung zum 1. Weltkrieg (»Zeit meiner Geburt«) und verweist auf die historischen Zusammenhänge, u. a. die ungebrochene Tradition des dt. Militarismus.

61.29–30 **meine Brüder [...] dabei**: Die Stiefbrüder, z. T. früh schon in paramilitärischen Jugendverbänden organisiert (s. *Notizbücher* 1971/80, Bd. 1, S. 425; *ÄdW* I, S. 105 f.), waren überzeugte Nazis, worüber sich Peter Weiss bereits im Dezember 1938 in einem Brief an seine Eltern empört: »Denn wer heute noch ehrlich u. überzeugt mitmachen kann ist in meinen Augen erledigt« (*Peter-Weiss-Jahrbuch* [*PWJB*] 5/1996, S. 14). Alexander schreibt: »Während wir im Exil in Schweden lebten, tat der eine bei der Wehrmacht Dienst, der andere war SS-Mann und diente in Görings Luftfahrtministerium« (A. Weiss 1978, S. 10).

61.32 **neuen, schrecklichen Kreuzzugs**: Kreuzzüge: Die im Mittelalter von der Kirche geförderten Kriegszüge zur Eroberung des Heiligen Landes (Palästina) aus den Händen der ›Heiden‹; hier im übertragenen Sinne eines im festen Glauben an eine heilige Mission geführten Feldzugs.

mein Vater Jude: Die Szene steht in sämtlichen Versionen. Seine jüd. Herkunft wurde den Kindern lange verschwiegen. Möglich, dass Peter vom Stiefbruder auf diese Weise eingeweiht wurde; offiziell erfuhren es die Kinder laut Irene erst während der Emigration im Sommer 1938. Es »traf uns Geschwister wie ein Schock« (Weiss-Eklund 2001, S. 51 f.). Für Eugen Weiss war Anpassung oberstes Gebot, und er trieb sie weit. Er wollte nichts mit Juden zu tun haben. Nachdem er seine Verlobung mit einer Jüdin Friedas wegen gelöst hatte, ließ er sich 1915 zwar mit Rücksicht auf seine streng gläubigen Eltern in einer Berliner Synagoge noch nach mosaischem Ritual mit Frieda trauen (Eldh, S. 174), konvertierte dann aber bald zum Protestantismus, was den Bruch mit seiner Familie nach sich zog. Von seinen Geschwistern und Vorfahren hat er seinen Kindern nie erzählt, und diese haben ihre Onkel, Tanten und Großeltern väterlicherseits nie kennengelernt (zu Jenös Vorfahren s. A. Weiss 1978, S. 7–10; I. Weiss-Eklund 2001, S. 51 f.; Spielmann, S. 12 f.). 62.30

starb Margit: Das Unglück geschah am 31.8.1934. Margit starb am 3.9., ohne das Bewusstsein wiedererlangt zu haben. Eine genaue Schilderung des Hergangs gibt Irene, die alles aus nächster Nähe miterlebt hat (Weiss-Eklund 2001, S. 26 f.). Ihrer Beschreibung zufolge hielt sich Eugen Weiss gerade in Schweden auf und musste telegrafisch benachrichtigt werden. Zur Literarisierung von Margits Tod s. Schmolke, S. 306–326. 63.13

la Cucaracha: »Die Kakerlake«: ein während der mexik. Revolution in den 1910er Jahren entstandenes Lied, das rasch populär und bald zum Schlager wurde. 63.35–64.1

erstes großes Bild: Ein Foto davon in Spielmann, S. 19. Mehr als früher ist in *Abschied* die Geburt des Künstlers mit Margits Tod zusammengebracht. Zur Zeit des Unglücks hatte Peter Weiss aber schon mindestens zwei Jahre Zeichen- und Malunterricht (Zeichenunterricht laut Irene seit März 1931; Weiss-Eklund 2001, S. 22), was die früheren Fassungen noch erwähnen, ebenso wie die Museums- und Konzertbesuche mit Uli und Dietrich (vgl. *Fluchtpunkt*, S. 10 ff.; Spielmann, S. 16 u. 18). 65.31

Das Erzähler-Ich verschweigt in *Abschied*, was es in den vorgängigen Versionen noch einbekennt: seine nachträgliche Verherrlichung einer ihm beinahe Unbekannten, und damit die Veränderung seines Verhältnisses zu ihr: »Ich erhob sie, von deren Leben ich nichts wusste, zu einer Heiligen.« Er spricht sogar von einem »Totenkult« (*Abwechselnd*, S. 78). Das bemerkt auch Irene: »Peter hatte als Einziges von uns Weiss-Geschwistern Margits dreitägigen Todeskampf miterlebt. [...] Das lebensfrohe Mädchen existierte nicht auf dieselbe Weise. Der Tod hatte sie in einen Mythos verwandelt, in eine Märchenfigur, eine Traumgestalt, aber auch in eine Inspirationsquelle« (Weiss-Eklund 2001, S. 28). Die nachträgliche Idealisierung und Mythisierung hat Weiss auch in außerliterarischem Zusammenhang zugegeben. Als »Bild der Liebe, diese etwas madonnenhaften Figuren« in seinen Bildern, habe ihn die Schwestergestalt bis nach Prag und Schweden begleitet (Spielmann, S. 21). Wie er in der zweiten Fassung schreibt: Sie wurde zum »Sinnbild des letzten verlorenen Wertes«, so, als wären mit ihr »alle Liebesmöglichkeiten zu Grabe gelegt worden« (*Abwechselnd*, S. 78). Hierin gründet z. T. das sich bis in die 1950er Jahre durch sein literarisches wie filmisches Werk ziehende Motiv der Erlösung verheißenden, sich aber entziehenden Frauengestalt (in der Schwester und Mutter verschmelzen).

70.8–11 **ihnen entglitten [...] Festtage [...] Abzahltage**: Hier wird das Fazit gezogen aus der in beiden Vorgängern gegebenen Schilderung vom Heiligen Abend in entnervter Stimmung, an dem die Kinder mit Geschenken überhäuft werden, die den Mangel an menschlicher Wärme entgelten sollen. Das ›Entgleiten‹ von Peter und Alex kommentiert Irene so. »Sie [die Eltern] waren darüber enttäuscht, begriffen aber nicht, dass es daran lag, dass sie uns Kinder aus ihrem Leben ausgeschlossen hatten« (Weiss-Eklund 2001, S. 146). Auch Irene empfand die Fremdheit der Eltern, die Isolation und Kommunikationslosigkeit in der Familie. Eugen Weiss war es, den Frieda »mehr als alle anderen geliebt hatte [...]. Aber wir Weiss-Kinder hatten immer außerhalb dieser Liebe gestanden, gewissermaßen in einem Vakuum geschwebt, ohne wirkliche Verankerung.« Und auch sie bezeichnet ihre Liebe zu den Eltern als »ambivalent« (zwiespältig), »vermischt mit Bitterkeit und Abhängigkeit, mit Hoffnung und Enttäuschung [...]. Ich hätte so gern nur ein einziges Mal von ihnen gehört, dass sie mich liebten. [...] Mein Vater, wer war das gewesen?

[...] [W]ährend meiner ganzen Jugend hatte er sich uns entzogen, war durch die Dominanz meiner Mutter blockiert gewesen, unerreichbar« (S. 145 f.). Und zur Mutter: »Hatte mir ihre Liebe je gehört? [...] In meinen verzweifelten Versuchen, sie zu erreichen, ihr nahe zu kommen, war ich gescheitert, weil ich mich nicht so zeigen konnte, wie ich war« (S. 112). Peter Weiss schrieb schon 1941 an Itta Blumenthal (verh. Rodan), eine später in die USA ausgewanderte Stockholmer Freundin, über »all die verlorene, abgewiesene, verkannte Liebe« zur Mutter und seine immer noch vorhandene »Sehnsucht nach ihrer Liebe« (Brief Nr. 12, PWA). – Es versteht sich, dass dies die höchst subjektiven Empfindungen der *Kinder* sind. Alex jedenfalls war immer Muttis Liebling: ihr durch und durch verhätscheltes »Putzelein« (Kalendernotiz, 11.11.1941).

verhörte: Skandinavismus. Schwed. »förhöra« bedeutet sowohl »abfragen« als auch »verhören«: ein hier treffender, aber im Dt. nicht wiederzugebender Doppelsinn. 70.28

Und ich nehme die Hände: Der jähe Umschlag von dem an der Mutter Leidenden zur leidenden Mutter mit anschließender Vorausschau auf ihre Sorgen um Haushalt und Familie, ihren Gesundheitszustand und ihre Ängste einschl. Traum stehen zum ersten Mal in *Abschied*. In der zweiten Version folgt der Erinnerung an Hausaufgaben und Klavierüben statt dieser Erklärung ihres Verhaltens eine scharfe Selbstkritik des Ich-Erzählers an seiner versöhnlichen Haltung, die ihn hindere, ein einziges wahres Wort zu schreiben, und er schreit seinen Hass heraus (*Abwechselnd*, S. 38 f.). 71.5–6

Hatte einen schrecklichen Traum [...] bin ich aufgewacht.: Das Zitat war im Umbruch *kursiv* gesetzt. Den Traum hat Frieda Weiss am 13.1.1939 in ihren Kalender notiert. Peter Weiss zitiert ihn nicht von ungefähr im Zusammenhang ihrer Ängste und Sorgen um das »Heim«. Sie hatte den Traum während der aufreibenden Auseinandersetzungen um den Hausrat, den sie bei der Besetzung des Sudetenlands durch dt. Truppen im Oktober 1938 auf der Flucht nach Schweden in Warnsdorf hatte zurücklassen müssen. Erst nach monatelangen zähen Verhandlungen mit den NS-Behörden und Dank der Hilfe ihres Sohnes Arwed wurde ihr die Ausfuhr des Mobiliars gestattet 71.30–72.3

(s. Weiss-Eklund 2001, S. 52 f.; Spielmann, S. 30 f.). In dieser bedrohlichen Situation zerstörte sie einige Bilder von Peter (s. S. 114.28–115.3).

77.33 **Und nun [...] in London**: Die Londoner Firma des Vaters lag in den Kellerräumen eines Hauses in der Milk Street, »einer Seitenstraße der Fleet Street im Londoner Geschäftsviertel« (Haiduk, *Peter Weiss im englischen Exil*, S. 3; Spielmann, S. 22). Ihren Wohnsitz hatte die Familie in der Villa Deep Dene im noblen Vorort Chislehurst, nahe bei Frieda Weiss' jüngster Schwester Gertrude, die in England verheiratet war. Bei ihr hatte die Familie bereits Weihnachten 1934 verbracht; danach waren die Mutter, Peter und Irene noch bis Ende März 1935 in Berlin (Weiss-Eklund 2001, S. 30 ff.). – Der filmschnittähnliche *Übergang* findet sich erstmals in *Abschied*. Die früheren Versionen erzählen nach der Beerdigung chronologisch (und widersprüchlich) weiter. Die erste schildert den Aufenthalt des Ich-Erzählers und seine sexuellen Nöte in einem Seebad (wahrscheinlich Sellin); die Familie ist bereits in London, und er soll nachkommen. Die zweite gibt ein knappes Summary über die restlichen Berliner Monate (beide Passagen bei Schmolke, S. 628–635).

78.26–28 **Es war [...] gezeichnet worden ist.**: Die Anfangszeilen aus Hamsuns *Hunger*. Kristiania ist der frühere Name von Oslo. Das Zitat war urspr. *kursiv* gesetzt.

80.35 **Vineta**: Das Atlantis der Ostsee, sagenumwobene Handelsstadt, die im 12. Jh. spurlos im Meer verschwand. Ihre ehemalige Lage wird zumeist auf der Insel Wollin in Pommern, neuerdings aber auch bei Barth in Vorpommern vermutet. Lit. verarbeitet u. a. in Selma Lagerlöfs (1858–1940) *Nils Holgersson* (1906/07).

83.4 **Elfriede**: Laut Irene das Hausmädchen Maria Siedl (Seidl?), Anfang 30 und sehr elegant, das sich in England gut einlebte (Eldh, S. 182). Ob es zu Intimitäten kam, muss offenbleiben.

84.17 **im Warenhaus**: Das Warenhaus »Debenhamns & Freebody« in der Regentstreet (Spielmann, S. 23). Laut Haiduk muss Weiss aber in einer Filiale gearbeitet haben: bei »Swab & Edgar«, Regent St/Piccadilly (Haiduk, *Peter Weiss im englischen Exil*, S. 3). Unbekannt ist der Zeitpunkt (nach Weiss' Aussage scheint es erst gegen Ende der Londoner Zeit gewesen zu sein, Spielmann,

S. 23) und ob es den in allen Versionen stehenden Rausschmiss so oder überhaupt gegeben hat.

nach einem Jahr in der Fremde: Er war da 18, fast 19. Im Typoskript stand urspr. 18, was später korrigiert wurde. 88.17

begann meine Mutter zu stöhnen: Beide Elternteile hatten häufig Zusammenbrüche. Sie fühlten sich in London nicht wohl, zumal Eugen Weiss geschäftlich einen schweren Stand hatte (Weiss-Eklund 2001, S. 34 u. 41). Peter Weiss dagegen wäre gerne auch allein in England geblieben, wenn er die Mittel dazu gehabt hätte. Er fand sich in London »sehr gut zurecht«, hatte sich »von der Familie abgespalten«, »immer wieder Befreiungsversuche« unternommen – das Herumstreunen erzählt die erste Fassung noch – und »recht viele Dinge [...] realisiert«, auch versucht, sich als Maler zu etablieren (Spielmann, S. 22 f.). 89.7

ins Kontor, viele Monate lang: In Wirklichkeit ging er, was beide Vorgänger erwähnen, auf eine Fotografenschule: die Polytechnic School of Photography, wo er laut Haiduk vom 17.9.1935 bis zum 17.7.1936 einen Einjahreskurs belegte (Haiduk, *Peter Weiss im englischen Exil*, S. 2). Vielleicht hat er parallel dazu bei seinem Vater gearbeitet. 90.10–11

Jacques: Jacques Ayschmann, über den weiter nichts bekannt ist. Die Gestalt hat Peter Weiss immer fasziniert, er hat das Zusammentreffen wiederholt literarisch verarbeitet: das erste Mal zwei Jahre nach der Begegnung in der Erzählung *Screw*, dann in allen *Abschied*-Varianten und schließlich in der *ÄdW*. Sämtliche *Abschied*-Fassungen nennen Jacques als einzigen Bekannten in London und verschweigen u. a. Ruth Anker (verh. Vogel): eine dt.-jüd. Emigrantin, die über England nach Südamerika auswanderte (s. Spielmann, S. 23 f.; Vogt, S. 28). Von ihr sind zwei Briefe an Weiss aus den 1960er Jahren erhalten. Zu Jacques schreibt sie: »Und an diesen Jungen, der meiner Meinung nur an uns interessiert war[,] um sich Geld zu pumpen, erinnere ich mich auch noch sehr gut. Ich wollte ihn doch heiraten um Engländerin zu werden« (PWA, Korr. Ruth Vogel, erster, undatierter Brief). Zumindest aber steht in *Abschied* zum ersten Mal ein kritisch reflektierender Abschnitt über Jacques. 90.14

Bachs Doppelkonzert: Wohl das Konzert für zwei Violinen, Streicher und Basso continuo in d-moll (BWV 1043). Peter Weiss besaß die Schallplatte (Spielmann, S. 16). 90.29

93.30 **Totembilder**: Totem: kultisch verehrte Person (auch Tier o. Gegenstand), der bei einem Empfinden mystischer Zusammengehörigkeit übernatürliche Kräfte zugesprochen werden.

93.35 **hängten meine Bilder auf**: Zur Ausstellung am Ende der Londoner Zeit in einem Lagerraum der Little Kinnerton Street, einer kleinen Seitenstraße Nähe Hyde-Park-Corner, schreibt Ruth Vogel im o. g. Brief: »Bis jetzt habe i[c]h mir immer eingebildet dass ich die Idee dazu hatte.« In *Screw* erzählt Weiss zumindest von ihrer Mithilfe, ebenso im Interview 1979 (Spielmann, S. 24).

94.23–24 **von Spanien, vom Bürgerkrieg**: Der Aufstand span. Militärs unter der Leitung Francos gegen die span. Republik (1936–39) endete mit der Niederlage der Republik. Von einem Eintritt Jacques' in die auf republikanischer Seite kämpfenden internationalen Brigaden verlautet in den Vorgängern nichts, und in *Screw* heißt es eher im Widerspruch dazu, dass er vermutlich »irgendwo verkommen« sei oder »sich selbst entleibte« (*Screw*, S. 11). Der politisch bewusste und aktive Jacques, von dem Weiss auch 1979 im Interview spricht, tritt das erste Mal in *Abschied* auf. In der *ÄdW* trifft ihn dann der Ich-Erzähler in Spanien (Bd. I, 2. Teil). Weiss sagt selbst, Ayschmann sei für ihn zu einer »Phantasiefigur« geworden (Spielmann, S. 22f.).

95.28–30 **Träumen [...] Zweikämpfe**: Peter Weiss hat tatsächlich mehrere solcher Träume aufgezeichnet; z. B. 1939 in einem Brief an die Freunde Goldschmidt und Jungk (*Briefe*, S. 74), oder am 30.10.1950 im Notizheft *Höst 50* (vgl. Weiss, *»Füreinander sind wir Chiffren«*, S. 96).

96.4–5 **böhmische Stadt**: Das an der dt. Grenze gelegene Warnsdorf, wo der Vater Ende 1936 die Leitung einer Samtweberei übernommen hatte. Die Adresse war: Niedergrunder Straße 663. Damit wohnte die Familie in ihrem ›Heimatland‹. Eugen Weiss hatte 1918 nach Auflösung der Donaumonarchie nicht wie seine Geschwister die österr., sondern die tschech. Staatsbürgerschaft gewählt, die auch seine Kinder hatten. Peter Weiss war nie Deutscher.

97.25 **Inquisitoren**: Richter der Inquisition (lat. »Untersuchung«), einer ab dem 12. Jh. voll entwickelten kirchlichen Einrichtung zur Aufspürung und Ausrottung von Ketzern (Abweichlern von der offiziellen Kirchenmeinung).

Wohnung der Hausbesitzerin: Frau Goldberg: »einer sudeten- 97.31
deutschen Frau mit ganz starken antisemitischen Neigungen« (Spielmann, S. 25), die auch in der *ÄdW* vorkommt (Bd. 1, S. 189). Ihre Wohnung war im ersten Stock.

Als ich an Haller schrieb: Der Brief an Hesse wurde im Januar 100.7
1937 geschrieben, ebenso dessen Antwortbrief (s. Matthias Richter, S. 36 ff.).

Max B: Der aus Waldkirch im Schwarzwald stammende Leh- 101.30
rer, Journalist und Schriftsteller Max Barth (1896–1970), der 1933 aus Deutschland geflohen und nach Aufenthalten in der Schweiz, Paris und Spanien im September 1935 über Frankreich, die Schweiz und Wien nach Prag gekommen war, wurde Peter Weiss während dessen Prager Jahr zum engsten Vertrauten. 1938 floh er weiter nach Oslo, im April 1940 nach Stockholm, wo er auch Weiss wiedertraf (s. Max Bernsdorf in *Fluchtpunkt*). Ende Mai 1941 emigrierte er weiter in die USA, kehrte aber 1950 nach Deutschland, 1952 in seine Heimatstadt zurück. Seine Fluchtwege und Begegnungen mit Peter Weiss beschreibt er in *Flucht in die Welt* (zu Weiss S. 95 ff. u. 193). Es sind einige Briefe von Barth an Weiss aus den 1950er und 1960er Jahren erhalten (PWA). S. außerdem Weiss' z. T. selbstkritische Erinnerungen in *Rekonvaleszenz* (4. 9. 1970).

Professor der Kunstakademie: Willi Nowak (1886–1977). Die 102.13–14
Wirkung seines Briefs auf die Eltern von Peter Weiss bestätigt Irene (Weiss-Eklund 2001, S. 45).

trat Max plötzlich vor mich hin: Max erinnert sich nicht daran, 102.35
ereifert sich aber sehr; nicht aus moralischen Gründen – er »pfeife auf die bürgerlich-kristliche [sic!] Moral« –, sondern aus Eitelkeit und Angst. Es sei eine »mehr komische als tragischesexuelle Szene«, und »niemand liebt es, *lächerlich* gemacht zu werden« (Hervorh. im Original). Außerdem bangt er in dem konservativen Schwarzwaldstädtchen um sein Ansehen, befürchtet sorgar, noch einmal seine Heimat verlassen zu müssen, und man bekommt den Eindruck, er sehe nur von rechtlichen Schritten ab, weil ein Prozess noch mehr Aufsehen erregen würde (Briefe v. 18.5. u. 17.6.1961). Die Szene steht in allen *Abschied*-Varianten, in den Vorgängern im Anschluss an die Auseinandersetzung mit Max' politischer Haltung, die dann

umgearbeitet in *Fluchtpunkt* einging. Weiss schrieb davon bereits 1940/41 in einem Brief an Itta Blumenthal (Brief Nr. 7). – Möglich, dass Weiss im gegebenen Zshg. hauptsächlich die sexuellen Nöte eines einsamen Emigranten andeuten wollte.

103.32 **von schwarzen Fahnen verhängt**: Die Beisetzung von Tomáš Garrigue Masaryk (1850–1937), dem Gründer der Tschechoslowakei und deren Staatspräsident von 1918 bis 1935. In den *Notizbüchern* 1971/80 datiert Weiss seine Ankunft in Prag auf den 22.9.1937 (Bd. 1, S. 116). Mit diesem Datum beginnt auch die *ÄdW*. Hier befindet sich der Ich-Erzähler in Berlin, unmittelbar vor seiner Abreise nach Warnsdorf, von wo er nach Spanien weiterfährt, um sich den internationalen Brigaden anzuschließen. Masaryks Begräbnis wird auch hier erwähnt (*ÄdW* I, S. 90).

104.17 **einen Raum finde**: Peter Weiss wohnte im Vorort Strasnice, in der Nähe der Güterbahnhöfe: »ein Milieu, das mich anzog« (Spielmann, S. 27).

106.5–13 **Einige Tage [...] verschwand.**: Weiss beschreibt das Erlebnis schon in *Von Insel zu Insel*, S. 21.

109.14–15 **Eingang zum Leben**: Zum Einfluss Hesses (*Demian*) bei der Vorstellung von der Frau als gebärendem Prinzip, als »Urmutter« s. Lamberty, S. 81 f. – Die Atmosphäre der Prager Zeit ist in den Vorgängern nur etwas weniger düster gezeichnet. Nun war das Jahr in Prag ein erfolgreiches Studienjahr für Peter Weiss. Er bekam, wie in der ersten Version noch vermerkt, bei der Akademieausstellung trotz seiner andersartigen Malerei einen Preis. Und er hatte viele Freunde und Bekannte. Es waren neben den in *Abschied* genannten Max Barth und Peter Kien v. a. der ungar. Maler Endre Nemes (1909–85), der später ebenfalls in Stockholm wohnte (Anatol in *Fluchtpunkt*), und Robert Jungk. Mit der Kunststudentin Hanna Pick hatte er »verliebte Heiratspläne« (Brief Nr. 7 an Itta Blumenthal). Sie wird erst in *Fluchtpunkt* genannt, ebenso Anita Kahler und Lucie Weisberger (*Fluchtpunkt*, S. 58 f. u. 188; s. a. *Briefe an Goldschmidt und Jungk*, S. 95 u. 163 ff.).

Muss auch offenbleiben, wie es damals um seine körperliche Impotenz bestellt war, so ist jedenfalls der erstmals in *Abschied* geschilderte Sadismus – mag er zugespitzt gezeichnet oder ganz

erfunden sein – sinnfälliger Ausdruck seines von ihm selbst wiederholt einbekannten Unvermögens zu lieben bei gleichzeitiger Sehnsucht, es zu können. Ob sein mitunter wenig liebevoller Umgang mit Frauen, der auch später in Stockholm viele empört hat, nur Flucht nach vorn war (als Folge erziehungsbedingter Trieb- und Über-Ich-Ängste), sei dahingestellt.
In *Fluchtpunkt* sagt Max zum Ich-Erzähler, er habe ihn in Prag für einen Verführer gehalten; dieser widerspricht (S. 17). Bereits der Erzähler der ersten *Abschied*-Variante setzt den äußeren Schein gegen seine damalige innere Verfassung. Er galt als begabt, phantasievoll, erfolgreich bei Frauen, hatte regen Umgang mit Leuten, und das spätere Ich fragt sich: »wie vertrug sich das alles mit dem Schwarzen, das in mir herrschte?« (*En glasdörr*, S. 137f.). Die inneren Schwierigkeiten und seine Introversion sind sicher schärfer akzentuiert, aber nicht frei erfunden. Auch der Autor behauptet später: »Prag war für mich eine düstere Stadt [...]. Ich habe Tagebücher aus dieser Zeit, die nur von Tod, Vergänglichkeit und Bedrohung sprechen« (Spielmann, S. 30). Die Tagebücher sind verschollen. Weiss' Prager Briefe an Hesse klingen widersprüchlich. Matthias Richter erkennt aber, dass sie mit ihren »Nachrichten aus dem äußeren Leben« in einem Ton erzwungener Festigkeit und Munterkeit gehalten sind, der angespannt und verkrampft wirkt (M. Richter, S. 45). Auch bleibt Weiss trotz aller Bekanntschaften in seinem Ich befangen. Im September 1937 schreibt er an Hesse: »Darf man leben, ohne die Dinge draussen zu beachten [...] und nur für sich sein und seinen Dingen nachgehen?« Es nehmen ihn, kommentiert Richter, persönliche Probleme und »eine geradezu religiöse Hingabe an künstlerische Pflichten« völlig in Anspruch (M. Richter, S. 41).

im Bürgerkrieg: Entgegen der Aussage aller Versionen war Max nicht im, sondern vor dem Bürgerkrieg in Spanien (1934–35). Die Erinnerung an die nach der Mutter schreienden Soldaten stammt aus dem 1. Weltkrieg (Briefe von Barth an Weiss v. 18.5.1961 u. 29.12.1962 sowie *Flucht*, S. 23–60). 109.32–33

an einem der letzten Tage: Weiss hat den Selbstmord tatsächlich zusammen mit Peter Kien beobachtet. Es muss allerdings schon im Frühjahr oder Vorsommer 1938 gewesen sein (Spielmann, S. 29: zur Zeit der Besetzung Österreichs). Das Bild, das die bei- 111.2

den tragen, ist *Das große Welttheater*, das an der Akademie mit einem Preis ausgezeichnet wurde (Foto in Spielmann, S. 141; zu dem im Vernichtungslager ermordeten Peter Kien s. a. *Fluchtpunkt*, S. 58f., sowie Petra Kiener 1996).

111.24–25 **Dorf [...] ein halbes Jahr**: Am Luganer See, wo Peter Weiss Hesse besucht, was sämtliche Fassungen verschweigen. In Wirklichkeit war er *zweimal* im Tessin: vor und nach dem Prager Studienjahr. Beide Reisen verschmelzen in der folgenden Beschreibung zu einer. Die erste Abreise war im Vorsommer 1937, der Aufenthalt (während dessen ihn Hesse zum Kunststudium ermutigte) den Sommer über; die zweite Abreise im Spätsommer 1938, der Aufenthalt von September 1938 bis Ende Januar 1939. Die erste Tour hatte Weiss allein gemacht, auf der zweiten begleiten ihn zwei Freunde. Er reist auch diesmal nicht direkt von Prag aus, sondern am 11.8.1938 von Warnsdorf nach Zürich, wohin Robert Jungk im Mai 1938 gezogen war (Weiss-Eklund 2001, S. 49; Mazenauer in Weiss, *Briefe*, S. 13). Bei ihm lernt er Hermann Levin Goldschmidt kennen, und die drei beschließen die gemeinsame Wanderung ins Tessin. Über diese Wanderung vom 7. bis 14.9.1938 hat Goldschmidt Tagebuch geführt; die Aufzeichnungen sind in Beat Mazenauers Ausgabe von Weiss' Briefen abgedruckt (*Briefe*, S. 27–38).

113.12–14 **Zwischenreich [...] fast glücklichen Daseins**: Nachdem Weiss im Vorjahr in Montagnola in der Casa Camuzzi das Atelier gemietet hatte, das Hesse von 1919 bis 1931 bewohnt hatte, wohnt er während seines zweiten Tessin-Aufenthalts im nahe Montagnola gelegenen Carabietta, im Haus der Berliner Schauspielerin Olga (»Olly«) Jacques, wo häufig dt. Künstler verkehren (Weiss, *Briefe*, S. 15 u. 206f.; Spielmann, S. 26f.; Hesse, *Kindheit*, S. 122f.). Der Maler Hans Richter erinnert sich: »Sowohl ihre Küche als auch ihre graziös preziöse Menschlichkeit ganz eigener Prägung schienen etwas zu sein, das wir alle brauchten, das wir alle suchten.« Eine »tiefe[] Menschlichkeit« habe in ihrem Haus geherrscht (H. Richter, S. 90f.). Für Peter Weiss war es »eine sehr fruchtbare Zeit, in der ich zum ersten Mal ohne Angst gearbeitet habe, ohne diese ständige Beklemmung durch die Exilsituation« (Spielmann, S. 29). In der sich verschärfenden weltpolitischen Lage erlebt er die idyllische

Landschaft und Atmosphäre als paradiesische Oase (ihm drohte immer noch der tschech. Militärdienst). Und er kommt nun als »fertiger Maler« mit einem neuen Selbstverständnis zu Hesse (Spielmann, S. 29). In seinem Gefühl der Selbständigkeit bestärkt ihn die Tatsache, dass er zum ersten Mal mit seiner Arbeit Geld verdient: mit Bilderverkäufen und Illustrationsaufträgen, die ihm Hesse erteilt. Er illustriert dessen *Kindheit des Zauberers* und *Anton Schievelbeyn* (s. Hesse, *Kindheit*, S. 123 f.). Seiner Arbeit kann er frei nachgehen in einem Klima, das »sehr schöne, menschliche Kontakte« prägen (Spielmann, S. 30; s. a. Brief an die Eltern von Mitte Dezember 1938 im *PWJB* 5/1996). In dieser Atmosphäre aufrichtiger menschlicher Zuneigung genießt er zum ersten Mal das ersehnte Künstlerdasein. Das Verhältnis zu Arbeit und Umgebung wird ein erotisches im weiteren und engeren Sinne. »*Ich funktionierte als Mensch* zum ersten Mal in meinem Leben. Ich [...] hatte zum ersten Mal das Gefühl: ich kann mich bewähren in dieser Welt.« Was er hier im Zusammenhang mit der Kunst äußert, sagt er noch einmal in Bezug auf Eros: »Zum erstenmal hatte ich [...] ein richtiges Liebeserlebnis mit einer Frau [...], und zum ersten Mal *funktionierte ich* nicht nur als Maler, sondern auch *als Mensch*, als junger Mann. Ein neuer Lebensabschnitt war angebrochen« (Spielmann, S. 30; kursiv hier). Die Neugeburt. Eingestellt hatte sich zumindest eine Ahnung dessen, was sein könnte.

Vorsommer: Nach der textinternen Zeitrechnung unstimmig; 113.24
es müsste nach einem Jahr in Prag Spätsommer oder Herbst sein. Das gründet in der Verschmelzung beider Tessin-Reisen. Die erste Ankunft war tatsächlich im Vorsommer.

drang ich [...] in den Leib einer Frau: Margarete Melzer, eine in 114.5–6
der Weimarer Republik gefeierte Schauspielerin. Von den NS-Behörden in ihrer Berufsausübung behindert, hatte sie sich um diese Zeit schon verstärkt der Malerei zugewandt (s. Hans Richter, S. 180 ff.). Im Dezember 1938 schreibt Weiss seinen Eltern: »Weihnachten bis Neujahr kommt auch die Dame, die ich hier kennengelernt habe [...], wir werden draussen viel zusammen zeichnen und malen« (*PWJB* 5/1996, S. 13). Im Januar 1939 teilt er Goldschmidt mit, er habe sich ihr »von morgens bis Abends [sic!] gewidmet« und sei so »zu nichts anderem gekom-

men« (*Briefe*, S. 58). Ihrer starken erotischen Ausstrahlung (nicht nur auf Männer) ist er sofort erlegen. Itta Blumenthal gesteht er, er sei an sie »erotisch sehr stark gebunden« und dabei »körperlich völlig glücklich«, dieser Monat »vielleicht die (trotz Mangels an Herzensliebe) erfüllteste Zeit [s]eines Lebens« gewesen (PWA, Brief Nr. 12). Doch im Februar kam es beim Wiedersehen in Berlin zum Zerwürfnis. Goldschmidt gegenüber klagt Weiss, der Monat dort sei »so unproduktiv« gewesen, daß er »beinahe abgestorben« sei; er habe »auß[er] lieben« nichts getan, und das Wort »lieben wäre auch näher zu überprüfen«. Er nennt den Grund für das »Sinken«: Bei seinem »ungeheure[n] Bedürfnis nach Alleinsein« sei es ihm »unmöglich, längere Zeit mit einem Menschen zusammen zu leben«. Eine Frau nehme »viel zu viel von der Zeit für sich in Anspruch«, weshalb er sich an seiner Freundin »übernommen« habe. Hinzu kommt seine Melancholie, die ihm nicht gestatte, »eine Freude zu halten«; es überkomme ihn »mitten im Wohlleben« plötzlich »eine bedrängende Welle von ungeheurem Schmerz« (*Briefe*, S. 65).
Im Übrigen muss offenbleiben, ob es wirklich sein erstes »richtiges Liebeserlebnis« war (kurz zuvor hatte er Jungk auf hinterhältigste Weise die Freundin ausgespannt; s. *Briefe*, S. 46 ff. u. S. 78). Zumindest hat ihn das Erlebnis nachhaltig beeindruckt. Als *idealisiertes*. Ähnlich wie im Fall Margits, des Sinnbilds aller Liebesmöglichkeiten, wurde diese Idealisierung schnell zum Bestandteil seiner ›realen‹ Biographie. In seinem Lebensroman wird Margarete Teil der sein Frühwerk durchziehenden *weiblichen Erlösergestalt*, in der sich Mutter (ca. zehn Jahre älter und Schauspielerin) und Schwester (*Marg*it-*Marg*arete) vereinen. Das wird verständlich angesichts der o. g. Begleitumstände, in denen das Verhältnis zu Arbeit, Umwelt und Mitmenschen ein erotisches im engen und weiten Sinne wurde; anders als in der harten Realität Berlins, wo es zum Bruch kommt und wo Frieda Weiss nach einem Treffen mit ihr in ihren Kalender notiert: »Sehr schlechten Eindruck« (4. 2. 1939).
Zwei Jahre vor der Niederschrift von *Abschied* hatte Margarete Melzer, bereits schwer krank, sich ihm in Erinnerung gerufen, um ihn wegen einer Ausstellung und des Verkaufs von Bildern um Vermittlung zu bitten (Brief v. 1. 4. 1957, PWA). Sie starb,

noch keine 55 Jahre alt, am 18.10.1959: zur Entstehungszeit von *Abschied*. »Halb Theater spielend, halb malend, aber immer mit der Intensität einer Löwin [...], vernichtete diese große Frau und Künstlerin ihren Körper ohne Schonung« (H. Richter, S. 183). – Zu der erstmals in *Abschied* erwähnten Befreiung s. a. *Fluchtpunkt* (S. 17, 132f. u. 189f.) und *Rekonvaleszenz* (4.9. u. 13.10.1970).

Druck der Außenwelt: Während seines Tessin-Besuchs waren – 114.18
nach dem Münchner Abkommen vom 29.9.1938 – am 1.10. Wehrmachtstruppen in das Sudetenland einmarschiert, die Eltern nach Schweden geflohen. Er reist ihnen Ende Januar 1939 nach, macht einen ca. vierwöchigen Zwischenaufenthalt in Berlin, wo er auch seine Mutter trifft, die in o. g. Möbelangelegenheit vom 1. bis 11.2.1939 in Berlin und Karlsbad ist, und kommt in der zweiten Februarhälfte in Alingsås an.

Abbruch lag in mir: Es gab auch äußere Gründe, nämlich fi- 114.19–20
nanzielle. Schon Anfang Dezember 1938 hatte er den Eltern geschrieben: »Es wird [...] immer schwerer für mich, hier arbeiten zu können (arbeiten mit äusserem Erfolg), da ich aber vorläufig, glücklicherweise noch eure Hilfe habe, brauche ich mir ja keine unmittelbaren Sorgen zu machen. Nach wie vor werde ich natürlich alles versuchen, um trotz allem mit Verlagen in Verbindung zu kommen u. zu versuchen vielleicht eine Ausstellung zu bekommen« (*PWJB* 5/1996, S. 7). Er tut es erfolglos. Im Januar 1939 teilt er Goldschmidt mit, er pfeife in finanzieller Hinsicht »so ziemlich aus dem letzten Loch« (*Briefe*, S. 58). Goldschmidt kauft ihm für 200 Franken ein Bild ab.

Mit ihren eigenen Händen: Vor diesem Satz stand im Typo- 115.3–4
skript urspr. noch: »Meine Mutter hatte mich entmannt« (S. 74). Zu den Umständen der hier zum ersten Mal erwähnten Bilderzerstörung s. Erl. zu 71.30–72.3. Der Vorfall hat in ihm ein Trauma hinterlassen, doch räumt er später immerhin ein: »Sie war in Panik, sie war allein, sie war umgeben vom Feind.« Die Einrichtungsgegenstände seien »Symbole für [...] ihre bürgerliche Sicherheit« gewesen und sie wollte »retten, was zu retten war vom großen Haus« (Spielmann, S. 31).

bis zum Winter: In Wirklichkeit Sommer 1939. Am 17.5.1939 116.1
teilt Weiss den Freunden in der Schweiz mit: »Wir sind jetz[t]

übersiedelt in das neue Gebäude. Drüben, in der Brette[r]bude wars mir eigentlich lieber. Es war phantastischer, es glich Wild-West« (*Briefe*, S. 105). Die fotografische Abteilung, in der Weiss überwiegend tätig war, beginnt mit der Arbeit am 1.7.1939, »bis dahin helfe ich hier im Büro aus« (2.6.1939; *Briefe*, S. 109). Die Verschiebung sollte wohl die innertextliche Zeitrechnung stimmiger machen, was aber nicht ganz gelang.

117.33 **den Werdegang**: Die Produktionsbeschreibung stand mitsamt der vorausgehenden Büroszene bereits in *Von Insel zu Insel* (S. 23–26) und wurde dann in fast wörtlicher Übersetzung in die zweite Fassung übernommen. Die Schilderung der Produktion (früher Präsens und z. T. Du-Form) ist in *Abschied* trotz lyrischer Untertöne deutlich distanzierter und in reflektierende Passagen eingelassen. Die selbstkritischen Gedanken über den Krieg und die Situation der Arbeiter finden sich erstmals hier.

119.9 **Zwei Jahre verbrachte ich in der Fabrik.**: Im Widerspruch dazu steht die Angabe »anderthalb Jahre« in *Fluchtpunkt* (S. 15). Der Korrespondenz zufolge arbeitete Weiss zunächst vom 1.5.1939 bis 31.3.1940, dann noch einmal von Mitte April bis Ende August 1941 in der Fabrik: zusammen knapp *eineinhalb Jahre*. Im dazwischenliegenden Jahr hatte er, nach zwei Monaten in Pixbo bei Göteborg (April/Mai 1940), in Alingsås bis Ende 1940 nur für sich gearbeitet, war dann mit Unterbrechungen fast ein halbes Jahr in Stockholm, wo er vom 15. bis 30.3.1941 eine wenig erfolgreiche Ausstellung veranstaltet hatte (auch Bemühungen um Buchveröffentlichungen waren seit 1939 gescheitert). Die dadurch erzwungene neuerliche Arbeitsperiode in der Fabrik endet mit seinem Aufbruch nach Stockholm am 30.8. oder 15.9.1941 (zweierlei Angaben).

120.2–4 **Im Spätsommer […] Stoß der Aufbruch.**: Die Zeitangabe widerspricht sowohl den zwei Jahren in der Fabrik als auch dem in *Fluchtpunkt* genannten Ankunftstag in Stockholm (8.11.1940). Auch hier verschmelzen mehrere Abfahrten: die Aufbrüche Ende 1940 und Anfang 1941 sowie Ende August bzw. Mitte September 1941 (»Spätsommer«). Die Atmosphäre dieses Aufbruchs und des ihm vorausgegangenen Zeit*raums* zwischen April und September 1941 bildet einen Großteil der Vorlage für die Schilderung der enthusiastischen Aufbruchsstimmung. Sie ist zurückdatiert und chiffriert in *Abschied* eingegangen. Das ist besonders auffällig, weil diese Zeit im Fortsetzungsband erzählt wird, ihre Bedeutung somit verschleiert erscheint.

Peter Weiss hatte das *Gefühl der Wandlung und Wiedergeburt* damals tatsächlich und heftig. Im Sommer 1941 schreibt er den Freunden Jungk und Goldschmidt, er habe »die letzten Monate [...] große innerliche Umwandlungen« durchgemacht (*Briefe*, S. 159), und Itta Blumenthal teilt er mit, er erlebe »einen Verwandlungsprozeß« und die »Geburt eines neuen Menschen« (PWA, Brief Nr. 2). Die Hebamme hieß *Psychoanalyse*. Er hatte sie zwischen April und September 1941 kennengelernt (s. Brief an Goldschmidt v. 6. 8. 1941, *Briefe*, S. 158 ff.). Erst die Sitzungen beim Therapeuten Iwan Bratt (Baahl in *Fluchtpunkt*) brachten die Rettung aus der verschärften Identitäts- und Schaffenskrise, in die er nach der Ausstellung geraten war. Sie trugen ihren wesentlich Teil zum Beginn der in der Jäger-Figur verkörperten Selbsterkenntnis bei.

Davon sind nicht zuletzt Eros und Kunst betroffen. Er glaubt sich jetzt fähig zu Liebe und zwischenmenschlichen Beziehungen. Den Freunden bekennt er: »Ich war ja krank bisher. Ich habe es kunstvoll verborgen, habe mich und meine Freunde gequält, habe an mir und am Leben gelitten« (*Briefe*, S. 159). Itta hatte er am 1. 6. 1941 geschrieben, er beginne, »Mensch« zu werden; früher habe er sich immer hinter »Verschanzungen« befunden und »mit Abwehr umgeben, ja mit Irreführungen«, habe das Gegenteil vom Gedachten gesagt, Theater gespielt, »nie zu einem Menschen Vertrauen gehabt«, sich nur mit sich beschäftigt (Brief Nr. 11). Mit zurückgewonnenem Selbstvertrauen aber, so in einem anderen Brief an sie, ändere er langsam sein Verhältnis zu den Mitmenschen: »Sie waren früher für mich Objekte, die ich mit meinen eigenen Vorstellungen umspann. Erst jetzt werden sie zu Menschen« (Brief Nr. 21). Das bewirkt auch eine stärkere Hinwendung zu gesellschaftlichen Problemen. Er verspüre, schreibt er Goldschmidt, »den Hauch der neuen Welt, die wieder auferstehen wird und an der wir, denen es vergönnt ist, mitbauen werden« (*Briefe*, S. 160). Auch Itta beteuert er seine Absicht, sich nicht mehr zu verschließen und nach dem Krieg beim Bau einer neuen Welt mitzuhelfen (Brief Nr. 12). Ebenso

verspricht er sich eine Erneuerung seiner Kunstproduktion, wobei er selbst die Verbindung zwischen dieser und seiner Haltung gegenüber Umwelt und Mitmenschen zieht: »so wie ich zu einem neuen Leben erwache, so werden es auch meine Bilder. Meine Fremdheit dem Leben gegenüber, die Unmöglichkeit, auf Realitäten, auf andere Menschen einzugehen, sie beginnt langsam zu schmelzen« (Brief an Goldschmidt, *Briefe*, S. 160).
Die Allgegenwart der Psychoanalyse lässt sich im gesamten Text ausmachen: »Das Schreiben der selbstbiographischen Bücher«, so Weiss, »hängt untrennbar mit der Psychoanalyse zusammen« (Spielmann, S. 41). Dem scheint die Darstellung der Analyse bei Bratt in *Fluchtpunkt* (S. 49 ff.) zu widersprechen. Der Widerspruch löst sich auf bei klarer Trennung von Analyse und Analytiker. Abgesehen davon, dass Weiss' *persönliches* Verhältnis zu Bratt nicht spannungsfrei war, unterscheidet er bereits in einem Textfragment von ca. 1950 klar zwischen Analyse als »Methode der Selbstprüfung« und (Praxis des etablierten) Analytiker(s): »Ich glaube an die Analyse aber nicht an den Analytiker.« Diesem fehle zumeist die »Hellhörigkeit für das was berechtigter Aufruhr in der Neurose ist«, der »in vielem der unterirdischen Aktivität einer Widerstandsbewegung« gleicht (Prosafrag. »... auch nur das Gefühl«, PWA, S. 4 u. 11).

120.4 **in die Wälder gegangen**: Das folgende Erlebnis mitsamt der Szenerie hat Peter Weiss im Sommer 1941 in Briefen an Itta Blumenthal und die Freunde in der Schweiz beschrieben. An Itta schreibt er von der »Waldangst«, die ihn überfiel: »Alte Kindergeschichten fielen mir ein« (Brief Nr. 11), und an Goldschmidt: »An jenem Abend war ich in den weglosen Wäldern der Umgebung, verirrte mich und wurde an einem fernen, einsa[m]en See, zwischen [h]ohen, moosbewachsenen Steinen von wilder Angst und von Entsetzen befallen. Ich irrte durch die Dunkelheit zurück, voller Todesgrauen. Ich hatte also noch Lebenswillen« (*Briefe*, S. 159). Im Anschluss daran berichtet er von seinem Zusammentreffen mit dem Psychoanalytiker Bratt. Und auch der *Jäger* begegnet ihm zu jener Zeit (s. Erl. zu 120.12–13).

120.8 **Wunsch, nicht mehr aufzuwachen**: Der Satz steht fast wörtlich so in einem Brief an Itta Blumenthal (Brief Nr. 16), verfasst nach der zweiten Analysestunde bei Bratt. Außerdem verbirgt sich dahinter eine (identifizierende) Anspielung auf die schwed. Dichterin Karin Boye (1900–41), die sich damals in Alingsås aufhielt, kurz nach Weiss' Rückkehr im April 1941 verschwunden und im Wald tot aufgefunden worden war: nach Einnahme von Schlaftabletten eingeschlafen und erfroren (s. a. *Fluchtpunkt*, S. 49 f.; *ÄdW*, Bd. III, S. 35 f.). Peter Weiss gehörte einem der Suchtrupps an, die nach ihrem Verschwinden ausgesandt wurden, und hat später auch den Ort ihres Sterbens aufgesucht.

ein Mann in Jägerkleidung: Zur psychoanalytischen Deutung s. 120.12–13
Götze 1995, S. 73 f.; Radvan, S. 93 f. An literarischen Bezügen nennt die Forschung u. a. Kafkas *Jäger Gracchus* und Glahn in Hamsuns *Pan*. Man könnte den Jäger in Strindbergs *Die große Landstraße* hinzufügen, oder den Vater in Rainer Maria Rilkes (1875–1926) *Malte Laurids Brigge* (1910), der in Jägermeisterkleidung auftritt.

Schon 1973 wandte sich eine Primanerklasse aus Vlissingen (Holland) wegen abweichender Interpretationen der Jäger-Figur an Weiss. Manche sahen in ihr ein Alter Ego, andere den Vater, mit dem kein näherer Kontakt möglich sei; die einen hielten die Begegnung für real, andere für einen Traum. »Auch kommt einigen merkwürdig vor[,] daß ein Mann in der Wirklichkeit ein Kind bange macht mit Fragen nach Namen, Hausnummer usw.« Andere fanden das verständlich, »weil die wirkliche Begegnung mit dem Jäger im Traum nach Freud umgestaltet wird« (Brief v. 28.3.1973, PWA). Weiss heißt sämtliche Interpretationsvorschläge gut, »auch dort, wo sie einander zu widersprechen scheinen. Das ist ja [...] der Charakter des Traums, dass jede Einzelheit vieldeutig ist und eigentlich immer die Problematik eines ganzen Lebens enthält« (Antwortschreiben v. 30.3.1973, PWA). Die Traumnotate mit den Doppelgängern belegen die Vieldeutigkeit der Figur (Alter Ego einschl. der Eltern in ihm) und ebenso, dass seine Träume »die Problematik eines ganzen Lebens« enthalten.

In den *Abschied*-Vorgängern ist die Begegnung genauer lokalisiert: im Teutoburger Wald bei Detmold, in der Nähe des Hermannsdenkmals, wo das Ich im Kinderheim war (s. *Fluchtpunkt*, wo die Erinnerung ohne Ortsangabe und *ohne* Jäger eingearbeitet ist, S. 134 f.). In der ersten Version nennt das Ich

Namen und Adresse: Peter Weiss, Bremen, Außer der Schleifmühle 27. Das sind die in *Abschied* ausgeblendeten Jahre 1927–29, in denen es wenigstens ein paar lichte Momente und erste »Ansätze persönlicher Stärke« gab (*En glasdörr*, S. 54), was im Buch nur noch als unbestimmtes Ahnen in der Person des Jägers verdichtet ist. Aber der begegnet ihm auch 1941 bei Alingsås: auf der Landstraße, die im Text zum Lebensweg wird, und im Zusammenhang mit der plötzlich aufscheinenden Erkenntnis. An Itta Blumenthal schreibt Weiss im Frühjahr 1941, er sei »stundenlang die abendliche Landstraße hinauf« gegangen, wo es ihm »wie Schuppen von den Augen fiel. Ich sah alles, was verzerrt in mir gewesen war und ich sehe die grosse Dunkelheit des noch Ungelösten, das sich auch einmal lösen muss. [...] Ich bin jetzt *auf der Jagd*, ich will *mich selbst suchen* – endlich mich selbst« (Brief Nr. 6; kursiv hier).